晚清帝國風雲

禍起東南

上

關河五十州 著

晚清帝國

目錄

第一章　連珠射

他的名字叫愛新覺羅．旻寧，是嘉慶帝的第二個兒子，即二阿哥。旻寧有一個長兄，但出生三個月就病死了，所以他實際上可以算作是大阿哥。一八一三年九月十五日，這一天嘉慶帝不在京城，阿哥們則聚集於上書房讀書，誰也沒想到，一場震撼宮廷的大事變就在眼前。當天，一群老百姓竟然持刀弄槍，闖進了戒備深嚴的皇城！

這不是在演戲，更不是在穿越，參與者當然也不會是普通的老百姓，他們是天理教徒，或者說，是一群造反者，首領喚作林清，所以史書又把這次突發事件稱為「林清之變」。

金庸《鹿鼎記》中韋小寶進宮的情節並非空穴來風，林清施展「無間道」，把地下工作做到了大內深宮，好多太監都是安插進來的教徒，他們裏應外合，使得造反者輕易就混進了紫禁城。

林清原計劃調集數百人攻打皇宮，「韋小寶」們說這又不是趕集，裏面地方小，容不下那麼多人，想想也對，由內應太監做嚮導，輕車熟路，人多反而眼雜，於是林清就臨時挑了兩百人作為敢死隊。

組織這樣的驚天大行動，意外總是少不了，結果真正闖進深宮的只有五十多人，但這五十多人已經足以把宮內攪得天翻地覆。

槍壯慫人膽

當天負責在上書房值班的官員是禮部侍郎寶興。他熬了一個通宵，正打著呵欠準備回家，路上正巧就撞見這一讓他終生難忘的一幕：一群人舞著刀衝過來，個個猶如從地獄放出的羅剎，而那一把把刀都泛著白光，冷森森的，令人膽寒。

寶興是個文官，也沒有經歷過如此情境下的緊急演練，那顆心哪，真是嚇得怦怦跳。好在他的臨場表現還能算得上是個半拉老爺兒們，腳下雖然已經打晃兒，但還能掙扎著踉踉蹌蹌地往回跑。

附近的一名護軍統領聞訊而至。護軍是宮內警衛，這位警衛首領倒也不含糊，立即帶人上前擺了一個防禦陣形，但大內高手勇則勇矣，卻無智，因為跟在統領後面的沒幾個人，你武功精湛，人家也是精挑細選出來的敢死隊員，一陣舞舞扎扎之後，天理教的人固然倒了一些，幾個護軍同樣也都掛了彩。

眼見護軍已經抵擋不住，一旁的寶侍郎趕緊讓人關門。

不行了，得向上彙報。

驚聞大變，紫禁城內早就亂了套，人們一個賽一個地狼狽。親王貝勒爺們兒固然心虛膽怯，爭著要駕車逃命，有的護軍統領竟然也想跟在後面開溜。最倒楣的就是如寶興那樣的文官，手無縛雞之力不說，跑還跑不快，某位翰林院編修就差點吃了刀子，這時多虧他的僕人挺身救主，替他挨了幾刀，這才得以虎口脫險。三天後，當搜索隊在一個櫃子裏發現他時，已經餓得不像樣子了。

怕嗎？誰不怕，可是有人不怕。這個勇敢的人就是二阿哥旻寧。他大叫一聲：「快把我的武器拿出來！」

阿哥們的武器其實是用來圍獵的傢伙，比如火藥罐、鳥槍（又稱火繩槍）、腰刀。以往打鳥獸，現在要用來打人。

上書房太監奉命爬上牆垣，登高警戒。不一會兒，就聽到他尖著嗓子喊起來：「不好不好，爬牆過來了。」循聲望去，果然看到有人上了牆，手裏還舉著白旗——不是投降的標誌，而是進攻的號令。

武器已經取出，旻寧端著鳥槍立於殿下。那一刻，是磨刀霍霍者與一位王子的對壘。牆上牆下，雙方的距離如此近，彼此間的眼睛鼻子眉毛全都能看得清清楚楚。

鳥槍號稱現代步槍的鼻祖，但使用起來卻極其煩瑣，幾個步驟做下來得讓你出一身汗，所以一般都要幾個人輪流裝填彈藥和發射。若是一個人單挑，脆弱一點的心靈絕對經受不起。

事實證明，旻寧是個漢子。他的動作很快，而且槍法極準，第一槍就撂倒一個，再一槍又打死一個。就這兩槍，把進攻者全鎮住了，乃至「錯愕不敢前」，沒人再敢隨隨便便攀上牆頭。

槍壯慫人膽，鳥槍一響，大傢伙的膽量和爆發力全都被超水準激發出來，其他皇子也跟著乒乒乓乓放起了槍。

危急關頭，旻寧擔當起領導者的角色。他一邊下令將紫禁城的四門緊閉，實行嚴防死守，一邊派人發出警報，召集京城禁軍入內護衛。

還有一件事不能忘，那就是得派人向他的父皇奏報這裏所發生的一切。

嘉慶帝接到奏報，已經是第二天的事了，此時他正在丫髻山行宮，距北京城近兩百里路程。

一八一三年九月十九日，嘉慶急忙起駕回宮，但剛到達京郊，就聽說有天理教人馬正浩浩蕩蕩直奔他們而來，據傳有三千之眾。

隨同嘉慶的御林軍並不多，從扈從大臣到普通兵丁都被嚇得面如土色，看這情形，對方殺進皇宮的過程，倒像是在圍點打援，三千精銳，我們怎麼幹得過人家？

嘉慶到底是扳倒過和珅的皇帝，不是吃乾飯的，雖然也免不了心慌意亂，但表面還能強作鎮定：「不要怕，等他們真的來了，你們在前面抵禦，我一定會督後觀戰」。潛臺詞是：我這個皇帝絕不會扔下你們，一個人跑掉。

上上下下緊張了半天，最終才發現是虛驚一場，「有賊三千」純屬謠言。

擦完汗，嘉慶一行回到北京，得知「林清之變」已被平定，而在過往驚心動魄的三天裏，二阿哥旻寧起到了很關鍵的作用。

第一天，在宮內護衛和京城禁軍的內外夾攻下，基本遏制了天理教的正面攻擊，但警報並沒解除，因為還有很多教徒潛藏於紫禁城內，皇宮不是更安全，而是更危險了。

從第二天起，旻寧宣布戒嚴，並下令禁軍進行大搜索。到了半夜，突然電閃雷鳴，下起了雨。

禁軍所用武器也是鳥槍，火藥受了潮，便無法射擊。官兵們全都抱怨，說雷雨早不來晚不來，這時候來，真是招人罵。後來才知道，教徒們聚集一處，已經準備在紫禁城裏縱火，聽到雷聲後大部分人驚潰而去，餘下的再想點火，雨一來又把火種給澆滅了。

沒有這場雷雨，紫禁城可能會被焚之一炬，所以該出口大罵的不是京城禁軍，而該是天理教徒。

雖然水澆滅了火，但天理教的暗襲並未停止，同樣宮內也不敢放鬆戒備，旻寧親率貼身侍衛四處進行巡查，

這個神奇的雷雨夜似乎是大清國國運尚存的一個標誌。當天理教徒火攻不成，試圖再次翻越大內宮牆時，閃電把地面變成白晝，完全暴露了他們的身影和行蹤。

在無法正常使用鳥槍的情況下，旻寧還有新的武器。這個武器的名字叫彈弓。

二阿哥使用彈弓的紀錄是，百步之外瞄準飛鳥，百不失一二，基本上是百發百中，完全是如今特警隊神槍手的水準。

旻寧挾弓以射，這回手法更快，而且彈無虛發，越牆者無不應弦而倒。

在轉到乾清宮時，他忽然看到有一個人立於殿脊之上，正手揮令旗，組織新一輪進攻——這些天理教徒堪稱民間高手，功夫真是個個了得，想想看紫禁城的宮牆有多高，殿宇又有多高，然而此輩竟能飛簷走壁，如履平地一般。

旻寧一摸口袋，袋裏空空如也，彈丸已經告罄。情急之下，他用上了「咬」，當然不是咬人，而是咬鈕扣，他把衣服上的幾顆金鈕扣全咬了下來。

金鈕扣就是彈藥，旻寧來了個連珠射，殿脊上的指揮者被擊個正著，隨即摔死於殿下。

雨越下越大，天理教再也無計可施，天明以後，「林清之變」宣告完全失敗。

一人一嘴毛

經歷這場沒有預演的事故，旻寧威望大增，群臣紛紛上奏，有的誇他智勇沉著，有的讚他舉措有方。嘉慶帝在回京途中就評價其為「有膽有識、忠孝兼備」，冊封智親王，旻寧所用槍支也成了一把英雄槍，被命名為「威烈」。

作為父親，嘉慶對兒子的出手並不感到特別詫異，他還清楚地記得旻寧小時候的事。

那一年秋天，皇室例行「木蘭秋獮」，也就是組織大家到皇家獵場去圍獵。當時乾隆尚在，嘉慶和一班皇子皇孫們隨隊而行。

乾隆對時年八歲的旻寧非常偏愛，在皇子們比試射技時，特意把這位皇孫帶在了身邊。旻寧初生牛犢不怕虎，看得興起，等父輩們一結束比賽，他就邁步上前，也拿出了自備的小弓箭，啪啪啪連射過去，接連中了兩靶。

孫子出落得如此有出息，讓乾隆又驚又喜，急忙把旻寧喊到身邊，摸著他的小腦袋打趣：「你要是能連著射中三靶，我就賞你黃馬褂。」

旻寧二話不說，舉弓便射，這次竟然又中了靶心。射完之後，他將弓箭往地上一扔，跪倒在乾隆面前。

乾隆樂不可支，問他想要什麼賞賜，可他就是抿著嘴不回答，也不起來。

乾隆大笑：「我知道了。」

賞黃馬褂本來只是一句戲言，但小孩子較真，大人不履行諾言還不行。再說君無戲言，過去有人憑一片梧桐樹葉，都能分到一個諸侯王當當，一件黃馬褂算得什麼。

乾隆立即命侍臣去取黃馬褂。侍臣挑來選去，所有黃馬褂裏，只有成人穿的大號，又不可能臨時趕製兒童版的小號，沒奈何，只好取來一件大的黃馬褂給旻寧披上。

旻寧如願以償，這才開開心心地謝恩站起。

對於小旻寧來說，那件黃馬褂實在太長太大，披在身上，像件長裙子，連路都不能走。於是乾隆下令侍衛抱著他走，一路過去，觀者無不驚羨不已，堪為一時之佳話。

俗話說得好，從小一看，到老一半，乾隆看好這個孫子，嘉慶也看好這個兒子，而成年旻寧的神勇表現，也證明賞給他的那件黃馬褂已經越來越合身了。

雖然意外地誕生了一位英雄，但「林清之變」還是在心理上給嘉慶留下了沉重的陰影。

丫髻山行宮離乾隆的陵寢已經很近，按照原計劃，他當時還要去給亡父掃墓，然而京城發來的奏報把所有好心情一掃而空。在返京途中，嘉慶便命大臣起草「遇變罪己詔」，先進行自我批評。

可是檢討來檢討去，卻發現他自個還是兢兢業業、勤勤懇懇的好皇帝。

「我即位十八年了，這十八年來，心裏滿滿當當的都是國事政事天下事，沒幹過什麼坑人勾當啊。現在突然給我來這麼一手，實不可解，真是不知道老天爺到底打的什麼主意。」

「好皇帝」的委屈都是相同的。就像當年的明朝皇帝崇禎，自怨自艾後，很快就會把批評的矛頭指向大臣，憤恨「諸臣之誤朕」，嘉慶也是如此。

「再三跟你們講，不要因循怠玩，認真一點，你們不聽，還是忽悠，結果忽悠來忽悠去，弄出這樣的大禍。」

在嘉慶看來，「林清之變」簡直跟火星墜落差不多，皇帝尚在行宮，老巢就差點讓人給抄了，歷數漢唐宋明，哪朝哪代有過這樣的事？

留京的王公大臣們迎接王駕，跪聽嘉慶的「罪己詔」時，個個嗚咽失聲，哭得稀里嘩啦。當然還有那最哈哈最沒心沒肺的，私下仍在叨叨：「我覺得我們已經很盡職了呀，您還說這話，什麼意思嘛。」

嘉慶是帝國的當家人，不管是抽自己嘴巴，還是打別人屁股，反正都說明一個問題，他是真急了，覺得這個家越來越難以維持。

「我們大清以前是何等強盛啊……」

說起來，嘉慶的運氣也真是差，父親乾隆文治武功，看上去完美得不能再完美，偏偏到他上臺的時候，猶如水滸傳中「洪太尉誤走妖魔」的開篇，那什麼天罡地煞都被放了出來。

先是白蓮教譁然而起，釀成大清開國以來最大規模的民變，接著政府與民間，你啪嚓我，我啪嚓你，一人一嘴毛，國家由此元氣大傷，眼睜睜地看著「康乾盛世」到了頭。如此一蹉跎就是九年，剛剛掙飭著把白蓮教給擺平吧，冷不丁地又來這一齣，確實讓人有點暈頭轉向，不知西東了。

咋這麼扯呢。嘉慶煩悶不已，這一年，他甚至連生日都沒心情過了。

「林清之變」時，有一支箭射在皇門匾額之上。過後進行清理，箭頭被特意予以保留，嘉慶似乎有意用這種方式來告誡子孫：「有朝一日，你們要用實際行動把插在額上的那個箭頭給拔掉。」

說這番話的時候，他自己更多的卻是一種無力感。

又花了幾個月的時間，基本瓦解了天理教，但陰影並未能從當事人的心中完全退去。直到臨終的前一年，嘉慶還不忘跟大臣們聊起這件事：「永不忘十八年之變（即林清之變）……」

眾望所歸

一八二〇年七月二十五日，嘉慶突然駕崩於熱河行宮。

老皇帝一死，最緊要的事就是確定帝國的繼任者。從嘉慶的爺爺雍正開始，清廷便實行了「祕密立儲」制度：你想立誰做皇太子，名字寫下來，封存於匣中。到要宣布的時候，就到乾清宮最高的「正大光明」匾額後面去找。

「林清之變」讓嘉慶對整個皇宮都失去了安全感，他沒有再把匣子託付給「正大光明」，而是帶到了熱河行宮。可老爺子去得太突然了，隨著他一斷氣，那個要命的匣子究竟在哪裏，也成了問題。

如果找不到嘉慶的遺詔，該怎麼辦？

那就得活著的人給答案了。

孝和皇太后力挺二阿哥旻寧。值得一提的是，這位皇太后只是旻寧的繼母，旻寧的親生母親早在其未成年時就去世了。

雖然沒有直接的血緣關係，但孝和皇太后對旻寧十分照顧，而旻寧也對繼母很孝順，「林清之變」時，他曾親自到後宮去安撫太后，以免她擔驚受怕。可以說，這對母子不是親生，卻勝似親生。

驚悉嘉慶去世，孝和皇太后既不清楚匣子藏於何處，也從沒聽丈夫透露過所立皇太子是誰，她只知道一點，旻寧才是未來皇帝的最合適人選。

皇宮之內，從一般妃子到皇太后，可以說沒有哪個女人不希望自己的親生骨肉當皇帝，所以宮心計演了一屆又一屆，從沒有遇冷的時候。孝和皇太后有兩個親生兒子，如果倆兒子爭氣，相信太后也沒到超凡脫塵的地步，非要胳膊肘往外拐不可。

但是反覆衡量之後，孝和皇太后認為倆兒子當皇帝都不夠格：三阿哥一天到晚聽戲，是個票友，四阿哥日日迷醉於古籍善本之中，是個書呆子，全部加起來也抵不上旻寧這位少年英雄。

太后是個理智而聰明的女人，在江山社稷和個人私欲之間，她毫不猶豫地選擇了前者。當天，她便發出懿旨，表示如果一時找不到匣子，當立旻寧，「以順天下臣民之望」。

旻寧早在「林清之變」後便譽滿天下，「天下臣民」當然都希望這位智勇兼備的阿哥繼承大統。就在這時，卻忽然傳出一個驚人的消息，匣子又找到了。

原先恨不得挖地三尺，當匣子真的出現時，眾人反而忐忑起來。

從嘉慶生前的言行來看，他最欣賞的皇子無疑應該是旻寧，然而所謂天恩難測，皇帝的心思不能猜，一猜就是錯，沒準他嘴上叨叨兩句，真正挑選繼承人時又會是另外一種想法呢。

軍機大臣奉命開啟密匣，打開後發現，在嘉慶留下的傳位詔書上，欽定皇太子正是旻寧！

大家都想到一塊去了，真是眾望所歸。一八二〇年八月二十七日，旻寧正式即位於太和殿，第二年改年號為「道光」。

在登基的最初那幾年，坊間一直流傳著關於這位皇帝的種種傳說。

某縣有個「貳尹」，即縣令副職。說是副職，卻一直在排隊等候，要想上崗，就得進京參加吏部組織的公務員考試。

一考下來，分數呱呱叫，名列總分第二。這麼好的成績，「貳尹」覺得應該沒什麼問題了。可是很多天過去，好消息並沒有如約而至。本來第一名被選，就要輪到他，但榜單直接跳過，給了第三名，緊接著，第四、第五，都戴著烏紗帽，心滿意足地到各地做官去了。

「貳尹」家裏很窮，去一趟北京也沒帶多少盤纏，時間一長便顯得窘迫起來。起初這位仁兄還相信科學，相信政府，以為是吏部的辦事人員弄錯了，糾正過來後還會給他機會，於是四處借錢，饑一頓飽一頓地待在旅館裏繼續坐等「喜訊」。

可你就是把旅館坐穿，也沒你什麼事！

吏部考試不是科舉，這裏比的是關係和背景，不是分數與能力，而且刷你下去也非常容易，一兩句評語就足以把一個高分選手打入十八層地獄。

清醒過來之後，「貳尹」備受煎熬，我的這顆中國心哪。

獨處異地，沒有一個肩膀能靠一下，大鼻涕也不知蹭誰身上才合適，倒楣的公務員絕望至極，真的覺得自己成了世上最「二」（常用來形容人愚笨、弱智）的那個人。

在神情恍惚中，「貳尹」一個人走到城外林子裏，懸了根帶子就要上吊。說時遲，那時快，就聽得彈弓嗖嗖響起，彈丸飛過，帶子被打斷了。

誰有這麼大的本事，「貳尹」非常驚異，正在東張西望之際，林子後突然走出一男子，按照他的描述，此人身材高大，潮人裝扮，正是剛才的發彈者。

潮人對「貳尹」的行為很生氣：「堂堂男子漢，傻里吧唧地玩什麼自殺，至於這樣嗎？」等「貳尹」抽抽噎噎地把前後情形訴說一遍，潮人又笑了。

「我當什麼事，這有什麼難的。」

說著，他從身上摸出一隻鼻煙壺。鼻煙壺很常見，但他的鼻煙壺不常見，因為是白玉的！

「明天你就拿著這隻鼻煙壺去吏部大堂求職，求不到就不要出來。」

「貳尹」恍惚間也搞不清狀況，糊裏糊塗答應下來，第二天真的去了吏部。

吏部門衛都是勢利眼，見此人衣著寒酸，竟然要直闖吏部大堂，當即認作是哪條街上冒出來的瘋子。

「別進大堂了，還是讓我先扭送你去監獄再說吧。」

推推搡搡之際，幾個大官正好從吏部門口走出，一眼就發現了「貳尹」手裏拿著的白玉鼻煙壺。

這幾個人的臉色大變，立刻呵斥門衛：「不許無禮。快請來人裏面坐！上茶，上好茶！」

「貳尹」入內後有些不知所措，倒是大官們很快道出了破格禮遇的緣由：「你手裏拿的鼻煙壺，是當今皇上的東西，你怎麼得到的？」

「貳尹」被嚇到了。這才知道昨天遇到的那個潮人，竟然是道光皇帝。對他來說，這究竟是福還是禍？

這邊七上八下，那邊道光已經在詢問入朝的吏部官員：「那個帶著我的鼻煙壺去吏部求職的人，他現在擔任什麼職務，是道台（副省級）、知府（市級）還是知縣（縣級）？」

以為是無名之輩，沒料到背景真的通了天，幾個吏部官員心裏也七上八下起來，只好吞吞吐吐地回答：「都不是，只是一個貳尹。」

道光笑了。

「那這小子的運氣也太差了。難怪會痛苦到要自殺，弄得我在林子裏打獵都不安心。你們看他都到這步田地了，可以選一個最好的職位給他嗎？」

皇帝在這裏雖然用的是疑問句，可哪個官員又敢回以否定句。結果沒有任何意外，「貳尹」拿著吏部頒發的官印，開開心心地上任去了。

這個流傳於清代野史中的故事疑點頗多，但毫無疑問，它顯示的是早期道光的魄力，當皇帝微服走出宮殿，用手中的彈丸擊斷林中帶子時，他收攬到的是一顆顆民心。

以德治國

嘉慶在把二兒子寫進他的傳位密詔前，對這位未來的繼承人有過各種方式的考察，其中之一便是探詢他的治國理念。

當時旻寧說他要以「敦崇教化」為治國之源，以「甄別賢愚」為治國之本，概括起來就是要以德治國。後來的施政，說明並他沒有自食其言，確實是這麼做的。

這個世上，也許最不缺的就是鼓吹道德的人，但太多的「道德家」都是把鬥爭的矛頭指向別人，把任性的喇叭朝向自己，道光不是這樣。他於古玩珍奇一無所好，對吃喝玩樂也不熱衷，從不搞七下江南或者形象工程之類的事，閒下來就是讀書作文。在私生活的自律方面，別說他爺爺乾隆那樣的風流皇帝不能相及，恐怕嘉慶本人也做不到。

這是在三代裏面比，若是伸展開去，在整個清朝皇帝中，要論生活儉樸，誰得的票數也不會有道光多。

在他繼位之初，內府按慣例準備了四十隻御用硯，道光說：「我一個人要用這麼多幹什麼，浪費嘛。」退又不能退，便分賜大臣，一人捧一隻回去。

他所用的御筆仿製於民間，是極普通的那種，甚至連筆管上的鐫字都免了，認為浮誇，沒必要。皇宮裏吃飯，道光從不挑食，偶爾他也會想起要嘗嘗某個菜，一問價錢太貴，馬上打住。

宮中的費用於是縮了又縮，減了又減，每年不過二十萬兩銀子，吃穿拉撒和排場全在裏面了。

道光自律苛嚴，但聖人不是天生的，即使皇帝有時也免不了生出八卦的心。

有一年他在便殿召見官員。所謂便殿，是皇帝吃飯休閒的地方，所召見的官員又是親近心腹，大家都很放鬆，君臣嘮起嗑來也就要比平時隨意得多。

道光伸了個懶腰：「長晝如年啊，每個白天都是這麼難熬，你有什麼消遣的法子嗎？」

官員回答：「我以為讀書最好。」

這是標準答案，但道光還是皺了皺眉頭。

「讀書當然好，可我說的是那種可用於消遣的書。我已經找遍內府藏書，從沒見到過啊，不知道外面有沒有這樣的妙書可以看？」

官員恍然大悟：「哎呀，皇上，外面的妙書可多了去。光我就看過……」

道光長居深宮，對於這些「妙書」，別說看，連名字都沒聽說過，所以表情很是茫然。

「嗯，我記下來了。」

第二天早朝，道光在軍機處碰見軍機大臣，這位軍機大臣狀元出身，書香世家，家裏有的是書。道光便笑著問他：「聽說你家裏藏書豐富，像這些書一定買了吧？」

接下來，便是一連串「妙書」的名字。

軍機大臣不聽猶可，一聽大驚失色，立刻趴在地上一個勁地磕頭。

道光不高興了：「我不過就是想跟你借來看看而已，你不借也就算了，用得著這麼誇張嗎？」

軍機大臣卻早已汗流浹背。

能不出汗嗎，你聽聽都是哪些「妙書」：《金瓶梅》、《肉蒲團》、《品花寶鑒》……

這都是當年如雷貫耳的三級名書啊，作為狀元，就算是曾經偷看過，大庭廣眾之下也不能承認，再說皇帝這麼皮笑肉不笑的，算什麼意思？

軍機大臣一個勁地否認。

「這都是淫書，我家裏絕不敢買，更不會收藏。不知道皇上是從哪裏得知我有這些書的，真是太冤枉了。」

「妙書」竟是「淫書」，道光當場愣在那裏，臉上青一陣白一陣。說是要對天下人進行「敦崇教化」，自己卻第一個看「淫書」，說出來豈不讓人笑掉大牙？

回去後，他就氣呼呼地寫了個手諭，把推薦「淫書」的那位官員狠狠罵了一頓。

那些年，道光不光自律甚嚴，而且廣開言路，鼓勵御史上條陳發表意見。

這些條陳，也就是意見書，由道光親自批閱後，都要分發軍機處及各部處理。條陳裏面免不了會由事及人，對軍機大臣或各部大臣提出尖銳的批評甚至是舉報，常見的情況是，當事官員不敢不遵從皇帝的旨意，但卻會牢牢地記住舉報人的名字——哼哼，我可是講究人，今天你擺我一道，說不定哪一天我也會讓你變成死玩意兒。

道光留了個心眼，他會把條陳中御史的名字和發表日期都一一裁去，更有甚者，有的條陳從行文風格和語氣上，很容易讓人看出是誰，他就索性把前後文也裁掉，只保留中心意思。

這麼一來，哪怕是心眼兒再小的大臣也難以打擊報復，而御史們要是還不感動，那就等於白活了。

所謂「以德治國」不是一句口號，它首先表現的是宣導者自己的素質和水準，厚道也是一種。

伯樂和千里馬

連精神出軌都不允許，這是道光的道德境界，而這也成為他對手下官員評判優劣，「甄別賢愚」的一個重要標準。

常言道，三年清知府，十萬雪花銀，那說的是地方上的官吏，一般而言，京城的普通官員都沒什麼額外油水，小日子也沒那麼好過。

有個翰林家裏很窮，薪水不高，又不願到地方上做官，生活因此陷入窘迫，常常靠跟朋友借錢度日。某天，他又去朋友那裏借，去了之後當然不能一開口就說這麼俗的事，於是兩人下棋賦詩，一直玩到傍晚，這就把借錢的事給忘了。

道光聽說後，把翰林調到內閣，並且告訴他，沒有人保舉和推薦你，要提拔你的正是我本人。

「為什麼要提拔你，因為從借錢的那件事上，我就看出你是一個有操守的人！」

德只是一個方面，道光並沒有忽略官員的能力。

在他剛剛登基稱帝的那幾年，除了拿自己做榜樣，宣導「以德治國」外，還沒忘記要虛的實的一起來，曾經大力推行「實政」。所謂實政，用道光的話來說，就是要「實心實力辦事」，只重效果，不求虛名。在倡辦實政的大旗下，道光當起了伯樂。

一八二四年冬，運河大堤忽然潰決，導致運糧的漕船擱淺，這讓執政才四年之久的道光大為不安。從皇家宮廷，到各級官員，再到駐於北方的八旗軍隊，其糧食大部分都要依賴於南糧北運。一旦運輸卡住，大家都得餓肚子。道光趕緊召集文武百官商議，有人提出「暫雇海運」，從海上開闢新的運糧通道。當時大部分官員都反對，理由不是說海運不可行，而是說以前沒這個先例——誰也沒見老祖宗從海上運過糧食。

道光力排眾議，旗幟鮮明地支持漕糧海運，並任命陶澍為江蘇巡撫，具體經辦此事。陶澍就是得到道光賞識的那一匹千里馬。出人頭地之前的陶澍曾經非常落魄，家裏窮到鍋底朝天，只能靠做私塾先生度日。不過窮困潦倒也有窮困潦倒的範兒（**北京方言，就是勁頭、派頭的意思。指在外貌、行為或在某種風格中特別不錯的意思。**），只要有倆錢他就拿去喝酒賭博，橫豎沒個能混出頭的氣象。

很自然地，陶澍遭到鄉鄰們的各種嫌棄，沒人叫他大名，而是直呼「陶阿二」，即陶二流子之意，體面一些的人家都不願意搭理這個二流子。嫌棄到後來，連老婆都忍不住了。陶澍的老婆崔氏帶著哭腔對丈夫嘮叨，說這破家也太窮了，簡直處處戳我的心哪，這樣不行，我不能跟你一塊餓死。

崔氏提出的解決方案是：要麼你把我給賣了換錢，要麼直接下一紙休書。

陶澍怎麼也不可能下作到把自己老婆給賣了，所以只能「休」，而所謂「休」，說穿了，其實不是陶澍休崔氏，而是崔氏要踹陶澍了。這個女人反客為主，玩的不過是一種主動和被動的關係。可憐陶先生現在窮得也就只剩下和老婆相依為命了，讓崔氏如此一逼，那真的是「問君能有幾多愁，恰似喝了一瓶二鍋頭」。

不離不行嗎？陶澍只能笑著，當然是強笑著，勸崔氏回心轉意。

「夫人的見識也太淺了一點吧，我不過是還沒交上大運罷了。前不久有算命的先生給我測過，說我日後必將發達，你不要著急，總有機會跟著我吃香的喝辣的。」

崔氏根本聽不進去：「你說的交大運得什麼時候，讓我繼續等，等成一具乾屍啊！」

「好吧，我相信你是有福之人，自然有女人可以和你同享富貴。我就算了，咱們現在就拜拜，但願出去後，真能聽到關於你的好消息。」

在老婆的催逼下，陶澍迫不得已，只得離了婚。很多年後，他進京趕考，得中進士，此後一路升遷，真的做到了朝廷大員，據說她那原來的老婆聽到後，把腸子都給悔青了。

這就是那個時代的傳奇。科舉縱有千般壞處，但它畢竟可以使一些生活在底層的籍籍無名者鹹魚翻身，從而施展其才華。

陶澍不同於范進那樣的迂腐之輩，年輕時的喝酒賭博，也並不能遮掩他那一顆濟世之心。早在不得志時，他喜歡讀的就是一些經世致用的「野書」，別人看著都為他著急：你趕快看點「正經書」，爭取考個狀元什麼的吧。

陶澍不慌不忙，而且還能洋洋灑灑地給你說出一番道理：「我們讀書人的使命是什麼，不光是求得榮華富貴，還要轉變國運世運，所以我看這些書是有用的。」

如果你還是「陶阿二」，這番高論就只能自說自話，但當陶澍真的做官後，這些曾為大部分士人和官員所輕視的學問，果真令其大放異彩。

古人講究忠孝節悌，對符合這一要求的「感動帝國人物」，朝廷不僅會下旨表彰，還會按人頭下發材料費，用於建造牌坊。各個省的孝順兒子、乖巧弟弟雖不多，貞女烈婦總是不少，材料費加一塊就成了一個不小的數字。

在實際操作過程中，這筆錢往往被辦事的人所貪污吞沒，反過來又獅子大開口，向當事人勒索修牌坊的錢，而材料費也由三十兩被無端地提到了百餘兩之多。

陶澍初任江蘇巡撫時，便發現了這個問題，他想出一個妙招：索性合併同類項，你們那貞女烈婦啥的，名單湊一塊，我統一給你們建一牌坊得了。

第一塊牌坊，上面有五百多人，第二塊牌坊，三千多人，既為國家省下一大筆錢，又減輕了老百姓的負擔，何樂而不為。

陶澍在自己的轄區內施行後，還怕別的省不知道，他將這一做法刻印成冊，讓各省仿照推行。事情看上去不大，但卻是其他墨守成規的同僚所不願嘗試的，由此也可見陶澍為政之「實」。

不過一開始，推行實政的道光並不喜歡陶澍。

陶澍為官做人不夠圓滑，平時愛的就是發「微博」盤點你評點他，尤其身任監察御史時，更是對人絲毫不留情面。說起某人某事，都是一副聲色俱厲的樣子，乃至於激動到鬍子都會當場翹起來。

那時候的道光正鼓勵群臣大膽直諫，可作為一個從小接受嚴格的皇家教育，具備極高涵養的人，他實在有些看不慣陶澍的作派，懷疑此人是不是說一套做一套，純粹擱人面前顯擺來了。私下一查，陶澍言行一致，道光轉而對他大加賞識和重用，經常掛在嘴邊的一句話就是：「你這個人尚有良心，肯說幾句正經話。」

在陶澍主持海運之前，漕運方面正一籌莫展，乃至於幾百萬兩銀子的投資砸下去，連個影子都見不著，這讓道光大為惱火，多名官員因此遭到重責。

那些受責官員能夠把應試內容倒背如流，也可以寫一手漂亮的楷書，他們倒楣就倒楣在對漕運知識一竅不通，說什麼都不懂，亂來。

在這方面，陶澍要強多了，也只有他才能勝任如此複雜浩繁且無先例可循的工程：調運和雇用多達千餘的糧船，組織水師一路督運護送，監控從兌米到驗米的每一個環節。此次漕糧海運相當成功，屬於道光早期辦得最為成功的實政之一，對道光和陶澍來說，都稱得上是生平的一大政績。

尚武精神

文治是必要的，但武功更不能少。事實上，從乾隆到嘉慶，他們寄望於道光的正是後面這一點。

在年輕的皇帝身上，具備很多祖先的氣質，血脈之中，有遼闊的大漠，有馳騁的駿馬，甚至包括那些習慣和語言。按照清代制度，滿蒙官員在殿上跟皇帝謝恩請安，一律都要使用滿語。可是滿人入主中原已經兩百多年，說漢語在很多滿人中也逐漸形成了習慣，滿語倒反而變得有些陌生。有個滿族武官回北京，在給道光謝恩時，不知道是不是因為太緊張的緣故，就忘了這條禁忌，從頭至尾都用漢語表述。

道光不是聽不懂漢語，但他越聽越惱火。

「滿語是我們大清立國的根本，老祖宗打江山時就說這個，多神聖的一門語言。可你連偶爾講兩句都不會，這不是忘本嗎，真是個敗家玩意！」

得，立命革職。

能夠進京面見皇帝，差不多是每個地方官的榮耀。那些沒運氣的或許還得圍住這位武官問這問那：「說說看，皇宮裏咋樣兒，帶勁不？」

可憐遭羨慕的那位已經被嚇傻了，臉上的褶子都摞成了一堆：早知道滿語這麼重要，就該先補習了再上朝。

對於道光來說，滿語代表著百年前那個強悍的馬上民族，現在雖然從馬上到了馬下，但那種尚武精神不能丟，否則就不足以應付類似「林清之變」那樣的社會動盪，而呼嘯的羽箭也隨時可能再次插進皇門的匾額。挑戰終於來了，在他即位的第六年，爆發了「張格爾之亂」。

早在乾隆年間，南疆就發生過「大小和卓叛亂」，乾隆多次出兵平叛，有名的「香妃故事」即源自於這幾次軍事行動。

在晚年乾隆自誇的「十全武功」中，南疆平叛獨佔三席，而且最為耀眼。後來的史家甚至認為，「十全武功」多有自吹自擂的成分，唯獨這三仗名副其實。

那次叛亂失敗後，始作俑者大小和卓翹了辮子，大和卓的孫子則隨乳母逃到國外。張格爾便是大和卓那個長大的孫子。這麼多年來，他隔三岔五地就要入境滋事，殺哨兵，搶馬匹，燒房子。不過一般都是小規模，而且只要聽到點風，就會嗖的一下跑掉，駐疆官兵也始終拿他沒辦法。

一八二六年，張格爾第三次入境，這次他成功地把當地百姓煽動起來，呼的一下就掀起了大規模叛亂。一八二六年八月，張格爾攻破喀什噶爾（今喀什），參贊大臣慶祥兵敗自殺，隨後南疆四城全部陷落。西北邊陲由此一片混亂，形勢之嚴峻，讓人彷彿又回到了「大小和卓叛亂」的那個年代。

道光肩上所要承受的重量，不比當年的乾隆輕多少。

在張格爾叛亂中，裹從的人數超過數萬，這讓道光感到十分不解。因為自祖父平定「大小和卓叛亂」後，政府在那裏實施的一直是輕徭薄賦政策，真是沒向當地人收什麼稅，徵多少役，新疆回部也漸漸地服從中央政府了，怎麼他們又突然會被張格爾所利用呢？

道光敏銳地感到這裏面定有蹊蹺，隨即下令內閣首席、文華殿大學士長齡負責查訪。長齡經過調查，確認原喀什噶爾參贊大臣斌靜貪橫不法，民憤極大，是導致張格爾乘隙作亂的間接誘因。斌靜隨即被革職拿問，由刑部按照「激變良民」律處以斬監候，後又交宗人府「永遠圈禁」，這就是震驚朝野的「斌靜案」。

道光宣布，對叛亂分子區別對待，脅從者如果能解甲歸降，就予以赦免，各歸各家，只對一條道走到黑的予以嚴懲，這就等於最大限度地孤立了張格爾。在道光組建的平叛班子中，長齡有統率之才，遂授以揚威將軍。帥之外還要配將，將的人選是陝甘總督楊遇春，授以參贊大臣之職，作為長齡身邊的左膀右臂。

此次征討，道光從吉林、黑龍江、四川三省調集兵力達五萬之眾，為平定「大小和卓叛亂」時兵力的兩倍多，但他仍無必勝把握。

與大小和卓時期不同，張格爾的叛軍屬於中外混合部隊，除當地的一部分死硬份子外，還包括相當數量的浩罕（今烏茲別克斯坦境內）士兵，他們騎著馬，揮著刀，嗜血好殺，剽悍善戰，非常難以對付。

在大軍出發之前，道光特地把出征將帥召集到一起，指著地圖交代自己的作戰方略。

「看見這個地方沒有，此地名叫阿克蘇，乃南疆之要衝，你們的先頭部隊到達這裏後，不要急於冒進，以防中計。」

留在阿克蘇幹什麼呢？

「等！等後續部隊全部到達，厚集兵力，才能做到一鼓作氣。」

道光的判斷是準確的。張格爾在攻克南疆四城後，也把阿克蘇視為重中之重，叛軍一度距離阿克蘇僅四十里之遙，與城池隔河相望。

楊遇春作為先鋒官，已先一步到達了阿克蘇。

作為一個行伍出身的老將，楊遇春一生經歷乾隆、嘉慶、道光三朝，大小數百戰，嘉慶年間的白蓮教、天理教皆由其一手擺平。

他長於練兵，別人認為熊包的，到他帳下可能生龍活虎，而他的精銳部卒如果歸其他將領指揮，倒不一定好使。

隨楊遇春先期到達阿克蘇的，只有五千陝甘兵，又立足未穩，當面對強敵進攻時，一般人難免會緊張到手足無措。可是楊遇春毫不慌亂，他打過的仗太多了，猝然間遭遇伏擊的事也經常發生，有什麼了不得的。

衝就是，准保能殺叛軍個人仰馬翻。

這個衝，不是讓別人衝，是楊遇春自己第一個衝了出去。

行伍出身，就必須從士兵做起，每升一級都得拿軍功出來說事，不是猛人，要想完成從士兵到將軍的歷程，那是比登天還難。

楊遇春打仗從不怕死，像這樣身先士卒，一馬當先，幾乎是家常便飯。不過說來也怪，頂得最前的人，卻不一定死得最早，儘管周圍全是箭矢、火藥，連戰袍都多次被毀，楊遇春本人卻始終毫髮無傷，猶如被金剛附體，因此嘉慶曾讚歎他為「福將」。

老將加福將，就不止一個頂倆。在楊遇春的帶頭衝殺和直接指揮下，官軍兩面夾擊，總共擊斃和俘虜叛軍千餘人，「大河以北，已就肅清」，河北岸的叛軍全給抖落乾淨了。

這一擊非常關鍵。當張格爾準備在大河以南整兵再戰時，長齡已率後續部隊趕到，並按照道光的部署，實行嚴防死守，使張格爾奪取阿克蘇的企圖徹底化為泡影。

得知首戰告捷，道光忽然改變了他的軍事計畫。

奇奇正正

按照道光最新發出的密旨，長齡一邊向張格爾散布假消息，宣稱官兵將按原計劃繼續駐留阿克蘇，短時間內不會立刻進剿，一面卻暗暗地分出兵力，對喀什噶爾進行突襲。

這是在用兵，但更是在用心、用腦。張格爾吃了敗仗，士氣不振，如今正是佔他便宜的時候，所以道光才會變「靜」為「動」，這就是軍事上常用的奇奇正正，虛虛實實。

收復喀什噶爾，柯爾坪（今柯坪）為必經之地。張格爾熟知南疆地形，他的眼力也很獨道，你必過，他必守，柯爾坪共有三千叛軍用以拒守。

顯然，要啃下這塊硬骨頭，沒副好牙口可不行。長齡和楊遇春都不約而同地想到了楊芳。

楊芳時任陝西提督，他是楊遇春一手提拔的老部下，也可以說是楊遇春帳下最出色的一員戰將。

在與白蓮教作戰時，楊芳奉命進行偵察，發現對方一支軍隊正在渡河撤退。這是發起強襲的最佳時機，但是他這個騎兵偵察小隊，包括他在內，一共才九個人、九匹馬，而敵人卻密密麻麻，足有數千之眾。

回去報告吧，來不及，沒準人家早就乘著船跑了。楊芳當機立斷，派兩名騎兵回去報信，他自己帶著餘下的騎兵，大喊一聲，縱馬直衝過去。

白蓮教軍隊雖人多勢眾，但大家都急著跑路，軍心不穩，這一衝便把隊伍給衝亂了。當時已有五艘船隻離岸，楊芳搭弓引箭，嗖的一聲射了過去。這一射的後果，倒不在於能不能射中目標，而在於讓對方受驚，受驚之後，船上的人你一推我一搡，本來就擁擠不堪的船隻吃不住重，立刻就翻掉了。

楊芳連發五箭，連翻五船。

楊遇春隨後驅大軍趕到，消滅了這支白蓮教軍隊，此役被稱為「軍中奇捷」，楊芳也由此得到了楊遇春和朝廷的重視。

又有一次，一支官軍因待遇不公而鬧譁變。楊遇春督軍平變，卻吃了敗仗，急得不知如何是好。楊芳對楊遇春說，這批官軍曾是我的部屬，大家處得如兄弟一般。現在他們見了我都躲著走，顯然仍記著我的好，所以我願意一個人深入虎穴，去做他們的思想工作。

說完，楊芳單人獨騎去了對方軍營。起先，他講道理：「你們別太拽，難得打贏一仗沒什麼了不得，該虎還得虎，早點投誠悔過的話，還來得及。」

這些人仍然強著脖子，一副絕不被你忽悠的樣兒。

見此情景，楊芳只有拿多年的兄弟情說事，而且越說越激動，說得聲淚俱下。

男兒有淚不輕彈，何況還是老領導，眾人大為感動，也跟著流下了眼淚，一場兵變奇蹟般地被化解了。

論在朝野間的名氣，其時的楊芳不如楊遇春，但他卻是最有可能超越楊遇春的人，而南疆平叛給予他的，正是這樣的天賜良機。

一八二六年十月，楊芳奉命突襲柯爾坪，只帶了兩千多兵卒。

他的老本行是偵察兵，因此非常注重偵察，無論行軍還是紮營，周圍隨時都有探馬負責察看敵情，即使突襲也不例外。

這一招成了他的護身符。在距離營地僅幾公里的林叢中潛藏了兩千多叛軍，為的就是打埋伏，但他們被楊芳的偵察兵提前發現了。一場遭遇戰後，伏擊的叛軍反而被殺得大敗而逃。第二天，楊芳採取兩面夾擊的戰法，在柯爾坪將叛軍牢牢夾住。雙方冷熱兵器一齊上，真個是殺得天昏地暗，日月無光。這一戰，基本將柯爾坪守軍全部殲滅。

柯爾坪的克復，為直取喀什噶爾創造了先決條件，但此時南疆逐漸進入冬季，大雪封山後，道路崎嶇難行，官軍被迫暫停進攻。從各地調集的大軍陸續集中於阿克蘇，這麼一塊地方，短時間內一下子集中如此多的人馬，吃穿成了最大難題。

政府的後勤補給點遠在陝甘，往新疆運點糧草不容易，相比之下，烏魯木齊的屯糧倒是很足。道光馬上決定將烏魯木齊設為新的糧台，並派欽差大臣具體督辦，就近採買糧食。

從烏魯木齊到阿克蘇，路途比內地近了一半還不止，平叛大軍再不用為糧草不繼而發愁，長齡等人轉憂為喜。肚子是吃飽了，但天氣還是不好，進攻喀什噶爾非得推到明年不可，此時就明年究竟如何打，君臣之間展開了爭執。

清代皇家經常要舉行的「木蘭秋獮」式圍獵，實際上是一次次向祖先致敬的軍事大演習，所謂「圍獵以講武事，必不可廢，亦不可無」。正是在這樣不間斷的仿生軍事訓練中，道光知道了要如何「運籌帷幄之中，決勝千里之外」，知道了怎樣才能「給饋餉，不絕糧道」，也逐步培養出了「連百萬之軍，戰必勝，攻必取」的信心和決心。

自從開戰以來，不在第一線的道光，比在第一線的長齡還要忙。為了畢其功於一役，他為來年作戰構想了一個出奇制勝的策略，即三路進兵，一正二奇，一路為「正兵」，兩路為「奇兵」，從而給張格爾布下天羅地網。

長齡也是一個軍事行家，收到道光的密摺後，他毫不客氣地給皇帝打了回票：「張格爾在喀什噶爾駐軍不下數十萬，我們加起來才五萬，很多還沒到達，加上又要分兵留守阿克蘇，實際能夠進兵喀什噶爾的只有兩萬兩千人，這種情況下，兵分得越多越不利。」

「再說，您設計的奇兵路線，要經過長達數百里的大漠戈壁，行軍非常困難，沿途的少數民族部落又被張格爾所蠱惑，我們一邊走一邊還要防，效果將大打折扣。」

長齡抗旨不遵，道光沒有動怒。

「好了，當地情況你一定比我更了解，我不會再遙控指揮，你覺得該怎麼打就怎麼打。」

命中剋星

春暖雪融，到了全力一擊的時候。

一八二七年二月六日，長齡主帥親征，率隊向喀什噶爾大舉進軍。張格爾聞報，急忙在喀什噶爾周邊的村莊築起防線。這個身上流淌著恐怖份子血脈的軍事首領，非常懂得在戰爭中利用地形，他事先挖坑設坎，再引水淹沒，使得莊外多出了許多不知深淺的水渠，以此來限制對手的騎兵戰術。

騎兵過不去，長齡就組織步兵突擊。張格爾則把水渠當成屏障，用俄制的燧發槍進行隔河阻擊。在近代武器家譜中，燧發槍比鳥槍又前進了一步，其裝填和發射速度明顯加快，在火力上優於持鳥槍的官軍。兩方對峙之下，長齡還之以連環銃炮。這是清末官軍在火器運用中的一種常用打法。實戰時，由鳥槍兵和火炮兵一排排上，交替配合，以保持槍炮連續不斷。

連環銃炮反過來壓制住了單個的燧發槍。在它的密集打擊下，臨渠防守的叛軍紛紛中彈倒斃，屍體重重疊疊地倒壓於水渠之中。就在雙方處於膠著之時，長齡派出的騎兵部隊從左右兩翼發起包抄，叛軍陣營大亂，再也支撐不住。

官軍乘勝追擊，一八二七年二月二十九日，他們進至喀什噶爾城下。

張格爾圖窮匕見，傾巢出動，十餘萬人臨河列陣，黑鴉鴉竟長達二十餘里。

面對著數倍之敵，只能智取，不宜強攻。長齡挑選敢死隊，準備實施襲擾戰術，以疲憊敵軍，但是當晚敢死隊出發後，忽然出現了一個誰也沒想到的意外狀況。

平地颳起大風，一時間飛沙走石，別說人，連前面的道路都看不清楚。

看上去這不是好兆頭。敵眾我寡，假使張格爾藉著這陣大風發起反擊，官軍未必抵擋得住，長齡和楊遇春商量，要不要退營十餘里，待風停後再攻。

楊遇春說，為什麼要退。

「這不正是老天助我一臂之力嗎，大風一起，張格爾不知道我們有多少兵，又怕我們乘機渡河，心虛著呢。」

「作為一支客軍，打持久戰不利，最好的生存方式就是速戰速決，所以我認為，不是退，而是要進，不是用敢死隊，而是要大部隊！」

到底是久經沙場的老將，有見的，長齡點頭讚許。

當下他就派出千餘名騎兵，打馬直奔護城河的下游，虛張聲勢，做出要從那裏渡河的假象，以牽制叛軍主力，而楊遇春則親率主力以夜色為掩護，憑藉閃電般的速度從上游實施搶渡。

一過河，長齡再次發揮連環銃炮的威力，炮聲夾著風沙，給張格爾上演了一部聲光俱佳的立體大片。叛軍有性能較好的燧發槍，唯獨缺乏殺傷力大的火炮，不僅城下連營被衝得稀里嘩啦，城池也很快就守不住了。

佔領喀什噶爾後，官軍已取得明顯優勢，長齡不再害怕分兵會削弱戰鬥力，除他自己坐鎮喀什噶爾外，楊遇春和楊芳分別出兵，將南疆四城全部予以收復。

仗是打贏了，但道光並不高興，原因是張格爾跑了。

下諭旨再三緝拿，仍然到處都沒有張格爾的蹤跡，就好像人間蒸發了一樣。

道光真的生氣了。

自古擒賊擒王，張格爾乃此次南疆之亂的禍首，天生的搗亂份子，三番五次地來興風作浪，這個人不除掉，南疆還是得不到真正的安寧。

「我以前為什麼一再強調要出奇兵，不是為了好玩，為的就是要在正兵從正面出擊的同時，以奇兵截斷張格爾的歸路，如果當時那麼做，張格爾還能溜得掉嗎？」

長齡無言以對，交不出人來，即使挨罵也得受著。

張格爾到哪裏去了呢？

都以為他又逃去了浩罕，沒曾想這廝跟浩罕國王也鬧掰了，人家拒絕收留，只好暫時鑽進了游牧部落的帳篷裏。

如果張格爾就這麼做了牧民，看看藍天，放放牛羊什麼，倒也就天下太平了，畢竟南疆這麼大的地方，長齡也就那麼點兵，不可能進行地毯式搜索，更不可能長期駐紮。

可是當不了良民的終究還是當不了良民。道光也深知張格爾的秉性，他故意派人四處散布官軍已然全部班師的假情報。

在「瞞天過海」的同時，道光還使用了「反間計」。南疆不止一種教派，有對張格爾死心塌地的，自然也有跟他不一條道的，道光通過積極善後，竭力取得這些教派的支持，並告訴他們：以後你們只要看到張格爾這個到處惹是生非的傢伙，千萬別客氣，記著一棒砸過去就是。

張格爾對道光設下的局深信不疑，而且他的臉一向夠大，被扁多少趟也不覺得臊得慌。當年年底，這老兄就按捺不住寂寞，湊了一支五百人的騎兵冒了出來。

出來後，確實沒看見官軍的大部隊——楊遇春真的撤回了內地，但卻撞見了維吾爾人。這些維吾爾人就屬於跟張格爾不對盤的，一瞧，哎呀，這小絛，就知道你還要出來得瑟。受死吧！

見維吾爾老百姓密密麻麻，不是熱烈歡迎，而是捕捉獵物的神情，張格爾打馬就走。

事實上，在道光的「瞞天過海」之計中，楊遇春走人是「正」，還有一個「奇」始終在南疆蹲守。此人稱得上張格爾真正的命中剋星，他就是楊芳。

在得到張格爾終於再次出現的報告後，楊芳發力猛追，在消滅張格爾所率騎兵後，將其一舉擒獲。

一八二八年一月，道光在紫禁城內獲知了這一特大喜訊，當即親筆題寫了兩個大字：綏邊。

平定張格爾之亂的功臣被繪像於北京紫光閣，其中長齡、楊芳、楊遇春居於首位。

第二章 理想是胳膊，現實是大腿

不管曾有過怎樣的精彩，總會有一些生命中的魔咒讓我們無奈。

平定「林清之變」後，嘉慶對當時的旻寧大加褒獎，稱其有膽有識。二阿哥回奏，說那時候我也是氣血上湧，不知道恐懼，但是事後還是越想越怕。

這話並非完全出於謙虛，從一個正常人的反應來看，他說的是實情。

在執政的最初幾年，道光也不知道恐懼，他可以微服出宮，可以把一個普通翰林直升內閣，也可以在不動聲色中指揮一場又一場可與其祖父相媲美的大戰役。

只有當激情散去，仔細打量面前的這副攤子時，才會猛不丁地發現其中的可怕之處。

從父親嘉慶開始，為了對付各種突如其來的民變，「康乾盛世」留下的國庫幾乎都被用空了，以致到了捉襟見肘、入不敷出的程度。到了他道光，國庫仍然是只出不進。

不能不花啊，打仗打的其實就是錢，要平定張格爾，你能不繼續往外掏？

張格爾一役，經戶部核算，軍費沒個一千萬兩白銀下不來，國庫無論如何拿不出這麼多，左挪右支，還剩兩百萬兩的缺口。

一分錢都能逼死英雄漢，何況兩百萬，道光想來想去，只能從自己家裏找主意，由內務府撥出這筆錢。

內務府大臣一聽就急了，宮中用度已經夠少了，每年不過二十萬。一下子要挪出去兩百萬，莫非十年之內大家都不吃不喝？

道光倒是有辦法。

金錢就像海綿裏的水，擠一擠，總會有的。

以一人敵天下

在世人眼中，曾經智勇兼備、英姿颯爽的皇帝，終於徹底蛻變成了一個一毛不拔、毫無風度的鐵公雞。

為此最受傷的還是他身邊的那些辦事人員，從內務府大臣到太監。這些人從宮外採購物品，多多少少都有回扣，可是由於道光近乎達到極致的「摳門」，他們的「隱性收入」也大為減少。說是伺候皇帝，活最苦最累，得到的油水還不如一般王爺，誰會沒有怨言。

某天，道光想換換口味，弄碗片兒湯嘗嘗——一碗湯罷了，不算出軌吧？他不知從哪兒找到一個製作片兒湯的食譜，交給內務府，說你們讓御膳房照做就可以。

內務府彙報，做可以，但要另外蓋一間廚房，請專門的廚師，這樣共需經費六萬兩，另外還需每年再加一萬五千兩的維護費。

道光聽了嚇一大跳。

不會吧，一碗片兒湯，又不是金湯銀湯，哪要用這麼多錢？

他皺著眉說，我知道前門大街有一家飯館，能夠做這種湯，每碗不過四十文，你們可以每天讓太監去買。

內務府的人嘴上不說，肚子裏已裝滿了晦氣。

每天買？我們辛辛苦苦跑斷腿，可憐見的，卻連一文回扣都拿不到，虐待狂啊你。

過了幾天，彙報：「您所說的那家飯館已經關門了。」

道光悵然若失，唯有歎息而已。

「我這個人向來不貪嘴，也從不肯浪費國家的一分一厘，可是我作為皇帝，難道吃碗湯都不可以嗎？」

沒人理他。

道光帶頭勤儉節約，在吃穿上百般算計，甚至連碗湯都捨不得喝，結果平叛的軍費當然是省出來了，但卻不能從根本上改變帝國的風氣。

說起來，這股風氣已有上百年的歷史。

較之唐宋，明清的開國皇帝都不失為過於苛刻而精明的老闆，公司薪水能開低絕不開高，因此各級官員得到的俸祿非常之少。

官員們十年寒窗，好不容易熬出頭，最大的動力之一就是「書中自有黃金屋」，從此能夠過上體面的生活，結果還落得這般寒磣，哪裏能夠安之若素？

反正又不像皇帝那樣擁有四海，完全佔有股份，自己家的事兒，還是得自己上上心。從順治年間開始，朝野上下便流行陋規，即現在俗稱的潛規則：商民要給普通公務員送禮，普通公務員要給官員送禮，地方官員要給京官送禮。長此以往，導致社會風氣逐漸敗壞，行賄受賄浮出水面。

在清朝皇帝中，雍正最為務實，他實行高薪養廉，提高了官員待遇，但此時陋規已像是被放出閘的洪水，再也遏制不住。到嘉慶交棒給道光時，陋規已儼然成為一種誰也離不開且見怪不怪的社會現象，從下到上，辦什麼事都要暗中「孝敬」，否則就寸步難行。

道光要「以德治國」，當然也想整頓和清查陋規，即位之初曾專門下達過相關諭令，但諭令卻遭到了官員群體的一致反對，幾乎沒有一個贊成的。

面對巨大的反對聲浪，以及官場已經出現的混亂跡象，道光只能被迫收回成命，同時做了自我檢討，承認自己剛做皇帝，不懂吏治，做事難免冒失。

等到真的「懂」了，道光更加不敢動這樣高難度的外科手術了。事實上，他的確也沒有什麼辦法，歷數祖輩，康熙夠偉大了吧，可他又能拿陋規怎樣？

在道光執政的中後期，實政已經進展不下去了，早期實施的也大多虎頭蛇尾，不了了之。比如陶澍承辦的漕糧海運，當時就漂亮了那麼一下，等到河運的狀況稍稍好轉，海運即被廢除，東方古國仍與海洋無緣。

除了觀點守舊，更主要的還是開闢海運擋了很多人的財路。與陶澍同一時代的清末思想家魏源就曾經說過，至少有三種人對海運不爽：負責收稅的稅吏，負責收糧的糧官，負責河運的船隊。

漕糧河運這個食物鏈很長，相關的人都需要從中層層謀利，他們上下相通，所掀起的輿論壓力也足以使道光望而卻步。

以一人敵天下，縱然你是皇上也無能為力，而陋規不除，道光的以身示範，似乎也只能為帝國官場添些笑料。

道光很少為自己添置衣服，最多一個月才換一套。他有件舊的黑狐皮袍，大概算是所有衣服裏比較上檔次的了，只是襯緞稍微大了一些，他便想改一下，在袍子四周再添些皮子。

內務府報了個帳，說需要上千兩銀子才能搞定。道光毫不意外地迅速抽手，我不添了還不行嗎。

第二天，軍機大臣值班，把這件事當新聞一樣播了出去。

文武百官從此都把道光看成怪物一般，以為他有節儉的癖好。正所謂上有所好，下必甚焉，既然皇帝好這一口，再不跟風而進，拍好這個馬屁，那就傻了。

道光「喜歡」舊衣服，大夥也都跟著穿舊衣服，新的不要了，拿到當鋪去換舊的穿，儼然颳起了一股時裝懷舊風。京城官多，需求量大，爭相購買的結果，竟然把舊官袍的價格都托抬起來，一件舊的，比做兩件新的還貴哩。

道光的一條褲子破了，不捨得扔，便讓內務府打上補丁，叫作「打掌」。大臣們見了，紛紛仿效，明明褲子沒破，也非得在上面打一補丁不可。

道光召見軍機大臣，發現他的褲子打了補丁，就問他，怎麼你也「打掌」啊？

軍機大臣的回答是：「再買一條費錢，所以就打掌了」。

再問：「打一個掌，需要多少錢？」

軍機大臣被問住了。

衣服上打補丁，不過費一塊碎布的事，就是說出花來，能用多少錢。

又不能不答，愕然良久，只好往大了講──「得三錢銀子」。

道光滿臉羨慕之色。

「外面的東西真是太便宜啦，宮中內務府給打這樣一個補丁，足足用去我五兩銀子呢。」

從三錢到五兩，加了十倍還不止，道光當然不甘心，他要省，最好是也能用三錢銀子打一補丁，這樣的對話其實就是在打聽行情。

對這樣的問題，不老實回答的話，無疑會有欺君之罪，太老實，又容易得罪內務府，後面那些人儘管拿皇帝沒轍，卻一定會把你牢牢記在心裏。山不轉水轉，沒準你下次讓人絆得頭破血流，都不知道是怎麼摔的。

所以回答一定得有技巧。比方皇帝問，你家吃雞蛋，知道一個雞蛋需要多少銀子嗎？說多說少都不好，最佳答案是避實就虛：「我從小就過敏，吃不得雞蛋，不知道價錢。」

一地雞毛

朝臣們公開場合爭穿舊衣服，給新褲子打補丁，都是為了應付道光。

皇帝待己對人都那麼嚴苛，他「甄別賢愚」的標準是看你是不是有德，換句話說，就是有沒有向他看齊靠近。

誰能做到？誰都做不到，那只有比拼演技了。

道光曾經不打招呼地跑到軍機處，為的就是檢查裏面的人是否有遲到早退的現象。有了這次遭遇後，大夥學乖了，每天下班都會留下一人，以應付類似的突然襲擊。

皇帝果然又來了，看到天色這麼晚，軍機處仍有人在辦公，激動啊：「他們都回家了，你為什麼單獨留下來？」

被問的人早就準備好了答案：「臣責任重大，哪敢貪圖安逸。」

嗯，道光連連點頭。當天便給這位會說話的幸運兒送去一塊匾額，上書：清正良臣。

做得好不如演得好，漸漸成了官員們的紅寶書，武英殿大學士曹振鏞更是把這種演技練到了爐火純青的地步。曹振鏞歷仕三朝，長期居於高位，號稱「政界不倒翁」，有門生向他請教做官祕訣，此老報之一笑。

「能有什麼訣竅呢，不過是多磕頭少說話罷了。」

多磕頭，就是要順著皇上的心思來，他喜歡什麼你跟著做什麼，哪怕是做到不近情理的地步。

曹振鏞每天上朝都是一副標準的乞丐裝打扮：上面披一件舊袍，下面套一條「打掌」的褲子。

這倒也沒什麼稀奇，因為文武百官都是如此，乍一看，整個帝國朝廷跟洪七公的乞丐幫沒什麼兩樣，說曹振鏞絕，就絕在他八小時之外還有更為精彩的演出。

下朝之後，眾人脫去朝袍，如釋重負，該咋樣仍咋樣。曹振鏞也換上了日常裝束，但他換完裝就擠進菜市場，親自買菜去了。

曹振鏞買菜，跟鄰家大嬸沒有區別，甚至還有過之而無不及，常常為了討價還價，與小販爭到面紅耳赤，頭破血流。

小販：「看您老人家氣宇不凡，像個體面人，能多少講究點不，我的價已經喊到最低了，這一文錢無論如何不能讓。」

曹某：「一定還能便宜，反正我是王八吃秤砣——鐵了心，那一文錢，你讓得讓，不讓也得讓。」

小販生氣了，收起秤桿和菜：「我不賣還不行嗎，虧本生意，換您也不能答應啊。」

這時曹振鏞就會刷地掏出他的腰牌：「我是內閣大學士，明查暗訪，專門抓不法商販，你現在就跟我去衙門吧。」

小販一看腰牌，不像假的，魂都嚇飛了。

這麼大的官，一輩子沒見過。人只要憑一句話，就能咔嚓一下，把我給弄折了栽盆裏啊。

「得，別說區區一文錢，您就是白拿也行。」

曹振鏞倒也不會白拿，只要演出成功就開心了。

當他拎著小菜，洋洋得意地打道回府時，有關新聞自然早就上了當天頭條。道光一聽，我是平民皇帝，你是平民宰相，緣分哪，於是見到曹振鏞總是特別親熱，臣君之間的關係簡直勝過知己。

史書上記載的曹振鏞，倒的確是個清官，沒有明顯的劣跡。可一個宰相，除了當清官，更重要的是你還得幹實事。

曹振鏞什麼實事也不幹，甚至也從不輕易對政事發表意見，這就是他的「少說話」。

那皇上要當場問話怎麼辦呢，總不能裝啞巴吧？

曹振鏞不敢裝啞巴，他裝聾子。

「您問這事該怎麼辦，嗯，容我想想，這個這個，那個那個——對了，剛才您問什麼來著？」

曹振鏞確有一點耳疾，但並不是聽不見，可就這被他當成了護身法寶，誰都拿他沒轍，連皇上也無可奈何。

快過來裝糊塗，哼哼哈嘿，什麼扮萌跟充愣，我都耍得有模有樣，官場之人切記，忍者無敵！由於演技出神入化，且基本無懈可擊，曹振鏞遂被外界稱之為「模棱宰相」。

道光上躥下跳，忙活半天，帝國的整體局面仍是一地雞毛，到處都是這樣做一天和尚撞一天鐘的「模棱宰相」和「模棱官員」，你要他們幹點實事，他們既可以陽奉陰違，也可以巧言搪塞，反正是總能圍繞政策找對策。朝堂之下，馬照跑，舞照跳，酒照喝，「以德治國」和實政都剛打開一個縫，就吱呀一聲關上了門。

理想的胳膊終究拗不過現實的大腿，道光執政之初的勇健和敢為，也漸漸被疲憊和保守所取代。

儘管連碗片兒湯都喝不上，但皇帝的工作量卻著實不小，每天群臣們送上來需要他批閱的奏摺都能堆成山，從早到晚，道光就是在與這些奏摺戰鬥，而且似乎永遠看不到有解脫的希望和可能。學生還能放寒暑假，還有畢業的那一天哪！

他悄悄地問計於身邊的心腹大臣：「你有沒有什麼好法子，能夠讓我稍微喘口氣的。」

對方想了半天，給出了個主意，不過看上去很像餿主意。上朝時，道光就依計把一些奏摺給單獨揀出來。

「我真是高看了你們，瞧瞧你們寫的這些奏摺，連文章格式都出錯，字也寫得不端正，歪歪扭扭，別以為這是小問題，這是態度問題，後果很嚴重！」

道光所說的後果，就是要交吏部處分，降級的降級，撤職的撤職。這下子把群臣全給嚇傻了。文章不符合皇帝所謂的「標準格式」，字體用了稍顯隨意的行書，而非中規中矩的楷書，竟然就得如此上綱上線，要是奏摺內容裏再出一點格，那還不得抄家殺頭滅九族？

上奏摺跟發俸祿並不掛鈎，換句話說，你就是一個字不寫，也不會被扣工資，何苦來哉。大臣們的奏摺很自然地變少了，內容也變得空泛無物，就算是御史上的條陳中，也基本找不出什麼刺兒。它們越來越像「小學生作文選」中的那些範文，既規範又嚴謹，但毫不例外都在重複著各種各樣的假話、空話和套話。

官場的這股傾向很快蔓延到了考場。一張考卷，考官往往不看考生闡述了些什麼，有沒有真材實料，只要你用詞上犯了忌諱，或者寫的字不合他的意，甚至哪怕是寫錯了一個偏旁，那你就等著名落孫山吧。

科舉是那個時代選拔人才的最重要管道，如此取士，勢必導致很多真正優秀的人才無法脫穎而出。

浙江杭州進士龔自珍素有才名。他在殿試中針對張格爾叛亂後的南疆治理，大膽提出改革主張，洋洋千言，令閱卷考官都驚歎不已，但結果卻因楷書寫得一般，只被打了個中等分數，連優都沒評上。龔自珍一生不得志，四十八歲那年，他辭官歸隱，身後留下了那句著名的慨歎：萬馬齊喑究可哀。

「洋泥巴」

就算不再清理陋規，不再推行實政，乃至於連待辦的奏摺也人為地減少下來，皇帝仍然忙得氣喘吁吁，席不暇暖。

僅一個張格爾叛亂，前前後後，左左右右，無一不需要他為之操心，真是費盡心神。好容易消停了那麼幾年，緊接著，另一件讓他傷透腦筋的事又再次跳了出來，這就是禁煙問題。

說「再次」，是因為大家已不陌生，算是老相識了。從嘉慶開始，大清國就已宣布完全禁止鴉片輸入。道光繼任後，再次重申禁令，這是他第一次禁煙。

其時道光對鴉片的態度，主要是把它跟「以德治國」和清理陋規聯繫起來，認為吸食鴉片不僅敗壞社會風氣，使人墮落，還會慫恿沿海走私現象，導致官員們內外勾結，偷奸耍滑。

這麼壞的東西，當然不能予以容忍，一定得擼下來。可是按照帝國實情，一般情況下，你光發禁令還不行，得皇帝用眼睛緊緊盯著。偏偏當時急著要道光辦的大事特多，海運糟糧，張格爾叛亂，哪一件看上去都比禁煙來得緊急，他忙這些去了。

忙完以後，道光已經意興闌珊，連他自己都沒興趣和熱情再去主動幹什麼實事了，然而禁煙是個例外，不幹不行。

繼道德綱紀外，道光又發現了鴉片的更大害處，那就是還拐他的銀子。

中國本身沒有大的銀礦，所以早期的錢主要是指銅錢，自明朝以後，全世界的銀子才隨著貿易大量湧入，使中國儼然成了一個白銀國度。

道光不一定清楚白銀的來源，他只知道如何持家，把每一兩白銀都盡可能留在國庫裏。可是根據御史遞上的報告，洋人們依靠鴉片貿易，每年都要從中國賺走數百萬兩白銀。一年數百萬好像不多，然而如果對比一下帝國窘迫的國庫以及皇帝一分錢掰成兩分花的節儉，這數字就相當可觀了。另外一種流傳已久的說法則更令人火大。說鴉片其實是洋人地裏的泥巴，這些洋鬼子竟然就拿這些一錢不值的泥巴，來換我們白花花的銀子，世上還有比這更可惡的事情嗎？

道光第二次下達禁令。相比於第一次，這一次的範圍更廣，力度也更大：從東南沿海擴展到全國，各地官員，從縣令到督撫，實行全民總動員。

不就是鴉片嗎，什麼了不得的東西，還敢跟我叫板？

對於成功地辦理漕糧海運，平定過張格爾叛亂的道光皇帝來說，大風大浪都經歷了，確實想不出一塊「洋泥巴」會有多大能量。

回報上來的信息似乎也在驗證這一結論，每年年底，在各省送上來的查禁報告中，都是一片報捷之聲。到一八三五年底，連道光自己都確信已經「天下無賊」，至少在帝國境內，再也無人敢於頂風吸食或私栽鴉片了。

三年之後，即一八三八年，真相逐漸露出了尾巴。道光吃驚地發現，鴉片貿易不僅沒有銷聲匿跡，而且每年都在呈幾何級數快速增長。

舉個例子，嘉慶末年走私的鴉片每年不過才四千箱。在道光宣布第一次禁煙令期間，首次突破了一萬，到第二次發布禁令，已接近兩萬，似乎是禁令越嚴，煙民越多，有的官員自己就成了如假包換的「癮君子」。

鴉片進來，白銀當然就要出去。每年兩萬箱的「洋泥巴」，足足從中國人手裏賺走了上千萬兩銀子，就這樣，那些御史們還嫌皇帝不夠鬧心，又在奏摺中添油加醋，將上千萬說成是七八千萬，給道光造成的印象就是，即使想明天不破產都不可能了。

窮日子磨出來的瑣碎，已經足以把皇帝折騰得苦不堪言，人家平時連碗湯都捨不得喝啊。現在你們還要搶他銀子，而且不是一兩一兩地搶，是千萬千萬地搶，這無異於在挖心撓肺，用一千把小刀子捅著這個可憐人的心，蹂躪著他的感情。

道光出離憤怒。繼兩次禁煙失敗後，他宣布第三次禁煙，這次不比以往，要動真格的了。

一八三八年九月，兩位王爺都受到了削去爵位的嚴厲處分，其中還包括一位皇室中地位最高的鐵帽子王，原因就是吸食鴉片。處分令下，一時震驚朝野。

但是剛朝皇親國戚開完刀，道光就接到奏報：在天津查獲走私煙土一萬餘兩！

這回倍感震驚的是道光。他這才發現自己仍然錯誤估計了鴉片的能量，那不是普通的「洋泥巴」，而是威力無比的「洋魔土」。

面對如此強敵，再按部就班，一點點來，無疑還是在瞎忙一氣，最後也只能落得竹籃打水——一場空，什麼都收穫不到。得出重手，使絕招。

道光相信，只有堵住源頭，鴉片貿易才可能完全絕跡。

鴉片走私的源頭在哪裏，在廣東。廣東查禁到的鴉片量每年都排在全國第一，換個角度，也可以說明那裏的鴉片貿易有多麼猖獗。

這是得用千里馬的時候了，必須得派得力官員前去主持禁煙。說起道光最喜歡的千里馬，當屬陶澍無疑，此人辦理漕糧海運的氣魄和才能至今仍然歷歷在目。無奈時年六十多歲的陶澍健康狀況不佳，已經中風躺倒在床，實在指望不上。於是道光想到了林則徐。

林則徐的父親是私塾先生，由於家裏人口多，有時還不得不以賣柴為生，所以林則徐的家境很差。不過窮歸窮，他從小就顯示出了極好的個人品質。

某天，林則徐和同學出去玩，看見一老太掉了串銅錢在路上。兩人就幫著一道撿，誰知他同學玩賴，中途用腳踩住一文銅錢，等老太一走，就偷偷地藏進了自己衣袋。

林則徐看在眼裏，非常不高興。後來他做兩廣總督，那個同學也恰好被分配到了廣東，本以為林則徐會看在老同學面上，給安排個肥缺，不料久無結果。

找人一問，林則徐很乾脆，說你以前那件事我還記得，「兒時心術如此」，連一文銅錢你都要貪，現在當官了，我絕不相信你還會保持廉潔。

這個同學碰了釘子，便託關係改分到了別的省，此後果如林則徐所言，讓他中箭落馬的正是貪污受賄。

林則徐晚年給子孫分家產，三個兒子一人拿到了六千串銅錢。全部銅錢加起來，按銀價折算，還沒一萬兩白銀。要知道，林則徐任官四十年，僅封疆大吏就做過二十年，到老只能留下這點積蓄，稱得上是官場中的奇蹟，所以後來連曾國藩都對他弟弟說，大吏能清廉到這種樣子，「真不易及」，我們這些人很難做到啊。

自古及今，清官都不是判斷好官的唯一標準，林則徐的厲害之處，在於他絕不低於陶澍的實幹作風和能力。

有心才能辦事

陶澍在考中進士入翰林院後，曾在年輕翰林們中間組織詩社。就是這麼一個文學社團，卻幾乎將道光年間的千里馬都一網打盡了，包括龔自珍、魏源皆加入過詩社。

原因就是這個詩社不光討論如何寫詩作賦，還研究「實學」，與道光曾宣導的實政可謂相得益彰。

明清一代，科舉考試皆以程朱理學（也稱宋學、新儒學）為正宗，考試時，都是理學家們提供的標準答案，就差電子閱卷了。在高榜得中之前，陶澍這些人也沒有一個敢逾越雷池半步，但是等通過考試，步入社會，馬上發現學過的大道理，亦即所謂「義理」，至多可以用來提高一下自身修養，辦事的時候卻百無一用。

於是這些聰明人便想到把義理中「內聖外王」的含義拓展開來，猛補惡補社會課，以便用「經世致用」的學問來填補「外王」之不足，這就是清末「實學」的最早起源。

在這個研究實學的詩社裏面，陶澍居首，林則徐則可排老二。

早在高榜得中之前，林則徐就是個有心人。他坐船進京赴試，一路上都向人打聽關於漕船的事。別人覺得奇怪，小夥子看上去挺懂事的呀，可這馬上就要考試了，你不多做做復習題，問這些破破家家的幹什麼？

當周圍投來疑惑目光，林則徐只是一聲歎息：「讀書人什麼事不要留心呢，怎麼可以漠然而視之？」

林則徐跟陶澍都想到了一塊，漕運、河工、鹽政被稱為帝國「三大政」，「三大政」搞得好不好，直接關係國家興衰，自然而然也就成了早期實學乃至實政關注的核心。

有心才能辦事。一八三一年，道光調林則徐治理黃河，這是「河工」中的重點，也是難點。要跟黃河對峙，最現成的辦法就是把秸稈，也就是摘了穗的高粱稈堆成一垛一垛，用以防護大堤，但是每年數不清的錢投下去，就是難以見效。

林則徐一語驚人，說弊端就出在秸稈上。他親自檢查這些秸稈堆，不看頭幾層光鮮的，而是專門把裏面幾層抽出來驗看。一看，中間都是雜草和秸根，屬於純粹的豆腐渣工程。

腦瓜子迷糊了，拿這些來以次充好，林則徐沿著秸稈一路追查下去，誰提供的誰負責任。這下子無人再敢犯賤，只能老老實實地把合格的秸稈如數送上來。

在林則徐之前，奉旨治理黃河的大臣不少，但沒有誰能做到這麼精細，也缺乏如此見識，加上出任督撫期間的其他卓越政績，使林則徐很快就得到了皇帝的關注和認可。

無論陶澍還是林則徐，對禁煙的態度都很堅決。時任湖廣總督的林則徐在緝煙販、收繳煙具方面，更被視為地方上的楷模。

當道光就禁煙遍詢諸臣時，林則徐請用重典，並斷言：「此禍不除，十年之後，不惟無可籌之餉，且無可用之兵！」這句話第一時間就得到了道光的共鳴，他下令林則徐即刻進京面聖。

進京之後，道光連續十九次召見林則徐。每次召見，都特准在紫禁城內騎馬，考慮林則徐不太會騎馬，又改為坐轎。正式交談時，道光甚至讓人在地面鋪上氈墊，為的就是怕談話時間一長，把他的寵臣給累著。

這種禮遇已經破格得不能再破格，是大清開國以來從來沒有過的，一般大臣可享受不到，就連曹振鏞這樣七老八十，走路都要打晃的三朝元老，也只有旁邊看看的份兒。

待遇跟責任是相匹配的，給你多高的待遇，你就要準備承擔多大的責任。道光此時已把鴉片視為「中國一大患」，他把除患的使命交給了林則徐。

「我現在任命你為欽差大臣，前往廣東查辦，以便正本清源，將鴉片斬草除根！」

一八三九年一月，林則徐抵達廣東。上任之後，他就像當年治理黃河那樣，一條條對照禁煙令，哪個疑點都不放過，並且誰的人情也不給。

這位欽差大臣或許還不知道自己將在世界禁毒史上所留下的分量，他只知道國家需要他守護。鴉片這個大患不除，國家就難以看到明天，所以他絕不會輕言放棄。

林則徐致信洋商，要求鴉片販子們必須在三天內將走私入境的鴉片全部交出，撂下的話是：「若鴉片一日未絕，本大臣一日不回，誓與此事相始終，斷無中止之理。」

廣東不是第一次禁煙，過去也曾是查獲鴉片最多的一省，但作為鴉片走私的源頭和最大集散地，這裏的鴉片貿易一直都沒有消停過，而且眼看著是越查越多。其中一個弊病就是洋商會拿銀子去衙門開路，所謂天知地知你知我知，禁煙漸漸地變成了扯瞎話。林則徐突然來這麼一手，使得秸稈堆裏的「豆腐渣工程」再也無處遁形，鴉片販子們更是遭了老罪，一個個惶惶不可終日。

商人重利，怕歸怕，這些人還抱著僥倖心理，在磨磨蹭蹭地察看風向。

看來你們是在質疑我的能力和決心啊，林則徐隨即下令封鎖駐廣州的英國商館，同時緝拿其中最大的鴉片販子。林則徐的雷厲風行，讓正在澳門的義律坐不住了。義律的身分是英國駐華商務監督，他要做的就是保護在華英商的利益，見英商們已成困獸，趕緊從澳門趕到廣州。

義律的現身，不僅沒有幫助洋商們脫離苦海，反而把他自己也陷了進去。林則徐將義律也一道困在了商館裏：「你們不繳鴉片，就別想出來！」

商館的吃喝被全部斷絕，到了第三天，洋商們再也打熬不住，終於同意上繳鴉片。

林則徐將收繳到的鴉片集中於廣東虎門，親自進行點驗，以防洋人偷樑換柱。檢驗的結果是，兩萬餘箱鴉片都是真貨，欽差大臣的認真和堅持換來了回報。

確認無誤後，林則徐奏請派人解送鴉片進京，道光皇帝的答覆是在海濱就地銷毀。

一八三九年六月三日，開始了著名的虎門銷煙。

如何銷毀鴉片在當時就是個技術難題。最簡單是用火燒，弊病是燒不完的鴉片渣會滲進泥土，那些「癮君子」見到渣子都會兩眼放光，難保他們不會挖地三尺，把這些渣渣再給刨出來。

林則徐在虎門採用的是用水泡。事先在海邊鑿一大池子，投以石灰，使鴉片得以完全溶入池子的海水裏，然後趁退潮時往大海裏沖，一沖了之，一了百了。你再有癮，就到海裏面去吸吧。

伴著石灰的沸沸揚揚，虎門銷煙持續了四十多天。在藍色的天空下，一箱又一箱鴉片化為烏有，圍觀的人們心在跳動，他們有理由相信，過了今夜就不會再有噩夢。

那時沒有誰能想到，噩夢其實才剛剛開始。

第三章 能要人命的符咒

虎門銷煙儘管銷得解氣，但它卻使中英關係從此走向惡化。

在十九世紀早期，鴉片並不是世界公認的毒品。當時認為有四種東西，會使人亂性，依次是酒、茶、鴉片、香煙，鴉片只能排在第三，僅僅蓋過一個香煙。

你要說有毒，英國人會說茶才有毒。他們還做過試驗，找來兩頭豬，一頭喝茶，一頭不喝茶，結果一個勁喝茶的那位八戒兄後來就嗚呼了（誰也沒想過它是不是水喝得太多脹死的），茶葉因此曾被像海洛因一樣，在英國上層社會遭到嚴禁。直到後來，茶葉普及了，你喝我喝大家喝，也沒見有什麼事，這才開禁。

在英國人的眼中，鴉片並非毒品，只能算是普通商品。

當時當地，要說他們理虧，實際虧在鴉片屬於走私貿易，而走私即使在英國這樣的「文明國家」也不合法，所以英國政府在公開場合對此也是羞羞答答，曾經對商人們強調：你們要販鴉片是你們的事，賺了錢自然歸你們，要是被中國海關沒收了，對不起，也別來哭著找我們。

可是虎門銷煙之後就不一樣了，原因是那批被銷的鴉片已經算是英國政府所有了。

談生意的辦法

當初商館被圍時，義律是像個英雄一樣現身廣州的。負責圍困的官軍不讓他進去，這洋鬼子還精神頭十足地拔出一把劍，做出一副要跟人決鬥的架勢，結果硬是擠進了商館。

倒不是說義律的劍術有多厲害，大家純粹是不想惹他，畢竟也是洋人的大頭目，捅咕誰也不能捅咕他呀。

直到進去以後，義律才腦瓜子嗡嗡作響，發現英雄實在不是誰拿柄劍就能冒充的，裏面的日子真的苦啊。在雇傭的中國僕人撤走後，商館裏三百多號洋人，包括義律在內，只好自己做飯洗衣服，由於水源被切斷，到後來他們甚至只能用洗澡水來燒飯。

義律的英雄夢被削得粉碎，他撐不住了，轉而勸告那些商人：「腳再大也不能踩兩隻船，再不把鴉片交出去的話，咱們都得餓死渴死在這裏。」

鴉片販子們靠走私牟取暴利，雖然明知道政府除派義律前來交涉外，短期內不可能還有其他援救管道，但他們牢記在心的仍是一個「利」字。

「我們收購鴉片可是花了大價錢的呀，又不是給海關沒收，這麼白白交出去，豈不是要把老底都給賠光了？」

義律真的後悔跑廣州來了。對著這些要錢不要命的傢伙，他也只好用談生意的辦法來解決矛盾。

「這樣吧，你們把鴉片全部交給我，就算是交給了英國政府，然後我再上繳給中國人。」

有了這句話，洋商們樂開了懷。在商館這麼多天，大家全都處於水深火熱之中，巴不得早點解脫，擔憂的僅僅是一個血本無歸的問題。現在義律既然以政府的名義出面擔保，那還怕什麼？交，全交，有人甚至把尚在路上或儲存在福建沿海的鴉片也交了上去——眼看禁煙風頭如此之緊，都是早一刀晚一刀的事，還不如早點放進政府這個保險箱呢。

義律上繳鴉片純屬無奈，他沒料到林則徐會眉頭都不皺一下，就將那兩萬多箱鴉片毀個精光。義律可以在洋商面前裝聾作啞，含含糊糊，洋商們可不幹了，他們抱定政府這條大腿不放，非得把損失撈回來不行。

西方國家好壞都在「民主」兩個字上，政府得聽從輿論。於是這些洋商就託人回國遊說，至於活動經費，則採取攤派的法子，每繳一箱鴉片，就攤派一元，兩萬箱鴉片，一共集資了兩萬。所委託的人當然都是有力道有背景的，他回國一講，果然就把當地輿論給炒了起來。中英這兩個不同文化背景的國度，原本就互不了解，最易生出敵意，只要有煽動力的「微博」一出現，頂的人就蜂擁而至。

商人們的遭遇被無限擴大：他們如何在商館裏「無故」失去自由，失去飲食，「野蠻」的中國人還常常威脅要結束他們的生命。

偶爾也提到走私這樁事，立刻有人反駁：「走私，那也是沒辦法，我們是想跟他們正常貿易的，可他們又不允許，合著你能販我茶葉，我就不能賣你鴉片？」

另有人煞有介事地進行考證，說中國人禁煙，假的。不過是那些貪官污吏的陰謀詭計罷了，他們真正的目的，是想把我國的鴉片商趕走，然後好自己種鴉片做獨門生意，用心何其毒也。

英國政府這下再也脫不了干係，倫敦的空氣由此對中國十分不利。

但是其實林則徐並沒有那麼蠻不講理。在收繳並銷毀鴉片的同時，據說他還以一箱茶葉換一箱鴉片的方式，給了英國人補償。問題是中國的陋規實在防不勝防，經辦的官吏以次充好，在茶葉裏面摻了很多砂石。

彼時的茶葉貿易已不比從前，英國也在印度大量種植茶葉，英國人喝的茶大部分是印度茶，中國茶只佔其中的一小部分，而且印度茶葉的價格也很低，你品質再不行的話，根本就賣不出去，所以英商最後又只好自己花錢將茶葉寄回中國。他們不僅沒能撈回本，還又搭進去不菲的運費，不用說，火比原先還大，叫得也更凶。

在一些近代史家的筆下，虎門銷煙無疑操之過急，而這是由林則徐性格所造成的。有人舉例說，林則徐早在擔任江蘇巡撫時，就曾手書匾額，謂「制一怒字」，並掛在堂上用以警醒自己。

林則徐有些偏於急躁可能不假，但關鍵的原因顯然並不在這裏。

對銷煙引起的後果，林則徐就算估到最大，他也會不以為然。翻翻史書，什麼時候萬邦來賀的中央大國怕過「夷」？

在平定張格爾之亂之後，也曾冒出個想來搗亂的「夷」，那就是浩罕。浩罕王同樣是因為貿易，策動了邊境爭端，結果被道光三下五除二地予以擺平。

都是「夷」，浩罕尚且知道方位，英國平時都不知道蹲哪個旮旯。跟這樣的「夷」打交道，你還要畏首畏尾，瞻前顧後，除非私下收了好處，否則非得被別人笑話不可。

半個多世紀後，梁啟超遊歷美國，參觀了美國獨立戰爭時鑿沉茶船的遺址，這時候他想到了故鄉發生過的虎門銷煙。

兩者是可以類比的，都是一種力量抗拒另外一種力量，但它們又是不可比的，因為作為反抗力量，林則徐和他身後的國度對於世界的認識實在是少得可憐。

梁啟超感慨系之，賦詩云：猶憶故鄉百年恨，烏煙浮滿白鵝潭。

三個世紀的距離

可以說，那時的中英兩國誰都不怕誰。英國是明知自己力氣大，中國是不知道自己力氣小，哪怕是已經把天給捅了個窟窿，那嘴還張得老大，樂呵著呢。

虎門銷煙之後，洋商對廣州產生了畏懼心理，外國商船經常停泊的地方也換成了香港九龍的尖沙咀一帶。一八三九年六月二十日，水手們到岸上的尖沙咀村去遊玩。就像遭查禁的鴉片販子裏，既有英國人，也有美國人一樣，這幫水手裏面，同樣是英美混雜。美國水手喝了酒，跟村民吵起架來，水手人少，看看打架也不一定能佔便宜，就溜掉了。

溜也沒溜遠，他們鑽進了村裏供奉神像的小廟。這幫傢伙打不過人，就拿神撒氣，把廟裏的一座神龕給搗毀了。這還不算，臨走時又順手牽羊，偷走了神像頭上的裝飾金葉。

村民們發現後非常生氣，拔腳就追。沒追上美國水手，卻碰到了一大群英國水手，而且這些水手也喝得差不多了。

誰也搞不清楚美國人和英國人有什麼區別，反正都是藍眼睛高鼻樑的洋鬼子，又全是一個個酒氣薰天，村民便將英國水手錯認成美國水手，雙方發生了一場拳腳加棍棒兼石塊的大衝突。

在衝突中，有個叫林維喜的村民倒了下去，最後不治身亡，這就是「林維喜案」。

聽說出了命案，義律急急忙忙地趕到現場進行處理，他對水手們打贏群架可沒有一點高興勁。真夠鬧心啊，銷煙還沒處理，又出這事，就不讓你心裏有寬綽的時候。

義律想大事化小，小事化了，用錢來堵住嘴。他拿出一筆錢，除了賠償村民和打點底層官吏外，還企圖和死者家屬「私了」。

中國人的人命本不值錢，村民們也並不難打發，林維喜的兒子寫了張字據，證明他父親純屬死於意外，與洋人無關。拿到字據後，義律如獲至寶，他為此一本正經地貼出懸賞，宣稱誰能提供證據指證凶手，將重重有賞。

似乎一切都已漂白，天衣無縫的樣子，但林則徐那麼精細的一個人，怎麼可能被輕易騙過，他下令當地知縣重新查辦。

一查下來，原來是英國水手幹的。交人吧，至少交一個。

算你狠，義律同意繼續給死者賠錢，但他拒絕將凶手交出，理由就是英國人要由英國人自己來審判，這叫領事裁判權。

義律以為，林則徐什麼都不懂，拋些新名詞出來，跟玩似的，不料對方竟回以「國際公法」。

林則徐被稱為近代中國「睜眼看世界的第一人」，誠非浪得虛名。到廣州後，由於經常要跟洋人打交道，他也意識到不能老是雞同鴨講，必須了解一些國外的法律知識。

「林維喜案」一發生，他就讓身邊擔任翻譯的幕僚，再加上一位美國傳教士，用合譯的辦法將

《萬國公法》的相關部分翻譯了出來。

搞清楚了，英國在中國並不享有領事裁判權，英國的法律只在自己的國家才生效，現在別說區區一英國水手，就是英國女王來了，也要遵守中國的法律。

義律很是狼狽，但又不甘心。他知道按照大清律法，以一命抵一命，交出去的水手難逃一死。還是我自己來吧。一八三九年八月十二日，義律在英船上開庭，對五個打人的凶手分別處以罰金和監禁，並送回英國監獄服刑，之後他才通知中國官方。

林則徐大怒。三天後，他下令中止中英貿易，同時派兵進入澳門，將在澳的英國人也驅逐出境。不走的話，就仿照圍困商館之例，停水停食，撤出所有中國傭人和買辦，困死你。

這個辦法最為有效，英國人乖乖地撤出澳門，全擠到船上去了。

船上的日子很不好過，事情發展到這一步，義律也沒了退路，何況他手裏還拿著一張可以證明其「無辜」的字據哩。

一八三九年九月五日，他派人與林則徐進行談判。可是雙方的要價根本就攏不到一塊去，沒說上幾句，中英就在九龍打了起來，史書稱之為「九龍之戰」。

作為鴉片戰爭的前奏，這次戰役小到不能再小，但卻成為兩國海上軍事力量的首次碰撞和測試。廣東水師尚不能稱之為海軍，所有艦船幾乎就是武裝了的民船，不僅噸位小，而且船上也沒什麼炮，相反，英國海軍船堅炮利，早在十七世紀中期就躍升為世界第一海上強國，曾經的海上霸主西班牙、法國無一不是其手下敗將。

在這樣的對壘中，廣東水師即使以多打少，也佔不到任何上風，觀察家甚至稱之為「十六世紀與十九世紀的衝突」，雙方軍事力量的差距，有三個世紀那麼遠。

仗打得異常難看，但是林則徐接到的戰報卻是一片飄紅，這也導致他在給道光的奏摺中，給出了與實際情況相去甚遠的描述。

道光看到報告，更是興奮得不能自已。他頭腦中浮現的，分明就是在南疆擒住張格爾或成功擊退浩罕時的情景，亢奮啊。

說八百回了，讓這些「英夷」小心點，不聽，腦袋瓜豆子似的，非要往我槍口上撞，這回嘗到苦頭了吧。

給林則徐的批示是：既然打都打了，就不要跟他們客氣。我不擔心你們衝動，就怕你們膽小（「不患卿等孟浪，但戒卿等畏葸」）。

皇帝把話說到這份兒上，林則徐就算是想「客氣」一些也不行了。中英雙方至此槍來炮往，衝突不斷。一八三九年十一月三日，更發生了「穿鼻之戰」。

「穿鼻之戰」跟「九龍之戰」並沒什麼兩樣，損失的都是廣東水師的人船，然而最後放到林則徐和道光案上的仍是捷報。

林則徐是以講求實學、倡辦實政聞名的大吏，做事又十分細緻，虛假戰報或許可以騙他一次，但絕對騙不了第二次，對前線真實戰況不可能一點數沒有，只是事情既然開了那麼好一個頭，不是說改變口吻就能馬上改變的，這就叫騎虎難下。

他決定採取分化戰術，一方面宣布停止中英貿易，另一方面對答應「改悔」並寫下保證書的英商區別對待，准許他們在廣州經商，所謂「奉法者來之，抗法者去之」。

可是皇帝批評了他，主要還是批評他「畏葸」：什麼區別對待，不用他們交保證書，統統全部都趕走！

到這個時候，道光已經完全不把英國放在眼裏了。真的是「邊夷」，瞧這軟蛋樣，分明與張格爾和浩罕還差著一大截子哩。

道光給出的方案是一刀斬斷。

「我知道會因此損失一點海關稅收，可那又有什麼關係呢，區區稅銀，何足計論。倒是英國人慘了，他們賣不成鴉片，買不進茶葉，豈不是死路一條？」

接到諭旨，林則徐只好改「畏葸」為「孟浪」。

一八四〇年一月五日，他宣布正式封港，完全斷絕中英貿易。這下子，真把英國人給惹急了。

好萌的爵爺

英國的民主程序很繁瑣，可是反應並不慢。

早在一八三九年十月一日，英國內閣就作出決定，為恢復貿易，將派遣完整的海軍艦隊前去中國海，「林維喜案」由此成為鴉片戰爭的直接導火索。

這尚是威懾性的，等到中方封港，內閣議案便被提交國會，進行激烈辯論。維多利亞女王及外相均站在了對華用兵一方。

一八四〇年四月，國會進行正式投票，在女王的影響下，最終以二七一票對二六二票的微弱多數通過軍事行動，但不稱為戰爭，只認定為報復，即對中國拒絕向世界打開貿易大門的報復。

支持者的理由之一就是：中國聽不懂自由貿易的語言，只聽得懂炮艦的語言。

一八四〇年六月二十八日，英軍總司令懿律下令封鎖珠江口，第一次鴉片戰爭開始了。

直到「穿鼻之戰」，與廣東水師作戰的都只是少數英國軍艦，林則徐就此認為，這「一小撮」軍艦遠道而來，兵餉補養都要依賴於商船，我現在封了港，斷了貿易，只需再守上幾天，到時你必然攻又攻不動，吃又吃不飽，除了打道回府，再沒有其他更好的選擇。

讓林則徐料想不到的是，他即將面對的不是義律的「一小撮」，而是懿律的一大批，整整四十多艘軍艦呢，對方也並不需要商船提供補給，隨船而來的糧草已經足夠。

就在廣東局勢陷入無比緊張之時，又一個意外出現了：懿律沒有進攻廣州，除了留下幾艘船繼續進行封鎖外，主力隨其北上，到浙江定海去了。

當時及後來的很多評論，都想當然地作出判斷，以為是林則徐防住了懿律，讓他無機可乘，又不能乾坐著，就去鑽別的縫了。

其實完全不是這樣，早在出兵之前，英國內閣給懿律下達的指令就是佔領定海，因為覺得定海處於廣州與北京的中段，不僅能直接給予中國皇帝以震撼，還能作為繼續北上的根據地。

儘管林則徐之前曾通知包括江浙在內的沿海各省，要他們防備英軍進攻，但江浙官員承平日久，沒人相信火會燒到自家門口。當英國艦隊抵達定海時，當地政府還以為來者是被風吹迷了路的商船，其戰備狀況，可想而知。

一八四〇年七月六日，懿律對定海發起進攻。戰鬥毫無懸念，幾個小時之內，定海即告失陷。

道光獲知這一消息後既吃驚又納悶，不明白那麼軟蛋的英國人怎麼會突然變得如此堅挺。左思右想，得出結論，恐怕還是浙江官員太熊包了。這些人平時養尊處優，像個木偶人一樣，也不作好準備，臨到打仗就張惶失措，當然只有挨揍的份兒，革職，全部革職。

暫時的受挫，並沒有能動搖道光的自信心和優越感。

這幫小丑，不過憑藉著他們船快，小小得逞了一下，等我的軍隊開過去，他們還不是該咋的就咋的。

與道光不同，遠在廣州的林則徐則表現得憂心忡忡。英軍攻的是浙江，起源卻是廣東，說明他事情沒有辦好，革職的人裏面雖然暫時沒有他，並不代表他就沒有責任。

在林則徐遞上的奏摺中，他向道光「自請治罪」，並要求把他派往浙江前線，以便戴罪立功。

道光的回覆只有三個字：知道了。

君臣間極其微妙的情感變化，盡在「知道了」三個字中。過去道光曾把林則徐列為最寵信的大臣，他百分之一百地相信這位能吏可以把廣東那邊的事擺平，就在定海被陷之前，還下旨要將林則徐調為兩江總督，以接替病逝的陶澍。

直到浙江送來報告，道光才知道，事情並不是他想像的那樣。

林某還是那個「天下第一能吏」嗎？得打個大大的問號了。

信任度一旦打了折扣，態度就完全兩樣了。林則徐在奏摺中發出警告，指出英軍極有可能再北上天津，提醒皇帝做好防範，但道光不以為然地笑了。

定海被偷襲一把也就算了，天津是什麼所在，那是國都衛城，還能讓「夷船」佔到便宜？

道光的輕蔑尚未從嘴角消失，對方就來了。

一八四〇年八月六日，英國艦隊到達大沽口外。

你可以瞧不起「夷船」，但人家的船快卻是個硬道理，現在別說收復定海，連防守天津都成了問題——根據直隸總督琦善的報告，天津方面根本還沒來得及作好防守準備。

琦善並沒說假話，因為他也是個有名的能吏。

如果要給周星馳版《武狀元蘇乞兒》中的「蘇乞兒」找個原型的話，琦善應該是再合適不過。他屬於含著金鑰匙出世的清朝貴族子弟，一生下來連根手指頭都不用動，就已經是一等侯爵了。別人拼著命讀書，是為了考取功名，我們的爵爺不用那麼累，託老祖宗的洪福，他天生就擁有朝廷賞賜的蔭生資格。

這個蔭生乍一看字面，還以為是「萌生」，而做「萌生」根本不用讀書，只要假模假式地考一次試，過一下場，就能做官了，果真是好萌。

琦善得到的官職是刑部員外郎，成了副司局幹部，這一年他才十六歲，在大人的世界，還是個娃娃。

年紀小，又沒怎麼讀過書，毫無疑問是紈絝子弟和不學無術者的代名詞。同一個部門裏面，好多漢族官員從寒窗苦讀開始，鬍子熬到了白，都還沒能爬到這個位置，你要想讓別人心理平衡，幾乎是不可能的。這些老資格的前輩有時就不免藉工作之機，對其暗中奚落幾句：「這乳臭未乾的小娃娃，除了身上那件大人給披的馬甲，什麼本事都沒有，估計官也做不長。」

你還別說，爵爺的自尊心很強，聽到議論後氣得不行，要面子要臉，非得做出點名堂讓你們瞧瞧不可。

他花了三百兩銀子，用重金從部裏請來一個退休老吏，拜其為師，專門學習做官的技巧和本事。兩年期滿，「盡其技」，把能學到的都學到了。

出師後的琦善果然不同凡響，從員外郎升巡撫，又從巡撫升總督，尤其是直隸總督一職，在清代督撫中最為顯赫，乃疆臣之首，連兩江總督都要排在後面，至此前輩們的預言徹底破產。

儘管這樣，琦善經常告訴別人的身分，仍是「本大臣爵閣部堂」——請叫我爵爺！

爵爺之所以能飛黃騰達，一方面是由於他善於「陰探上旨」，像韋小寶那樣，知道怎麼對上司察言觀色，投其所好，另一方面也與其敢於任事有很大關聯。

與陶澍、林則徐之類的知識型能吏不同，爵爺走的是古靈精怪路線，所謂「詭道怪行」，腦子裏可以嘩啦嘩啦地冒出各種各樣新奇的點子，而且常常能歪打正著，把事情給辦妥。別的不說，當初漕糧海運的成功，實際就少不了琦善的一份功勞，他從始至終都參與了海運的謀劃和運作，連陶澍本人也請教過這位「點子大王」哩。

史書上因此稱琦善「明幹有為，政聲卓然」，是一個精明強幹且有不錯政績的官員，乃至於「宣宗至賞之」，道光皇帝特別賞識他。

在道光時代，儘管「模稜官員」到處都是，但道光看人的眼光並不差。除曹振鏞這些需要擺在桌面上給人看的元老外，他真正欣賞和重用的人極少是平庸之輩。

道光知道琦善在天津防務這些大事上不會，也不敢胡說八道，所以心裏立刻虛了起來。他不是一個沒有軍事經驗的皇帝，當然清楚在敵方大兵壓境的情況下，防務空虛意味著什麼。

攤大事了

事到如今，不改變態度都不行了。道光告訴琦善，只要「夷船」不先開槍開炮，我們也不要急著動手，人不犯我，我不犯人，雙方接觸一下再說。

這可以算作是道光的緩兵之計。因為在此之前，別說皇帝，就連浙江巡撫對英國人都愛理不理。

琦善奉旨前往大沽口，表面是去拿懿律遞交的公文，暗地裏也有刺探「英夷」艦隊虛實的目的。不看還好，看了心怦怦直跳。

英國那「夷船」一看就知道是高噸位的大傢伙，其船艙分三層，每層都有百餘炮位，軍艦首尾還各有一門重炮。在速度上，「夷船」更是了得，按照琦善的形容，它們不管順水逆水，都能飛奔來去。琦善的報告，就像在給道光放一部文字版的資料片，一直困擾他的一些疑惑頓解。

原來英國人的船速和機動能力根本就不是他所能估測的，即便他可以在平定張格爾之役中做到幾乎一步不亂。

原來英國人「船堅炮利」的傳聞並非空穴來風，難怪守備本來就差勁的定海會在幾小時之內就讓人給解決掉。

早先林則徐曾從廣州發來捷報，言稱海上作戰「七戰七捷」，如今道光可算知道其中有多少貓膩了。還「七捷」，要做到「一捷」都不容易。

天津之戰顯見得是打不了，再看琦善拿來的英方公文。這實際上是英國外交大臣巴麥尊發來的一份通牒，但你要真這麼說，皇上面子往哪裏擱，所以爵爺的解釋是，它是「英夷」的申冤書，洋人像竇娥那樣受了冤屈，連三伏天都下起了大雪，所以才不遠萬里上訪，讓您這個「大皇帝」來給他們洗冤昭雪。

洋人提出的條件也並不高，就兩樣，一是要「雪冤」，也就是處理查禁和沒收他們鴉片的林則徐，二是要「乞恩」，請求您能夠恢復廣州貿易，給他們這些可憐的洋人一點活路。

話得分怎麼說，這麼一說，道光心裏就順溜多了。

對林則徐在廣東禁煙的效果，道光本來就已相當不滿。說的也是，讓你查查鴉片，怎麼最後弄到大動干戈，讓人殺到皇城門口來了？

當然最慘的還是，由於來不及準備，一時間似乎還打它不過。這不光是誰贏誰輸的問題，還關係到「天朝上國」的體面。

就在道光輾轉反側，考慮要不要扮演「清正廉明」的大老爺，給「竇娥們」一個公道，也給自己一個臺階下的時候，不識相的林則徐又發來密摺，上面討論的仍然是如何跟英國人幹到底的事。

道光再也忍不住了，冷淡和不睬也終於變成了無法遏制的衝冠一怒。

「我這連耍猴都快用上了，就怕再打起來，你在那還要說空話，瞎嗆嗆，嫌我還不夠鬧心是不是？」

林則徐是個寧折不彎的人，絕不會因為外來壓力而輕易改變自己的主張。接到道光怒氣沖沖的批覆，他立即意識到，皇帝在和戰策略上正動搖不定，所以緊接著發來第二道奏摺。

在這道奏摺中，林則徐再次重申，禁煙是沒有錯的，「鴉片之為害甚於洪水猛獸」，就算堯舜那樣的聖人穿越到我們大清國，也會力主嚴禁。

「英國人船堅炮利不過是用來嚇唬我們的，只要我們拿出銀子來打造船炮，制伏他們綽綽有餘。如果不早點動手，只怕禍患將無窮無盡。」

可是這份「主剿」的奏摺在道光那裏激起的，只是更多更大的憤怒。

「我要不要動手，早點還是晚點動手，還用你來教嗎？你說英國人在嚇唬我，我看，是你學英國人來嚇唬我才對吧。」

道光提起筆，刷刷地給了個上聯——「無理」，下聯——「可惡」，最後是橫批——「一派胡言」。

林則徐在道光心目中的位置至此一落千丈，曾經「才略冠時」的光環也黯然失色。

一八四〇年九月二十八日，道光下旨將林則徐予以革職，罪狀為「受人欺蒙，措置失當」。雖然是朝廷內部的處罰，其實也是做給洋人看的，告訴他們，皇上替你們「雪冤」了。

換下林則徐，道光要起用一個更好的能吏，那就是琦善。

見皇帝如此看重自己，爵爺也來個精神，胸脯一拍，看我的，憑咱這片嘴，就夠洋人們喝一壺的了。

他首先派人給懿律送去好吃好喝的，什麼牛啊，羊啊，雞啊，鴨啊，為的就是套近乎。近乎套夠了，才跟對方商量：「眼看北方天涼了，要不我們到廣州去談吧。」

英國人沒覺得這個提議有什麼不合理，當即就同意了，於是海軍艦隊原路撤回廣州。

能夠靠嘴上功夫就把巨無霸式的強敵給哄回去，道光認為琦善太有才了：「你的片言片紙簡直可勝十萬之師啊！」——在古代，那是只有諸葛亮這樣的神人才可以做到的。

一八四〇年十一月二十九日，琦善作為最新版的欽差大臣到達廣州，取代林則徐。曾幾何時，琦善是和林則徐站一排的，都是堅決的禁煙派。在道光宣布第三次禁煙後，他所查獲的鴉片數量居於全國第二，比林則徐還厲害許多倍。

不過這裏必須說明一點的是，琦善禁煙禁得狠，並不表示他跟鴉片有多過不去，那純粹屬於官場技能，就是特能猜皇帝的心思，而且猜得既準又快。在各方大吏還大多摸不清風向的時候，他便知道道光要對鴉片動真格的，所以大事小情無不使著勁上。

等到道光把態度擺明，封疆大吏們可以說沒有一個不是禁煙派，上來的奏摺清一色要痛打落水狗，可這時候你已經遲了，因為人爵爺早就憑著禁煙的政績排第二了。

現在重新站隊，林則徐因「主剿」，下課，琦善改了「主撫」，上崗，不能不說，隨風而變有時也是官場生存的一大法則。

一八四〇年十二月四日，琦善正式接任兩廣總督一職，中英談判也在同一天啟動，由於懿律已患病回國，英方擔任談判的代表是那個義律。

總督大人跟帝國所有督撫一樣，不通洋文，英國人遞上來的文件怎麼看都像是一堆道士畫的符咒。不過等到有人把它們翻譯出來時，琦善的腦袋開始嗡嗡作響，攤大事了，那真是能要人命的符咒啊！

出京時，道光和琦善所定的談判底線是「雪冤」和「乞恩」，更具體一點，就是懲辦林則徐和恢復通商。孰料義律對辦不辦林則徐毫無興趣，他要做的是生意：除了通商外，還提出了割地賠款。

這可把琦善給難壞了，他作不了主，只能含含糊糊地向上彙報。琦善猶豫，談判中止，義律馬上拿出撒手鐧，下令英軍向廣州發動進攻。

討價還價

作為廣州的門戶，虎門即將經受考驗。

經過前面幾次的較量，即便林則徐可以將錯就錯，不揭開真相，呈送假戰報的廣東水師也已有了自知之明，那就是自個的艦船沒一艘可用的，平時搞搞海岸巡邏，追追走私船，打打海盜，或許還能湊合，要在海上跟人家正規海軍作戰，等同於白給。

在此前提下，連林則徐也不得不承認，與英軍「交鋒於海洋，未必即有把握」。不過他轉而想到，既然海上打不過這些洋鬼子，那麼不如「誘擒於陸地」，把他們誘到陸地上來鬥。

在被革職之前，林則徐採取的是一種「以守為戰，以逸待勞」的古老戰術，他特意對虎門炮臺進行了檢查和加固，力圖以陸上炮臺的優勢來克服海上力量不足的弱勢。

按照林則徐的預計，英軍只要敢登陸，有一個削一個，準保讓他們雞飛蛋打，連根毛都撈不著。

一八四一年一月，英軍向虎門的第一道防線沙角炮臺發起進攻。

中國炮臺所使用火炮，大多是明朝時的火繩炮，好一點的是經火繩炮改良的所謂「紅夷大炮」，都是兩三個世紀前的古物了。這些東西看上去體積不小，其實笨而無用，既瞄不準又打不遠。在雙方火炮對射時，根本就是你打他不著，他打你卻一打一個準兒。

英軍一直在現代戰爭中廝殺，其戰術也與中國軍隊拉開了長長的距離。登陸後，他們才不會傻呼呼地往你火網裏鑽呢，而是直接就從炮臺側背摸了上去。

虎門炮臺都有一個致命缺陷，即防前不防後，側背全空在那裏，似乎就等著讓人家鑽。

沒人想到英軍會出現在那個地方，包括林則徐在內。大家都以為，洋人之所以不會下跪，是因為膝蓋不能打彎。這些只能直著走路的英國鬼子，怎麼可能想像他們如猿猴一樣攀爬炮臺呢？

可是英國人就那麼爬了上去，而且極其麻利。

有人說，沙角之戰時，琦善拒絕向虎門增派援兵，是戰敗的主要原因。其實當時琦善已向虎門調派了足額的兵力，交戰時，中國兵勇超過一萬人，每座炮臺都給塞得滿滿的，後來者連插都插不進去。

沙角之戰，數量上佔有絕對優勢的中國軍隊死傷達到七百多人，副將陳連升戰死，英軍方面僅有不到四十人掛彩，死亡一個也沒有。

這一戰讓琦善大為驚駭。

據清末筆記記載，琦善並不是完全不懂兵法之人，膽子也不小。在他後來被起用與太平軍作戰期間，完全稱得上是一個督師有方的大帥。據說當太平軍優勢兵力逼近時，「眾咸慄慄」，旁邊的人都在發抖，而他則指揮若定，毫無慌亂之色，結果那一仗還打贏了。

太平軍與清軍，雖然也差著級別，但雙方還夠得著，看得見。英軍與清軍之間，只一個懸殊了得，琦善踮著腳，仰著頭都看不到，不驚才怪。

既然還是打不過，那只有先談一談了。

林則徐在虎門銷掉的那些鴉片，如今算是英國政府的財產了，這些得賠，義律的開價是兩千萬兩白銀。

好個爵爺，當年請家庭教師的那三百兩巨額學費真不是白花的，這麼多的宦場生涯也沒有白混，兩千萬，愣是讓他給壓到了六百萬。

談判猶如做生意，起價高，還價狠，乃正常現象，可是足足三倍的差距，生意又好像不是這麼做的，只能說，跟油頭滑腦的爵爺在一起，英國紳士還是有些吃不消。

在談判時，爵爺給自己設計的角色定位，一會兒像是義律和道光之間的勸架人，一會兒又像是義律的中國朋友，還是很知心很誠懇的那種，反正就是不像一個正式的談判代表。

琦善說，我賠這些錢給你，不知道要給皇上講多少好話，沒準皇上一不高興，還會重罪治我哩，而且我告訴你，其實皇帝也拿不出這筆巨款，得靠我自己想法子另外籌措。

「現在你開高價勒索我不要緊，辜負我一片苦心也沒事，就怕我被弄走後，整個天朝上國再也找不到像我這樣事事替你們著想的好人了，所以你一定要好好考慮其中的得失輕重才行。」

義律長年累月跟中國官吏打交道，哪個不是高高在上，又哪個不是妄自尊大，如琦善這般低調，而且口口聲聲替他著想的大吏真不多見。

那六百萬就六百萬吧。

對於爵爺來說，菜市場買菜的事情好搞，最讓他為難的是割地。

義律堅持，葡萄牙有澳門，英國得取香港。給不給？不給的話，定海和沙角你們也別想要回去了，而且我們還會繼續進攻，拿更多的地，都不用你給。

彼時的香港，不過跟澳門一樣，是一個偏僻得不能再偏僻的「不毛之地」，定海和沙角要比它重要得多。假使一定要拿個地方出來，琦善無疑只會選香港。

可是再偏僻，如果皇帝不點頭，琦善也不敢說割就割，畢竟這不是他家的私產。於是爵爺耍了個滑頭，他將「割讓」改成了「寄居一隅」，英國人擇塊角落住住可以，但無產權，而且稅還得交給中國政府。

這就是「穿鼻草約」，屬於談判草案，不是正式文本。在未得到道光同意之前，琦善一直改來改去，而且以種種藉口拖著不肯簽字或蓋印，其中僅筆墨官司就打了一個多月，雙方來來往往的照會發了有十五通之多。

義律也不是一直都有這種耐心，可他一旦喊打喊殺，爵爺馬上就會說，我這就寫報告，「代為懇奏」，好好地勸一勸皇上，你不要著急。

等到義律真急了，爵爺索性裝病躺倒在床：「我病了，而且病情很重，不過你放心，只要一息尚存，我爬也要爬過來給你簽字。」

讓琦善這麼一說，義律不心軟都不可能。事實上，「穿鼻草約」即便真的實現，距離英國政府的心理價位也還差著老大一截，這位全權代表之所以會棄政府指令於不顧，很大程度上倒真的是因為爵爺的表演太成功太感人了。

可是有一個人看不懂，不僅不懂，還為此大發雷霆，這個人是道光。他同時收到了兩份奏摺，一份是關於沙角戰敗的報告，另一份則是琦善的密摺。

作為一個主持過重大軍事行動的皇帝，道光並不缺乏對戰場的基本判斷力。他相信，如果中英海戰的話，己方可能確實不是英方的對手，但陸戰則未必，過去平定張格爾和阻擊浩罕都一而再，再而三地強化了這種印象及自信。

海戰不行，陸戰行，在這一點上，他與林則徐算是想到一起去了。可是如何解釋沙角之敗呢，道光認為，這與琦善有關。

琦善在密摺中描述了英軍陸軍力量的凶猛，強調了自己傾向於和談了局的不得已，這在道光看來，純屬被英國人嚇破了膽，有你這樣的主帥，難怪打不了勝仗。

至於琦善提到的一些談判細節，英方的要價，中方的還價，則更讓道光來火。

在道光看來，除了「雪冤」和「乞恩」，其他都是非分要求，撿出其中的任何一項，大清立國以來都從無先例，而答應其中的任何一項，今後見到列祖列宗也注定得給臉子看。

就這，你還跟他們談，以至於「代逆懇求」，究竟安的什麼心？

道光給琦善下了結論：「林則徐是學著英國人來嚇唬我，你琦善是助紂為虐，幫著英國人來誆騙我，十足的喪心病狂加喪盡天良！」

感情色彩如此濃厚，敢情這皇帝捧人跟毀人都一樣厲害。

道光指示琦善，立即跟英方攤牌，關閉談判的大門，通商也不給了，而且「朕志已定，絕無遊移」，我下了最大決心，絕不會再動搖。

他要改「主撫」為「主剿」，在陸地上與對手好好地較量一番。

三重門

道光的這道「關門諭旨」以六百里加急的方式發出，半個月後，它到了琦善的手中。

皇帝的臉扳到如此可怕的程度，琦善就算遠在廣州，也能體會到那種不寒而慄兼如臨深淵的感覺。

但他並未照皇帝說的辦，不僅沒有關閉談判大門，反而更進一步，改變了先前由專使從中間說項的做法，親自前往虎門，與義律直接會談。

這已經屬於抗旨不遵了，琦善當然知道這麼做的後果，可他不能不這麼做，因為他的部下、負責軍事防務的廣東水師提督關天培也有這一需求。

關天培是武秀才出身的將領，膽略過人。當初在辦理漕糧海運時，因風險太大，一開始沒人敢督運護送，琦善和陶澍為此都十分頭疼，「頗難其選」，關天培以區區參將身分毛遂自薦，「力請身任」，主動要求擔任押糧官。當他護送船隊到達天津時，百萬漕糧完好無缺，由此得到道光的垂青，成了他一生命運的轉捩點。

如海運這種可以建功立業的機會畢竟少，關天培因此老是覺得不得勁。有一年，他出去跟朋友喝酒，喝醉了，忽然說，前幾天有算命的給我算過，說我「生當揚威，死當廟食」，也就是活著的時候可以揚名天下，死了也會受到人們的紀念，如今我都四十多了，哪裏有啊？

命運這個東西似乎早有前定。你想它的時候它不來，不想的時候偏偏來了。駐守虎門時，關天培已經六十歲了。

關天培膽大，也不怕死，在戰績虛妄的「七戰七捷」中，這位老將的英雄形象並不虛妄。身邊的水師艦船一艘接著一艘沉沒，驚恐的水手們紛紛跳水，然而作為指揮官的關天培毫無懼色，他拔出腰刀，大喝一聲：「敢退後者立斬！」

在關天培的督率下，已經破損不堪的旗艦仍然連續不斷地開火，儘管炮彈根本就夠不著對手。在當時的情況下，關天培幾無生路，但他這種自殺式的英勇舉動，卻深深打動了英方擔任指揮的義律，後者揮揮手，讓下屬不要再開炮，任關天培突圍而去。

如果可以堅持，關天培絕不會輕言放棄，他覺得堅持不住，是沙角之戰以後的事。

沙角淪陷後，英軍將第二門戶上橫檔島也圍困起來。上橫檔島是虎門防禦體系中最關鍵的一道，近半炮臺設於此處。讓關天培感到格外焦慮的是，上橫檔島也有跟沙角一樣的軟肋，即側背空虛，只要英軍從那裏突破，正面的炮臺就失去了作用。

所以這個時候琦善喊停，正是關天培最需要的，他需要時間喘息休整，需要時間彌補漏洞，甚至如果可以實現停戰，也許是最好的選擇——沙角之戰是守軍準備最充分，也最英勇的一戰，但結果的慘烈，使得官兵士氣大挫，一部分士兵甚至因此「鬧賞」，不多發獎金，就不打仗了。

談判期間，在琦善的支持下，關天培一方面增放餉銀，以鼓舞軍心，另一方面，不顧英方的反對，一直在「偷偷摸摸」地進行補漏。

琦善的「公然抗旨」，實質上起到了拖延時間，為關天培打掩護的作用。

如果說以前與義律談判，還有幾分誠意的話，此後由於道光表明了「主剿」的態度，爵爺就只能完全靠說謊和扯淡來維持了。那段時間，他不停地變換各種能想得到的招數，往往到關鍵時候，身體就出現「狀況」，然後順勢要求會議延期舉行。

有一次，兩人連談十二個小時，條文都重新擬好了，義律以為大功即將告成，結果竟然又讓琦善給泥鰍一樣地溜掉了。

爵爺從虎門溜回廣州，迎接他的是兩份文件，一份是道光的最新諭旨，言明會有新的「主剿」將軍來廣州就任，這表明他遭到罷黜只是時間問題，另一份是義律的照會，告訴他，按照兩人的約定，英軍已經從定海撤出，所以這次他必須在限定的時間內簽字，否則再也不會客氣。

兩邊的債主氣哄哄地都來了，夾在中間的爵爺再也支持不住，順著椅子就滑了下去。這回真不是裝，整個人到了天旋地轉、「心神恍惚」的程度。

可他還想靠扯淡再拖上兩天。

「重病纏身」的情況需要在第一時間通知義律，不然人家不知道啊，所以爵爺讓專使給義律送去一個照會：請個假，順便通知會議延期。

在專使身上，另外還帶了一份琦善草擬的文件，這份文件上將「只許香港一隅」，改成了「可許全島」。琦善叮囑專使見機行事，如果義律見了照會後情緒不錯，那就把這件「優惠」了的文件給他，繼續討老小子高興高興，反之，則不要給。

專使返回時，把「優惠文件」原樣帶了回來——看來義律真的挺不開心，也是，一天天就這麼跟個「病人」乾上火，正常人能開心得了嗎？

不開心，就要找彆扭。

義律算是給足面子，在限定時間到來後，又多等了三天，三天一過，見不著琦善的影子，他動手了。一八四一年二月二十三日，英軍艦隊向橫檔島進發。

虎門防禦體系由關天培親手設計，稱得上是整個大清國最強大的海防工程，其特點就是形成三重門戶，即由分隔三地的炮臺對來敵實行層層堵截，以達到禦敵於廣州之外的目的。

不過這一設計針對的只是像「七戰七捷」中出現的少量敵艦，自鴉片戰爭以來，英軍艦艇的數量和攻擊能力遠遠超出了虎門炮臺所能承受的限度。

世界第一海軍的稱號不是自封的，當攻擊虎門炮臺時，英國海軍指揮官第一時間就改換戰術，他不直接去廣州了，而是一座座炮臺來，挨個跟你玩，沙角炮臺就是這樣被眼睜睜一口吞掉的。

短時間內，漏洞可以想法修補，整體布局卻無法改動。關天培只能吸取教訓，爭取讓自己不重蹈沙角戰敗的覆轍。

趁著琦善談判休戰，他在上橫檔島側後加建了隱蔽式炮臺，並增派兵勇，這樣確保英軍無法再抄襲後路。

可是他在補住一個漏洞的同時，另一個漏洞又被對手給緊緊抓住了。英軍搶先攻佔關天培未能設防的下橫檔島，並以該地為制高點，設立了野戰炮兵陣地。

戰鬥開始後，下橫檔島的野炮居高臨下，火力齊開，完全覆蓋關天培主防的上橫檔島，打得島上官兵一片混亂。

中英軍事上的差距，不僅僅體現在武器和兵員素質上，技戰術也是不容忽視的重要方面。要知道，在西方的近現代戰爭中，無論理論還是實踐，建立制高點，憑藉野戰炮火實施打擊，都早已成為一個常識，絕不是什麼新鮮玩意。

倘若把背景放到冷兵器時代，關天培絕對出類拔萃，但在橫檔之戰中，他僅僅在軍事思維上，就差著人家兩到三個世紀。

戰鬥一天就結束了，關天培英勇戰死，「身受數十創以殉，天下痛之」。這位老將再次以自己的無畏表現贏得了對手的尊敬，當家人領走他的遺骸時，英艦特地鳴放禮炮致哀。

關於他個人命運的預言則分毫不差：「生當揚威，死當廟食！」

可是與沙角之戰相比，橫檔之戰也輸得更加無話可說。中國軍隊死傷三百餘人，被俘千人，英軍僅有五人受傷，還是擦破點皮，只要塗塗紅藥水的那種。

十多天後，「病」著的琦善被革職，並鎖拿回京問罪。主要原因不是打了敗仗，而是有人上密摺，控告他「私許香港」。

爵爺早已知道會遭罷黜，可是真的想不到僅僅因為談判桌上的討價還價，自己就會淪落為罪人一個。

「私許香港」，沒有皇帝的認可，如何私許法？

曾經的「主剿派」林則徐，後來的「主撫派」琦善，不管他們曾經如何精明強幹，又怎樣在對付英國人的過程中動足腦筋，想盡策略，最後的命運無一例外都是披頭散髮地被裝入囚車，其間相差不過幾個月而已。

在帝國官場，似乎只有曹振鏞那樣的人才能太平一世，安穩一生。

第四章 命運的傀儡

隨著關天培和「三重門」的倒下，廣州已經無險可守，最近時，英軍兵鋒僅隔數公里。在需要英雄的時候，英雄終於出現了。一八四一年三月五日，楊芳趕到廣州。

從沙角到橫檔，已連輸幾輪，不過那都可以算作是海戰，陸戰就難說了。道光不是一個錦衣玉食的孱弱天子，雖然不是馬上得天下，但這麼多年風風雨雨，起碼也算騎馬保天下，尤其在經歷張格爾之亂的重大考驗後，他絕不會缺少指揮陸戰並一戰而勝的底氣。

過去的張格爾不也是猖狂得不行嗎，張牙舞爪的樣兒，以為誰都拿他沒辦法，而當時的南疆縱然不算生死存亡，也在危在旦夕之間，形勢之緊張，絕不亞於如今的廣州，結果怎麼樣，還不是讓我給活逮了。

問題看來還是出在將帥身上。想想就明白了，琦善這小子那麼怕死，整天就記著跟英國人談判，仗能打好嗎？關天培倒是不錯，但他是水師將領，沒有指揮過大規模陸戰，輸了也不意外。

那麼，召喚我的陸戰宿將吧。這次出征廣州，道光特地組建了一個團隊。在這個團隊中，楊芳不是一把手，但無疑最為耀眼，也最令皇帝看重。

當年平定張格爾之亂的「三劍客」，長齡、楊遇春都去世了，只剩下楊芳仍健在。這位生擒張格爾的西部英雄，其時也已經是七十多歲的老爺爺了，按道理早該回家抱孫子，他自己也多次向上打報告，以病求退。

可是男人這玩意，有點本事就得讓你繼續折騰下去。環顧宇內，像楊芳這樣戰功卓著且經驗豐富的戰將實在太過珍稀，所以道光又再度啟用，直到此次任命他為參贊大臣。

派楊芳出征，其實就是要依靠這位被封為三等果勇侯的「猛爺爺」，將張格爾一役在廣州重新複製一遍，道光對此信心十足。

他絲毫不擔心楊芳打不了勝仗，他怕的是英國人船快，別一打不過，就要「遠遁外洋」，朝深海裏跑，這樣過段時間又要反覆，又要興師出征，多麻煩啊。

「楊芳，你要這麼幹，像平定張格爾之亂那樣，先出奇兵斷其後路，務使片帆不返，讓他一條船都回不去，然後再四面出擊，掃蕩乾淨，直至擒住義律，如此才算大功告成。」

非常規戰術

在被任命為參贊大臣之前，楊芳官授湖南提督，幹的活也是四處撲火，今天哪裏兵變，明天哪裏騷亂，都得他去招呼。接到諭旨時，他人正在江西，這倒也好，縮短了路程，使他成了新團隊中到達前線的第一人。

當楊芳現身廣州，立刻贏得一片歡呼，無論老百姓，還是大小官吏，皆「倚為長城」。

到任後，楊芳迅速調兵遣將，組織兵勇扼守各個要點，但他很快發現義律並不是張格爾，而英軍也比南疆叛軍和浩罕騎兵厲害了不知多少倍。

在張格爾一戰中，叛軍已經裝備了燧發槍，但數量並不是很多，用「連環銃炮」足以應付，英軍不同，他們手中拿的，全是燧發槍或更高級一點的擊發槍。

中國軍隊使用的鳥槍本來就差著級別，就這樣，還屬於特種武器，只能配到一半，品質也差得要命，有的用了幾十年都沒更換過，最離譜的竟然接近了兩百年！

如此算來，你得多少支鳥槍才及得了人家一支燧發槍呀，所以「連環銃炮」毫無作用。

比槍更有發言權的是炮，不過雙方的差距仍可參照槍，也就是說，大家根本就不在同一個水平線上。

於是乎，戰場之上，大清國的兵勇完全成了對方的活靶子，上多少死多少。久而久之，底下將領們也都洩了氣，有的臨戰前竟暗地派人與英軍商量：能不能你不放炮，我不放炮，誰都不要放炮？

後來一想不對，上頭知道要殺頭的呀，又趕緊覥著臉改口，說要不這樣吧，我放幾次沒有炮彈的炮，算給皇帝留面子，然後馬上就走掉……

楊芳傻眼了，以往的那些作戰經驗毫無用武之地啊。

野史中記載，在戰事不利的情況下，楊芳曾派人全城競購克敵武器，這些所謂的武器既不是槍，也不是炮，而是一隻隻馬桶！

馬桶是所謂的不潔之物，常看港產鬼怪片的朋友就知道，它是那些老法師的必備道具。甭管多麼凶猛的魑魅魍魎，都抗不住潔癖，你只要拿馬桶之類「穢物」一薰，對方肯定遁地而逃。

除了馬桶外，還請了法師，建了道場，紮了草人，整個是一天靈靈地靈靈，玉皇大帝來顯靈的氣魄。據說，這就是楊芳窮極無聊下想出的「非常規戰術」，更準確一點講，叫作以非常規對非常規——洋鬼子整得這麼瞎人搞怪，一定是使用了「邪教善術」，那我也如法炮製，給他來個「以邪制邪」。

類似的段子很是有趣，但把它拿來逗逗悶子可以，卻經不住仔細推敲。楊芳怎麼說也是見過世面的百戰之將，不是一天到晚偷看志怪傳奇的書生，再怎麼瞎合計，也不至於幹出這麼沒譜的事來。

事實是，楊芳確實收集過桶，不過並不是裝大糞的馬桶，而是能灌裝桐油的木桶。他收集這些木桶的目的，是要放在廣州內河的木排之上，對進犯英軍實施火攻。

可惜的是，這些來自於古典兵書的精妙戰策，在近現代戰爭中的作用同樣微乎其微。楊芳的苦心孤詣，換來的僅僅是英軍受傷八人的回報，己方則被打得稀里嘩啦，一敗塗地。

說說是兩軍對壘的生死戰場，但那些英軍不像在打仗，倒更像在舉行一場假日郊外狩獵。

楊芳再也無計可施。或許來廣州之前，這位老將軍還會對琦善之類的「軟骨頭」諸多不屑，若是兩人見了面，沒準連答理一下對方的興趣都不會有，可到這個份兒上，他也總算是體會到了滑頭爵爺的難處，誰都不容易啊。

一八四一年三月十八日，英軍在時隔兩年後，重新佔領位於廣州城外的商館，並在那裏升起了英國國旗。

楊芳的努力只是維持了兩個星期，兩個星期之後，他的西部英雄形象便土崩瓦解，廣州也再次成為危城一座。

這個時候，「打」已無力的楊芳不能不想到「談」：走道，還是得勻稱著走。

一八四一年三月二十日，他與義律達成停戰協定，准許恢復廣州通商。

談和，琦善可以，因為他是欽定的談判代表，楊芳不行，他是軍事統帥，打仗才是該他幹的活，停戰協定之類完全不在他的職權範圍之內。不過事到如今，這已經不重要了，重要的是該怎麼跟道光講，假如猛不丁地照直說出去，豈不要把皇帝和他自個都給活活噎死？

於是楊芳也撿起了文人那一套，寫起了粉飾太平的官樣文章，經過一番文學加工和「合理想像」，一個又一個敗仗搖身一變，全都轉變成了鼓舞人心的勝仗。

在派楊芳出征後，道光的日子並不好過。大清國的運兵速度很慢，雖然徵調令早已頒下，但先期聚攏廣州的綠營兵勇不足三千，這三千人能否在楊芳統率下，起到出奇制勝的效果，還真讓人懸著心。再沒有什麼時候，比現在更渴望一場貨真價實的勝利了，道光「日夜引頸東南」，天天都伸長著脖子，在焦急地等待前方凱旋的佳音。

佳音來了。讀完楊芳的「勝利喜報」，皇帝如釋重負，不僅心裏放下了一塊石頭，而且那個得意勁，那個舒服，就別提了。欣喜之下，他對楊芳這位「曉暢軍事」的大將尤其愛到不行。

「沒有我的參贊大臣果勇侯，廣州還能保得住嗎？」

唯一讓皇帝有些不解的是，既然打了這麼多勝仗，為什麼楊芳不一鼓作氣，把英國人全給「碓」了呢？

楊芳的答覆是，不是我不能「碓」，您不是說過嗎，這次一定要予以全殲，所以我使的其實是「羈縻之計」，等後續大部隊到齊，再一網兜下去，管教一個都跑不掉。

聽了楊芳的解釋，道光恍然大悟。徵調的軍隊還未完全集結，這個時候如果太狠，確實有可能把英國人給提前嚇跑。

「看來楊芳你是真懂兵法啊，這麼做，是不趨小利而誤大局，有眼光，有魄力，有計謀，待功成之日，一定要給你記首功。」

道光是個打過很多仗的人，當然知道什麼叫作「將在外，君命有所不受」。過去平定張格爾，他就給長齡放過權，這次也決定不干擾楊芳的「從權制馭之術」，等大部隊到達廣州再說。

俗話說得好，醜媳婦總有見公婆的時候。經過前期的鋪墊和試探，楊芳開始小心翼翼地觸及實質問題，請道光對通商一事予以認可。

道光接到楊芳的這份奏摺，已經是廣州恢復通商將近一個月以後的事了。儘管楊芳在奏摺上仍然依照從前的基調和口吻，把這說成是「暫作羈縻」之計，但它騙不了皇帝，道光從夢境中清醒過來，勃然大怒。

「如果我當時就答應了通商這件事，何必勞駕你老人家去廣州，又何必費勁巴拉地調動如此多的軍隊，更進一步說，我又何必將琦善抓起來？」

道光立即下旨將楊芳予以革職，但沒像琦善那樣押解進京，而是革職留任，因為道光清楚，此時正是前線吃緊之時，派得上用場的軍事將領絕對緊俏，所以罵歸罵，罰歸罰，人還得用。

「以火攻水」

一八四一年四月十四日，團隊總負責人、靖逆將軍奕山到達廣州。

論出身，琦善已經是上等貴族，奕山還要「貴」，可以說貴不可言，其玄祖是康熙的第十四子、雍正的親兄弟胤禵。

在康熙的眾多皇子中，胤禵的武功最為顯赫，他曾以撫遠大將軍的身分，親自掛帥出征，並一舉平定了西藏叛亂，由此聲名遠播，被外界認為是繼承皇位的有力競爭者之一。可那又是一個優秀者相互獵殺的時代，康熙的這些兒子都非常出色，結局當然不是你死就是我亡。雍正登基後，對骨肉兄弟基本上是一個都不放過，胤禵因鋒芒太露，自然也難逃厄運，不僅沒做成皇帝，還遭到長期監禁。

不過這都是上上輩的事了。在奕山出世時，這些恩恩怨怨早已化為塵世中的一縷青煙，倒是奕山很出息，他似乎繼承了玄祖遺風，在家道中落若干年後，再次走上了以武競雄的道路，從三等侍衛、御前侍衛，一直做到領侍衛內大臣。

領侍衛內大臣相當於御前侍衛總指揮，官銜為正一品，論品級，武官裏面已經到了頭。有如此爭氣的玄孫，九泉之下的胤禵也應該是知足了。要說還有缺憾，那就是奕山尚未能夠像老祖宗那樣，在征討「邊夷」的戰事中取得突出業績。他雖曾參加過平定張格爾一役，但當時只是一個跑龍套的臨時演員，觀眾壓根就沒能記住過他的臉。

這次不一樣，一方面是三軍統帥，連楊芳那樣的西部英雄都要隨其驅使，另一方面「英夷」囂張，皇帝憂心，要想延續百年前家族的光榮，恐怕沒有比這更好的機會了。

奕山對楊芳非常倚重，可是在他向對方問計時，得到的答覆卻是「待機而動，不可浪戰取敗」，乖乖地在家裏守著吧，別出去瞎打，一打肯定後悔。

別人說這話，奕山沒準會一臉不屑，楊芳是誰，那是活捉過張格爾，連長齡、楊遇春在世時都要另眼相看的百戰之將，他說會打敗仗，十之八九就要打敗仗，絕不會有多少水分摻裏面。

聽完楊芳的話，奕山倒吸一口涼氣，心裏影影綽綽就有了不祥的預感。他本來還想讓楊芳打打前鋒，至此也只好斷了念想。

楊芳說的是實話。他這個人一輩子打仗，打的勝仗多，吃的敗仗也不少，但是以往不管怎樣，即使敗也能敗中求勝，廣州之行卻是唯一的例外。他從未見過如此強大的敵人，怎麼打都打不過，區別只在於敗到怎樣一種程度，老將軍因此再也不敢做任何建功立業的非分之想，他只打算「以通商換和平」。

楊芳以為說動了奕山，然而一個月後，奕山還是下達了進攻命令，楊芳聞訊急得拔劍大叫：「講了就是不聽，這回要惹禍了，局面也將難以收拾。」（「事且敗而局難收。」）

其實奕山也很無奈。

當時從各省調派的援軍仍未完全到達，奕山在分兵設防廣州後，剩下的兵力並不是很多，而這些人馬還大部分是陸軍，防守城牆可以，要用於主動攻襲對方艦船就顯得有些勉為其難了。

楊芳說的也許是對的，此時不宜主動進攻，然而他奕山能一直縮在家裏嗎，什麼胤禩之子孫且不表，那些畢竟是虛的，最關鍵的還是，皇帝差你幹什麼來了？

加封靖逆將軍，位高權重可比當年的胤禩，出京後六道諭旨，每道諭旨上都有「一意進剿」、「星夜兼程」這樣的字眼，道光如此欣賞看重，如此急如星火，可不是讓你來廣州坐著蹲點的。

自從到達廣州，奕山又接連接到道光的兩道諭旨。皇帝的思維和感覺，仍然停留在張格爾時期，諭旨裏左一個「抄襲路徑」，右一個「片帆不返」，就怕讓任何一個英國鬼子給溜掉，還在拿對方當南疆叛軍和浩罕騎兵整呢。

不光是道光三令五申，英國人也不是傻的，義律在得知奕山重新布防後，又殺氣騰騰地揮師過來了。

在巨大的內外壓力之下，縱算再難，奕山也勢必冒險一攻，不然無法向方方面面交代，可是怎麼攻呢？拼槍炮，連楊芳都說了，肯定沒戲，使拳腳棍棒吧，奕山出京時倒也帶了一批御前侍衛這樣的功夫高手，問題是人家能讓你近身嗎，所以這是比槍炮更不靠譜的事。

剩下來就只有翻三國演義，向老祖宗討教了，而老祖宗傳下來的經典戰法，又無非兩種，一曰水攻，哪座城池一時攻不下來，就引水灌它，比如水淹七軍，二曰火攻，見對方勢大，便燒他沒商量，比如火燒赤壁。前面一招無法用於水戰，因為無法以水灌水，後面一招用到水戰則是再妥帖不過了，曹軍水師「檣櫓灰飛煙滅」的佳話說了一代又一代。

繼楊芳之後，奕山殊途同歸，也想到了火。不過楊芳點火，是為了守，奕山這一把火卻是要用於攻，具體來說，就是要乘著黑夜，對駛入廣州內河的英國艦船實施火攻。

桐油木桶已然不濟事了，奕山命人在自己下榻的貢院內日夜打造「祕密火器」。這裏面有火箭，不是發射衛星的那種，而是射到對方人堆裏就能引起大火的特種箭，還有火球火炮，後者相當於燃燒型的手榴彈，反正是絞盡腦汁，把大清國能搜羅到的各種大小發明都翻騰了出來。除此之外，又在廣東佛山裝配火船和火筏，它們與「祕密火器」一起，組成了一支具有相當規模的火攻船隊。

「以火攻水」，一般陸軍是玩不轉的，因為光火船火筏就駕馭不了，奕山又從福建雇募了近兩千名水勇參戰。

本來奕山在廣東福建還招募了五千名水勇，這些人正在路上，此外準備工作也未全部完成，但由於道光越催越急，英軍越逼越近，奕山已經顧不得這許多了，他在未通知楊芳的情況下，提前發動了廣州之戰。

一八四一年五月二十一日深夜，火攻船隊出動。百餘隻火船從上游衝下，緊隨其後的是運兵船，奕山的計畫是先用火攻，繼而讓步兵登艦與英軍近距離廝殺。

應該說，這種戰法並無不妥之處，奕山的統兵指揮與臨場表現也算中規中矩。遺憾的是，英國海軍並非一千年前的曹軍可比，那些大軍艦的速度很快，移動也非常靈活，見火船衝過來，能溜的都溜了，遭到破壞的至多是一些來不及閃避的小艇。

倒是臨近的炮臺發了威，趁著英國軍艦爭先恐後地往後閃避，一時顧及不到岸上，他們劈里啪啦發炮，一連擊中了三艘大軍艦。

大清國炮臺的岸炮雖然看上去個個「高大全」，但內囊都是虛的，甭管轟多少下，都轟不沉那些軍艦，頂多在外面搞些小傷疤。不過就這樣，已經是不錯的戰績，奕山也樂壞了，他當即以六百里加急的方式，給道光發去報捷奏摺。

奕山這麼多年來一直在皇帝身邊轉悠，你要他不說假話不吹牛皮根本是不可能的，只是多點少點而已。這份奏摺也毫不例外，盡得添油加醋之能事，在那裏面，擊中三艘軍艦變成了燒毀六艘，至於對方的死傷，他乾脆眼睛一閉，用了一個「不計其數」來形容，還說「逆夷號呼之聲遠聞數里」，那些英國兵的慘叫聲幾里之內都能聽到，你說爽不爽。

道光沒有理由不爽。實際上，自從廣州開戰以來，他幾乎天天都盼著那裏能傳來好消息，心情「焦切之至」，已經快急瘋了。奕山的那份不知注了多少水分的捷報，如同春風化雨，立刻把可憐的皇帝從不幸中拯救出來。

按照原來的要求，他是要奕山一個都不放過，將英軍予以全殲的，但人這東西，最受不了失望折磨。在林則徐、琦善、楊芳等「能人」一個接一個讓他心碎以後，又等了這麼多天，道光已經不知不覺地從全勝退向「能勝」，像這樣扎對手幾個眼的事情他也能接受了。

道光傳旨嘉獎，奕山也以為自己得了手，但是到第三天，即一八四一年五月二十三日，風雲突變，因為英軍主力到達了廣州。

我與「夷人」的那點事

義律的進攻令下得比奕山還早，但是由於此前英軍駐於香港，所以遲了幾天才在廣州附近集結完畢。

在英軍發起進攻後，奕山使出渾身解數，也進行了局部的有效抵抗。據英方統計，從一八四一年五月二十一日到二十五日，英軍共死傷七十七人，創造了自鴉片戰爭開始以來英軍傷亡的最高紀錄。

可是他並沒有力量扭轉乾坤，像楊芳一樣，在傳統的古典戰爭中他們也許可以如魚得水，但對近現代戰爭卻無一例外地一無所知。

一八四一年五月二十五日，義律再次複製虎門戰役時「側後包抄」和「搶佔制高點」的打法，從側後攻佔了廣州城北的四方炮臺，並建立了野戰炮兵陣地。四方炮臺可以俯瞰廣州全城，只要英軍願意，野炮可以打到城內能看見的任何一個位置。到了這個份兒上，奕山不得不投子認輸。

一八四一年五月二十六日，義律開出停戰條件，除中國軍隊須撤出廣州城外，另索要六百萬兩的賠償，說白了就是「贖城費」。

撤是沒有問題，殘餘守軍本來就沒什麼作戰能力了，主要是錢讓誰掏，假如寫個奏摺給道光，包括奕山在內的好些腦袋就要骨碌骨碌地掉下來了。

還好，廣州的本地商人有錢，不就六百萬嗎，我們給，只要你們不在城裏打仗就行。

都說妥了，中間卻插進一個花絮兼意外。由於在等待雙方談判條件，英軍實際處於一種既不能打又不能撤的狀態，按照軍事原則，英軍指揮官只能改集中屯兵為分散駐紮，以防禦對手隨時可能發起的偷襲。

當英軍官兵集中行動或作戰時，比較容易約束，所以紀律尚可，爭吵、酗酒乃至對附近區域進行騷擾的現象也少一些，但分開來就不一樣了。尤其英軍從香港出發時，僅僅帶了兩天的口糧，兩天過後吃得差不多了，就得到周邊鄉村去購買，中間免不了要順手牽羊，幹出點類似於土匪的勾當。更有甚者，還有一些住在廟裏的英軍，閒著沒事幹，竟然尋求刺激，玩起「盜墓筆記」，把廟裏寄存的棺槨也撬了開來。

「洋土匪」的行徑在當地老百姓中引起了極大憤怒。一八四一年五月三十日，上萬民眾和鄉勇採用誘敵深入的戰術，在三元里包圍了部分英軍。當天正好下起大雨，英軍的燧發槍失效，只得用刺刀進行作戰，這使得廣東人的功夫在雨中大顯神威。英軍被砍死砍傷多達四十九人，僅次於奕山組織的正規作戰，這就是著名的三元里抗英。

但是這實際上對整個局面已經影響不大，英軍很快派出持有擊發槍的部隊前去救援。擊發槍又叫雷擊槍，這種槍械是不怕雨淋的，一開槍，民眾即四散而去。

老天爺不可能每次都幫忙，相信奕山如果與義律一對一貼近肉搏的話，也未必就處於下風，可人家不會給你這機會啊，而且英軍明確告知，這種來自民間的攻擊若不中止，停戰協定便作廢，先把廣州城給你佔領了再說。

雖然在給道光的奏摺中，奕山恨不能把「三元里抗英」的功勞也攬自己身上，但他是個聰明人，該服軟還是乖乖服軟，該交的錢也不敢少一個子。

一八四一年五月三十一日，英軍拿到了全部的「贖城費」，開始陸續撤退。一周後，海陸軍完全退出廣州，甚至連虎門炮臺都交了出去——以英軍這樣的機動速度，以中國軍隊這樣的防守能力，他們眨眼之間又可以重新控制廣州，怕個甚啊。

楊芳的擔憂果然沒錯，折騰半天，什麼效果沒起到，反而損兵折將，還多付出去六百萬。

事情到此還不算完。作為主將，奕山得給皇帝一個理由，一個戰敗和「贖城」的正當理由。

在隨後發出的奏摺中，奕山沒有否認英軍攻佔四方炮臺的情節，但他說這是「漢奸」作祟，裏應外合的結果，並不說明英軍有多高明。不過不管怎麼編排，如此結果總是令人氣短，而下面的發展，若是照實說的話，無疑會更令人沮喪——馬上要到戰敗認輸的那個環節了。

恰恰到這裏，奕山顯示出了絲毫不輸於優秀文學家的想像力和創造力，他筆鋒一轉，端上了一盤比武俠小說還要精彩得多的「文學大餐」，題目或可稱之為：我與「夷人」的那點事。

據奕山說，即使到這種關頭，他仍然臨危不懼，下定決心要與廣州城共存亡——「你們不過佔領一個城北，有種攻城啊，我逮誰照量誰，準保把你們全給從城頭上擼下去」。

「這個時候，城外有夷人向城內招手，好像是要說點啥。往下一看，幾個英軍頭頭站在城外，嘴裏嘰哩咕嚕，而且有畫面配合聲音，他們一會兒指指天，一會兒指指心，總之動作十分古怪。」

「聽不懂啊，找翻譯，翻譯聽了，說英國人是要稟請大將軍出面，以便向大將軍申冤叫屈。」

這個「大將軍」指的當然是奕山。前面是鋪墊，下面就輪到這位老兄盡情發揮了。

「要請我出來？知道我奕山是什麼人嗎，皇上派來的靖逆將軍啊，奉命而來，唯知有戰，來這裏的使命就是消滅你們，不見！」

「我下面的一個總兵就依令站在城頭上，把這幫臭不要臉的痛罵一通，說你們敢無恥地再說一遍，大將軍是你們見得了的嗎？」

「親愛的皇上，您都不知道這時候發生了什麼情景，英軍裏面最大的頭頭忽然脫掉帽子向我們行禮。」（請注意奕山文學態度之認真和細膩，他連細節都沒放過，因為照傳統說法，「夷人」膝蓋不能打彎，所以在他筆下，英軍大頭頭的最高禮節不是下跪，而是脫帽）。

「行禮之後，大頭頭又摒退左右，他把手上的指揮刀一扔，然後就那樣低著頭，一聲不吭地站在城牆前。」

「皇上，您是了解我的，照我一向的倔脾氣，是絕不願意搭理這些洋人的，但您也看到了，他們那可憐巴巴的樣子太麻人，好像擱一萬片花椒放嘴裏，能麻死你，所以我就派翻譯走下城去，問他們，你等究竟有何冤屈。」

「洋人說了，由於我們不給他們通商，導致他們虧欠無償，已經賣出去的貨也收不回本錢，虧大了。他們佔領四方炮臺，其實就是覺得離得太遠，怕說話聽不見嘛，就選了這麼一塊地方來就近遞話。」

「洋人們沒別的奢望，就是求大將軍轉懇大皇帝開恩，把商欠，也就是欠的那些本錢還他們，然後讓他們通商，給個活路，從此再也不敢來滋事了。」

文學總是那麼具有力量，經過奕山功力不凡的再創作，在廣州之戰中，求和的變成了英國人，「贖城費」變成了合理合法的「商欠」，給道光的印象，好像這一仗還打贏了。

這真是一個天大的謊言。應該說，自林則徐禁煙以來，所有大吏沒有一個不說謊，不過總還有個限度，林則徐上報「七戰七捷」，有鼓舞軍心和讓道光支持「主剿」立場的目的，但彙報英軍的情況大多沒摻假。琦善扯淡，主要是對著義律扯，他對皇帝講的也基本都是實情。楊芳呢，迫不得已編過一些無中生有的「勝仗」，可再怎麼編，還不敢說英國人會向他「乞和」……

只有奕山，到底是在皇上身邊做侍衛的，那真是藝高人膽大，什麼都敢吹，什麼都吹得出來，給人印象，他就是上嘴唇著天，下嘴唇著地，整個不要臉了。

倒是道光似乎完全被奕山給蒙住了，閱看奏摺後，馬上傳旨嘉獎廣州之戰的一干「有功之臣」。

奕山可以撒彌天大謊，可是畢竟封不住其他人的嘴，有知道實情的官員，隨後就發來密奏，彈劾奕山謊報戰況。耐人尋味的是，道光並沒有像以往那樣一躍而起，怒髮衝冠。

皇帝超常冷靜，冷靜得像換了個人：「再派人私下調查，看情況究竟怎樣。」調查的結果，說明奕山大部分說的是謊話。這時候大家以為奕山該倒楣了，孰料還是沒有。道光只批覆「留覽」，放著看看吧，就煙消雲散了。

其實不需密奏，更不需私下調查，道光又不是足不出宮的小孩子，他能真的看不出奕山奏摺裏的虛假嗎？再說他派新班子出征的目的，是絕不允許和英國通商，哪怕是「乞和」，那楊芳巴巴結結半天，還不就是奔著這個去的，要是通商就能止戰，早就不用費這勁了。

他不是看不出有人說謊，他是心累了。

就像從前對付陋規和推行實政一樣，一開始都是除惡務盡，非要怎麼樣怎麼樣，到了後來才發現，原來是心有餘而力不足，對方看似不咋的，其實厲害得很，該驚著的也不是它，而是你自己。

自鴉片戰爭以來，從林則徐到奕山，一圈人用過來了，可謂要文有文，要武有武，而且都是帝國官場出類拔萃的人物，可仍然不能像張格爾之役那樣完美收官。如果他不樂意，仗就還得繼續拖下去，這一拖，消耗的都是白花花的銀兩，本來就捉襟見肘的國庫顯然已經承受不起了，所以他現在著急的是如何收場，哪怕是平局或略贏，也認了。

奕山明白地告訴道光，只要答應了英國人的「乞和」與通商要求，錢都不用他出，對方就再也不會滋事了。事到如今，道光已經沒心思去追究奕山到底有沒有說謊了。

「那就這樣吧，夷人那種豬狗一樣的東西，不值得跟他們計較，何況你在火攻中還懲戒了他們，何況他們還脫了帽子行禮，我能夠體諒你們不得已的苦衷，知道你們也挺難的，通商和商欠這兩件事，准了！」

道光急於從奕山給搭的臺階上下來，他疏忽了一件事，那就是義律與奕山達成的停戰協定，僅止於廣州一地，不久之後，戰火還將向北方繼續蔓延。

貪官亦是忠臣

道光以為戰爭已經結束，這個錯覺說起來還不能全怪他，甚至不能全怪說謊話蒙人的奕山，作為始作俑者的義律也得擔很大責任。

他的北上軍事計畫推遲了，而之所以推遲，又是迫不得已。六月份說要出發，但是軍中流行疾病，連海軍指揮官都病死了，躺倒在床的超過千人，遠遠超過虎門、廣州之戰中死傷的人數。好不容易熬到七月，恢復了一點元氣，又颳起颱風，停泊在香港的英軍艦隊遭到重創，包括義律的座船在內，共有六艘軍艦沉沒，其他艦船也受到不同程度的損傷。

等颱風過去，義律正要率軍北上，卻接到命令，他被免職了。

義律下課跟楊芳和奕山無關，他其實是被琦善給抱著同歸於盡的，出處就在那個從沒被認可過的「穿鼻草約」。

當爵爺因為這份「史上最晦氣的談判草案」而被革職問罪的時候，義律也正被自己的政府罵得狗血淋頭，外相巴麥尊甚至說義律「單純」得簡直不可思議。

「我們的海軍艦隊已經贏得了完全的勝利，可是你看看，你弄來的都是些什麼爛條件。穿鼻草約裏答應的那點銀子，連賠商人的鴉片錢都不夠，想不通你這個白癡怎麼會坐地就答應。」

英國內閣開會，決定召回義律。命令早下了，只是因為通信原因，相關文件才姍姍來遲。

義律灰溜溜地走了。想當初，他曾與琦善混得很熟，轉眼之間兩人竟然已是「相見時難別亦難，一行白鷺上西天」，而他與琦善達成的那份「穿鼻草約」，也曾經是在懸殊的力量對比下，於中方最為有利的一份協定，可是這樣的機會，隨著兩個談判對手的共同沉淪，之後再也不能復現了。

代替義律的是璞鼎查爵士，他的風格與義律完全不同。義律雖然長期跟中國官員打交道，但在鴉片戰爭以前，他就沒怎麼被待見過，所以姿態一直放得很低。璞鼎查是一個軍人出身的殖民主義者，相信大炮就是真理，而且義律的下場無疑也給他敲響了警鐘，你軟不得，只能一硬到底。

一八四一年八月二十一日，在璞鼎查的指揮下，英軍揚帆北進，目標直指福建。

福建的最高長官原先是鄧廷楨，但鄧廷楨因協同林則徐查禁鴉片，所以在處分林則徐的過程中也受到牽連，早已被革職問罪。正是在這個時期，道光碰到了一個很棘手的問題，那就是隨著林則徐、鄧廷楨這些人靠邊站，海防前沿一時人才奇缺，到了青黃不接的時候。

不管皇帝此前如何挑三揀四，但有一個事實連他也不能不承認，那就是林、鄧都屬於第一線的能吏，所謂三軍易得，一將難求，要找一個後繼者，何其難哉。

沒有一線，只能找二線，道光調顏伯燾接任鄧廷楨的閩浙總督一職。顏伯燾家世顯赫，從爺爺到父親都做過一品大員，但漢族高幹家庭不同於滿族，沒有叨著奶瓶就能當侯爵的道理。顏伯燾是堂堂正正的進士出身，然後從翰林院編修幹起，累官升至雲貴總督，從而給這個官宦世家又增添了幾多榮耀，被稱為「一門三世四督撫，五部十省八花翎」。

居官期間，顏伯燾曾讓人刻一「官箴」石碑，作為自己的座右銘，上云：「公生明，廉生威。」這是前人句子，並非顏氏首創，但聽起來煞是大義凜然。不過如果你據此以為顏伯燾是個清官，那你又大錯特錯了。他非但不「清」，還貪得很，所謂座右銘只是給別人看的。

顏伯燾後來被革職還鄉，那排場簡直驚煞個人。光給他抬東西的杠夫就有六七百人，跟隨左右的家屬、僕人、雜役粗看一下，則有三千多，吃飯的時候，每天都要擺上四百多桌酒席，幾天之內就花光了上萬兩銀子，整個一比大觀園賈府還要奢侈的排場。

這是免了職，在任時是什麼樣就可想而知了。

顏伯燾是貪官不假，可退一步說，能做事的貪官總比不做事的庸官要強，而顏伯燾屬於前者。史書記載，顏伯燾「嫻習吏治，所至有聲」，雖然不能跟林則徐相比，卻也絕不是一個爛角色。當然更重要的是，林則徐他們曾經站過的位置空了下來，急待添置人手。

作為伯樂，既要識人，也要知道如何把對方的能量完全調動出來。道光一向把德放在首位，對官員擺排場花大錢十分痛恨，但在顏伯燾進京請訓時，他對這些一句未提，反而三天之內五次召見，一遍遍地鼓勵新任閩浙總督「認真整頓，勉力而行」。

就是簡單的這麼幾句話，差點沒把顏伯燾撩扯得當場大哭，那印象真是刻骨銘心啊。

什麼叫隆恩，這就叫隆恩，顏伯燾固然很貪，然而這並不妨礙他做一個忠臣，一個發誓粉身碎骨，也要報答皇帝知遇之恩的忠臣。

在顏伯燾去福建上任的途中，英軍還未撤出定海，他聽說奉命「主剿」浙江的欽差大臣伊里布畏畏縮縮，不敢進兵，不由得大為生氣，當即上奏道光，要求重新起用林則徐，與伊里布一起負責「剿辦」。

伊里布是顏伯燾過去的老上司，也算對他有恩，顏伯燾這麼做擺明是不給對方面子，但他不管這些，因為他現在心裏裝的全是道光交託給他的使命，誰擋路，拍死他！

閩浙總督的任所在福州，但是顏伯燾沒待幾天就走了，他要去廈門。

原因是廣東方面傳來一個消息，說在英國人想要開闢的通商口岸中，廈門已經榜上有名。這讓顏伯燾敏銳地感覺到，如果英軍要進犯福建的話，這座良港將首當其衝。

在離開福州時，顏伯燾將其他所有事務都一股腦移交給了福建巡撫，從此一門心思地投入廈門防務。

鴉片戰爭之前，廈門的防禦工事幾乎是一片空白，戰爭打響之後，鄧廷楨在海邊緊急督建了一座炮臺，但是僅半年光景，就快被海潮給沖散架了。顏伯燾一問，並非鄧廷楨從中貪了工程款，而是用掉的錢只夠換來支撐半年的材料。鄧廷楨和林則徐一樣，都屬於比較清廉一些的官員，申請經費也是謹小慎微，能節約盡量節約，在顏伯燾沒來之前的一年多裏，福建動用的軍費全部加起來，也只有五十萬兩白銀。

這怎麼能行，顏伯燾做事素來大手大腳，趁著皇帝倚重，他奏請戶部撥銀，一張口就是一百萬！理由也是很充分的，不能光看賊吃肉，不看賊挨打，沒有錢，什麼事都辦不了。

道光准奏，只是在旁邊加了四個字「核減節省」，知道前線急用，但請你老人家能省還是要盡量省著點花。

戶部雖有意見，但皇上都批覆了，是不能打回票的，只能打折扣。饒是如此，錢也不算少了，而在這麼多銀子裏面，顏伯燾會不會貪，貪多少，是件說不清楚的事，唯一可以說清楚的是，他沒有把廈門工事給修成豆腐渣。

鄧廷楨的炮臺既然都要散架了，那就乾脆拆掉，免得留下來反而壞事坑人，顏伯燾要重新修建一座前無古人，後無來者的海防長城——「石壁」。

用於建造「石壁」的材料的是花崗岩，光聽聽那句俗語「花崗岩腦袋」，你就知道這種石頭有多硬了。顏伯燾相中花崗岩，除了夠牢夠結實外，還因為比較好找，閩南本身便是花崗岩的主要產區。

在「石壁」之外，又修建了多處炮臺，以與「石壁」形成鼎足之勢，這樣的構架有些像虎門炮臺，但無疑比虎門炮臺要堅固多了。

就這樣，顏伯燾仍然覺得不踏實。按照他的設想，在廈門周邊還設計了一個島鏈防守體系，即每座島上都建有石型炮臺，島與島之間則通過大型戰船來實行聯防，這樣的話，英軍尚未接近廈門，便可能被打得落荒而逃。

設計很是精巧，無奈沒有這麼多火炮來進行配合。「島鏈」加戰船，總共需要一千多門炮，一時之間，哪裏造得出來，顏伯燾只得放棄。

超級粉絲

即便沒有「島鏈」，光一個「石壁」，也夠洋鬼子喝一壺了。修好「石壁」後，顏伯燾放話出來，說如果英軍敢來廈門，那是自尋死路，我一定讓他們「片帆不留，一人不活」。

顏伯燾不怕英軍來，就怕他們不來，以致使自己錯過立功報恩的大好機會。

世上的事，沒有比等待更令人心焦的了。偏偏義律還很不給力，遲遲不動身北上，老在廣州那裏左一茬右一茬地磨蹭。顏伯燾實在著急，只能豎起耳朵打聽，隨時捕捉那裏發生的風吹草動。

不打聽還好，一打聽，才知道奕山不僅打了敗仗，「贖」了城池，還欺瞞皇上，這下把顏伯燾給氣的，牙齒咬得咯吱作響，恨不能把奕山從廣州城裏提溜出來，好好地揍上一頓。彈劾奕山的那份密摺，就是出自顏伯燾的手筆，在這份奏摺中，他不避嫌疑，也不怕惹怒皇上，再次保薦林則徐「可當廣東之任」。

道光看了之後不置可否。過了不久，發來諭令，說戰爭已經結束，讓顏伯燾減少海防兵力，這樣可以省點軍費。

顏伯燾的消息比道光靈通，判斷也更準確，他可不相信戰爭結束這種說法。再說了，戰爭結束，對道光可能是利多，對他顏伯燾而言，幾乎就相當於一個壞消息：都不打仗了，他苦心經營的「石壁」給誰看呢，還有他對皇上的耿耿忠心，還有他痛殲「英夷」的雄心壯志，不都堵在那裏了嗎？

可是另一方面，聖旨頒下，又不能不敷衍一下。顏伯燾是老官僚了，搞這套可謂遊刃有餘，先「壓」，裝著沒收到或是沒來得及辦，再拖——要下面的官員調查，下面調查完了，他再調查，他調查完了再研究，他研究了再請旨，一套官僚主義流程辦下來，好多天過去了，顏伯燾拿出的，不過是一份酌定裁減兵員數量的單子。

這份單子還得上報皇帝批准，來來去去，又要許多天，所以自始至終，福建海防其實一兵未減。

顏伯燾的預計與英軍攻擊的首選目標完全一致，璞鼎查要佔領的正是廈門。就在顏伯燾把那份單子發出去的當天晚上，英軍艦隊開到了廈門口外。

一八四一年八月二十五日，英軍穿過周邊「島鏈」。「島鏈」裏面有炮臺，但只有很少的幾門炮，隔靴搔癢，起不到什麼作用。

接著就輪到了讓顏伯燾引以為豪的「石壁」。

大兵壓境，顏伯燾一點都不驚恐，他只有興奮：終於出溜到這裏了，打的就是你。

一八四一年八月二十六日，顏伯燾坐鎮廈門島，親自指揮，從三面「兜擊」英軍。

「石壁」第一個引起了英國人的注意，他們對這種防禦工事的防炮能力和堅固程度留下了深刻印象。一名軍官誇張地描述說，你對著「石壁」放炮，就算放到世界末日，都傷不到裏面的守軍。

發現正面打不垮「石壁」，英軍再次祭起「側後包抄」這一戰術。要說顏伯燾對廣東情報是搜羅得很全的，對此早有防備，但要命之處就在於，他也在不知不覺中上了廣東方面宣傳的當。

從沙角之戰，到橫檔之戰，再到廣州之戰，英軍每次都從側後發動襲擊，但中方的口徑從來不說是英軍襲擊，都說是「漢奸」所為。漢奸能有多少能量呢，適當提防一下就行了。於是顏伯燾雖守了側後，但是派去的守軍不多，也沒有添置火炮，當英軍主力來襲，只能以鳥槍、刀矛、弓箭甚至石頭來匆匆抵擋。

半小時之內，足足耗去顏伯燾半年心血的「石壁」體系便散了架。目睹這一場面的顏伯燾痛徹心扉，禁不住與身邊的官員一起大哭起來。

他不能不哭，他一直在努力，一直在前進，從來沒有想到過後退，但仍然被打敗了，這個敗還不是那種光榮的敗，是毫無尊嚴和驕傲的敗。戰後統計，守軍減員達三百多人，包括總兵在內的將領就戰死了八人，而英方傷亡僅有十七人，連個零頭都算不上。

顏伯燾痛罵過奕山的無能無恥，可當敗局已定，他也只有倉皇跑路的份，因為他的勇氣早已被無聲吞噬，剩下來的只有驚慌和不知所措。

在這無比現實的世界裏，不管我們曾經怎樣豪情萬丈，一旦剝開假面，其實亦不過是一些命運的傀儡或棄兒。

一八四一年九月十三日，道光收到了廈門失陷的奏摺，這才清醒過來，知道戰爭並沒有結束，而是在繼續，遂趕緊諭令其他沿海各省加強防範。

這個時候璞鼎查已經奔著浙江來了，負責浙江軍務的是欽差大臣、兩江總督裕謙。

裕謙和琦善一樣，都是滿蒙貴冑出身，但他這個家庭實施的是完全漢化的讀書教育，這使得裕謙從小就規規矩矩，讀書考試一樣不少，之後考中進士，更成為上層八旗子弟中值得誇耀的例子。

裕謙在官場中也屬於二線人才，比較勤勉，就是天資差了點兒，始終幹不出什麼值得誇耀的政績，這導致他一直升得不快，老在知府一級徘徊。

正是鴉片戰爭的突然爆發，使裕謙得到了命運的垂青，道光將其破格擢升，短時間內連跳幾級，以欽差大臣直接署理（也即代理）兩江總督。在給裕謙的諭旨上，道光寫道，我會早早晚晚候著，等你報來捷音（「朕惟佇望捷音耳」）。

腦子不活絡的人往往更容易認死理，裕謙就是這種人。他對皇帝的那種感恩戴德之情，還要超過顏伯燾，那是真打算以一死來報君恩的。

裕謙堪稱林則徐的超級粉絲，他對林則徐十分崇拜，不僅和顏伯燾一道，一有機會就為起用林則徐鼓與呼，而且時時處處都向林則徐學習，學他的耿直不阿，學他的強硬立場，幾乎形同於林則徐的影子，被公認為自林則徐被撤換後「主剿派」的當然領袖。

「主剿派」的對立面自然就是「主撫派」。同為八旗子弟，裕謙最看不起也最憎惡的人卻正是當時在廣州「主撫」的琦善。他曾第一個上疏彈劾，並列出了琦善的五大罪狀，說琦善自以為得計，其實不過是被英國人玩弄於股掌之中的一個小丑，這種「頭號奸臣」早就該下課了。

裕謙的奏疏轟動一時，大長「主剿派」的志氣，連他的偶像、被革職的林則徐都為之擊節讚賞，並對這篇「名疏」予以親筆抄錄和評點。

一個裕謙，讓「主撫派」的官員個個抬不起頭來。奕山敢欺瞞皇帝，卻不敢得罪裕謙，論地位，他並不比裕謙低，但還是畢恭畢敬地寫來親筆信，信中一再解釋自己的苦衷，話語中甚至不惜討好求饒，就怕這位「大忠臣」來了性子，會抓住他不放，讓他也跟著琦善一樣倒楣。

在裕謙的任職範圍內，不需要道光提醒，他從來沒有放鬆過迎擊英軍的準備，其中最突出的就是精神上的準備。

英軍第一次佔領定海期間，由於嚴重水土不服，曾像香港時期一樣遭遇大病疫，共病死四百多人，當時大部分做了就地掩埋處理。裕謙上任後，讓人全部掘出來，先「鞭屍」，然後或挫骨揚灰，或投入大海。

這是對死的，活的也一個都不放過。抓到「通夷」的漢奸，斬，捉到零星的英國俘虜，殺，不留情面，不留後路。如此狠辣，裕謙就是要讓眾人知道他有進無退的決心和意志，斷了部下們「首鼠兩端之念」。

我做到這麼極端，「英夷」一定恨死了我們，所以你們別再想玩曖昧，更別企圖搞什麼談和，我們只有一條路：死戰到底！

獲報廈門失陷，裕謙馬上集合群臣，在關帝廟舉辦了拜神儀式。

當然免不了要祈求關帝爺顯靈，保佑定海這裏能轉敗為勝，但最主要的環節還是帶著文武百官發誓。裕謙的第一句話十分悲壯：「今日之事，有死而已。」

接著他回憶起了他的曾祖父班弟。班弟在乾隆時曾出征準噶爾，最後一戰被圍困在伊犁，實在突不出去了，於是選擇了自殺殉國。

裕謙說：「我會跟從我的曾祖父。自我以下，凡文武將佐，敢說『退守』這兩個字，或者私自投降英軍的，一定明正典刑，讓他受到天譴神殛。」

說這番話時，裕謙言語慷慨。定海總兵葛雲飛等人原先信心不足，時有「張惶搖惑之辭」，見裕謙作出這番表白，也大受震動，不敢再猶疑不定。

除了思想輿論上繃緊弦外，裕謙還親自部署，在定海建立了空前規模的防衛體系。

自中英爆發軍事衝突以來，從最早的「九龍之戰」，到最近的廈門之戰，儘管戰場逐漸內移，將領也逐漸換成了以陸戰見長的將領，但要論戰爭性質，大部分仍只能算在海戰範疇，這給包括道光在內的軍事決策者們好歹留下了一份自信，那就是海戰縱然不濟，陸戰還是有機會一決高下的。

有這份自信，人就還不會被逼得無路可走。裕謙在布陣時，基本捨棄了定海城外的島嶼，他將主要兵力全部集中於縣城區域，為的就是要轉移戰場，把他認為「不善陸戰」的英軍聚殲於陸地之上。

浙東不像閩南那樣容易找到堅硬的石頭，裕謙沒有條件築「石壁」，他打造出的是一座面積很大的「土城」。

所謂「土城」，就是把縣城前的空曠地帶全部用土牆圍起來。這種土牆係用泥土和石灰摻合所製，雖比不上花崗岩那樣堅不可摧，但也具有相當的牢固度。

裕謙顯然對中國傳統兵法作過研究，非常懂得利用地形。他在「土城」附近的山上都建立了炮城炮臺和瞭望哨，以便對進入「土城」的英軍進行俯瞰打擊，可以說該注意到的地方都注意到了。

在給道光的奏摺中，裕謙信心滿滿，說「形勝已握，人心愈固」，既佔有陸戰地利之便，軍心民氣又被鼓了起來，這仗還怕打不贏嗎？

最後的憑藉

一八四一年九月十八日，英軍艦隊陸續集結於定海。

一八四一年九月二十六日，英艦開始靠近海岸，遭到「土城」炮臺轟擊。此後的五天內，英軍曾多次派出水兵分隊登岸，守軍也果斷出擊，予以一一擊退。

五天的首秀是很讓人得勁的，一轟就跑，一打就走，誰看著心裏都會覺得老舒服了。可是大清國的官兵們並不知道，這五天其實是英軍完成火力偵察和部署的五天，真正的總攻並沒開始，更糟糕的是，由於「土城」炮臺的火炮射程太近，從頭到尾也沒能對英軍造成什麼損失，反而上上下下、左左右右都被對方瞧了個仔仔細細、明明白白。

裕謙用的是冷兵器時代的傳統兵法，璞鼎查掌握的卻是熱兵器為主的近代戰術。在那五天裏，他完全搞清楚了「土城」點線結合的布局，知道土城的要害其實在山上的炮臺，換句話說，只要打垮了炮臺，則「土城」不攻自潰。

英軍有充裕的時間建立更好的火力制高點。他們在內港的山島上設置了野戰炮兵陣地，當時守軍看到了，也曾用炮火進行射擊，可惜的是根本夠不著，人家完全可以哼著小曲，定定心心地把陣地工事壘起來。

一八四一年十月一日，才是總攻的開始。戰鬥打響後，英軍野戰炮兵陣地率先啟動，將中方炮臺上的火力予以完全壓制，緊接著英軍大部隊登陸，他們繞開「土城」，直接攻向各座土山。

在過去的五天裏，定海連降大雨，守軍對火力偵察這一套又不明就裏，大動干戈的結果是把自己搞得十分疲憊，此時驟遭重擊，很快就頂不住了。

負責督陣土山炮臺的葛雲飛等幾名戰將都先後力戰而亡，後來被合稱為「定海三總兵」，他們至死一步不退，但仍無法挽回敗局。

英軍在付出傷亡二十九人的代價後，全部攻佔土山，至此「土城」已起不到任何屏障作用，定海縣城隨即失陷。

定海的一水之隔就是鎮海，親自駐防此地的裕謙眼睜睜地看著悲劇一步步上演，終於認清了那個他始終不願承認的現實，即以海戰見長的英軍不是不擅長陸戰，而是太擅長陸戰了，他們在陸戰方面的水準和能力遠在中國軍隊之上。在他們面前，無論「石壁」還是「土城」都那麼不堪一擊。

如果防守工事起不到作用，裕謙就只剩下一條路可走。當他經過讀書人聚集的學宮時，忽然對著學宮前的池子發起了愣。池子旁刻了一塊石頭，上鐫「流芳」二字，正是這兩個字觸動了裕謙的心思。

他歎息著說，我的曾祖父班弟是乾隆二十一年八月（一七五六年，這裏的八月可能是按陰曆計）殉難的，現在也正好是道光二十一年八月（一八四一年），如此湊巧，真不是一個好兆頭，這大概就是所說的命吧。此地不錯，你們以後要記著在池旁替我收屍了。

一八四一年十月九日，英軍艦隊進至鎮海。早前一天，裕謙遣退了身邊的幕僚，讓他們先走，並且囑咐說，我明天會在鎮海城頭親自指揮，你們在離城池數里的地方觀戰，如果我贏了，就可以給我寫捷報，如果敗了，不要管我，你們自己逃命去吧。

幕僚們悲戚不已，裕謙還不忘給大家打氣：「不要怕，朝廷很快就會再派大將鎮守曹娥江一線，大局還是有希望的，好好努力吧。」（「東南尚可為，勉之。」）

一八四一年十月十日，英軍發起登陸行動，裕謙聞訊，立即登上城牆進行指揮。這時由於戰事不順，浙江巡撫余步雲登城面見裕謙，請求「暫事羈縻」，實在不行，服一下軟吧。

余步雲並非一般武將，他曾跟著楊芳參加張格爾之役，立下殊勳，畫像還上過紫光閣，在倖存的純武職官員中，論名氣和功績，楊芳以下就輪到他了。這使得他平時頗有些以老賣老，對裕謙這位上司也瞧不上眼，但是當大難臨頭，看似文弱的裕謙又顯然要從容鎮定得多，余步雲的請求被一口回絕。

第二次，余步雲又回來了。這次他要求撤退到寧波，理由則冠冕堂皇，聲稱只有這樣，才能避免鎮海百姓遭殃。

此時炮聲震天，聲音小了對方都聽不見，裕謙大聲對余步雲說，你如果要撤到寧波，那你到時自行上奏，我不能下這個命令，而且我是不會走的，如果鎮海淪陷，我會即刻殉節。

余步雲見裕謙毫不動搖，有些急了，索性把話挑到了明處。

「這樣打下去，無非死路一條。我死就死了，只可憐了剩下的一家老小，大人你知道嗎，我還有一個女兒，正好今天出嫁，我都看不到了，真受不了啊。」

裕謙當初連英國俘虜都殺，看上去何等絕情狠辣，但聽余步雲說到此處，亦不免黯然神傷。

「我知道，兒女情長，誰都免不了，可是忠義事大，我們都對著關二爺發過毒誓，誰不遵守自己的諾言，必受懲處。」

發現不可能再讓裕謙改變主意，余步雲回營後就自顧自地跑了。當然他跑不跑，對戰局而言關係都不大，只是跟他個人有關——一年後，余步雲果真被問責處斬，成為鴉片戰爭中唯一被判處極刑的高級官員。

余步雲是武將，不是文官，失職就是死罪，說冤也不冤，同時這也告訴人們，發誓這東西還是悠著點好。

當鎮海陷落的那一刻，裕謙來到學宮前的那座池子旁，他先朝著京城的方向磕頭，完了縱身一躍，跳入池中。一旁的隨從急忙將他救起，抬出來的時候人已經昏死過去，但還有一口氣，接著送往餘姚，半路上即氣絕身亡。

第五章 偷頭記

一八四一年十月十八日，道光收到了裕謙殉難、鎮海失陷的奏摺。裕謙自殺的細節，讓他忍不住落淚，而英軍的逢城必拔，則令他既「憤恨之至」，又欲罷不能。

道光隨即任命奕經為揚威將軍，並從內陸八省調集一萬多兵勇趕赴浙東參戰。

這完全可以被看成是一個複製了的「張格爾模式」：在征討張格爾一戰中，道光就將揚威將軍授予長齡，而調兵一萬之舉，同樣可類比於當時大規模的調兵遣將。

你可以說這是在重拾夢境，當然換個角度，也可以說是黔驢技窮。因為道光手裏能打的牌實在已沒幾張了，海戰打不過，陸戰更夠嗆，一線的能臣用完了，二線的也基本出盡，「有將不可恃，有兵不可用」，裕謙的最後憑藉是一死以殉，他道光總不能走這條路吧。

反正大小就搏這一把，至於這一把結果如何……真不敢去多想了。

抽到誰算誰

作為皇室成員，新任揚威將軍奕經比奕山更為顯貴，他是雍正帝的四世孫。到雍正立嗣時，皇子們之間的權力爭奪已不像康熙時那麼激烈了，一方面是前面的骨肉相殘，把後面的人都給嚇得不行，另一方面則是雍正設計了「祕密立儲」制度，都不要搶，到時打開匣子就知道誰能當皇帝了。

皇位爭不了，眾人都變得本分起來，奕經的爺爺就是個很有名的書畫家，一輩子跟翰墨丹青打交道，從沒有扛過槍拿過刀。到了奕經這一輩，才開始拿刀，不過是拿的小刀，也就是像奕山那樣做宮廷侍衛。

奕經雖說曾外放擔任過黑龍江將軍，還曾跟著長齡出征南疆，但他似乎繼承了書畫家爺爺的血脈，性格偏軟，適合從文而不是從武，對征戰殺伐這套學問也始終沒能真正領會。

要論兵略，奕經都不如奕山。這麼說吧，奕山算是皇室成員中的一線能臣，奕經至多排在二線，皇室成員與滿漢大臣在能力方面又差著檔次，因此奕經的實際水準只能到三四線外面去找。道光也不是不知道奕經有幾斤幾兩，只是他實在沒有什麼更好的選擇了。

不過這並不妨礙奕經的積極性。在上殿面君的那一刻，道光特地交給他一紙詔書：凡失守各城的逃兵逃將，一律軍法處置。

這是一柄沉甸甸的尚方寶劍，表明了皇帝的信任和重託，接過它，心裏能不激動嗎？

在連戰連敗的不利境況下，奕經的奉旨出征早已沒了奕山掛帥時那股雄赳赳氣昂昂的氣勢，道光本人在「剿」「撫」的態度上也開始出現鬆動，變得不甚明朗起來。

第一個窺測到這一切的是首席軍機大臣兼大學士穆彰阿，他給道光上了一個奏摺，請求釋放琦善出獄，讓他跟著奕經到前線去效力。

琦善此時已成了「主撫派」的象徵，若放在過去，穆彰阿是斷然不敢上這樣一個可能引火焚身的摺子的，他敢上，就是抓住了道光的心理變化。果然，道光看過奏摺後，很快予以批准。

穆彰阿這份摺子，有迎合皇帝的意思，但也有意無意地救了琦善一條命。此前琦善已被定為斬監候，秋後就要勾決殺頭了。

奕經本來是個天生沒主意的人，皇上讓帶琦善，那就帶著這小子去玩玩吧，倒是他的一位幕僚頗有政治眼光，力勸奕經不能這麼做。

「你以揚威將軍的名號出征，主要使命是戰，而不是撫，讓琦善跟著算怎麼回事呢，別人肯定說你三心二意，又想戰，又想撫，最後可能是兩邊都不討好。」

奕經一想是這麼個理，那就不要帶了。

揚威將軍的話比穆彰阿頂用，道光聽後改變了主意，這樣一來，爵爺死罪雖免，活罪難逃，奕經不要他，他被押到關外做苦差去了。

奕經的態度是有了，可世上的事，光有態度不行，你還得有能力，恰恰奕經欠缺的就是能力。奕山出征廣州還知道要發動火攻，奕經則是一腦袋糨糊，啥也不知道。

帥不行，要是底下將佐厲害一些，或者還可以予以彌補，可跟著奕經出京的官員基本全是一些廢物。他們這些人平時久居皇城，既無實權，也沒油水，願意出來只是為了到基層打打秋風，哪有一點能打仗會打仗的樣子。

奕經著急啊，帶著你們這些缺德玩意，要是上了戰場可怎麼辦？還好，因為徵集那一萬兵勇需要時間，出於「謀定而戰」，不打無把握之仗的原則，道光暫時也沒急著催他上戰場，

利用這段時間，奕經決定發揚民主，從民間招納賢才。他在營門外安了一隻木櫃，說只要對打仗有獨特見解的，就可以把建議和自己的名字寫成紙條，放進木櫃，本將軍三日後予以接見。

發條微博，寫張紙條，誰不會啊，一時間營外人來人往，跟趕集似的，好不熱鬧。

奕經沒有主見，紙條一多，反而把眼睛給看花了，不知道哪一條是制勝克敵的妙著，又有哪一位真的是「奇才異能」之士。

乾脆，亂點鴛鴦譜，抽到誰算誰吧。在奕經主辦的這次招賢活動中，共有四百多人獻策，被奕經招納的「賢才」則有一百多個，結果卻是所有的「策」沒一條能派上用場，「賢才」也大多是魚目混珠之輩，不比那些京城官員強上多少。

隊伍長了，反而更不好帶了。從皇城下來的京官自然是一個個心醉神迷，到哪都以「小欽差」自居，儼然奕經一人之下，他萬人之上，連地方官員們見了都得長跪不起，口稱「大人」。

這倒也罷了，那些「賢才」竟然也有樣學樣，跟著作威作福，被稱為「小星使」。

「小欽差」和「小星使」們成事不足，敗事有餘，一路上都弄得烏煙瘴氣，以至於奕經的班子還沒到前線，周圍已經是謗議四起，沒有人不罵的。

如此折騰來折騰去，奕經已全無一點離京時的志氣。他駐節的地方是被稱為人間天堂的蘇州，吃喝玩樂，應有盡有，躺在溫柔鄉裏，他哪都不想去，更別說上前線打仗了。

主帥遲遲不能現身，可把浙江方面的官員給急壞了，隔三岔五地派人來催，但奕經就是賴著不肯動身。

「那誰誰丟了城池，就嚴懲他，我有皇上賜的尚方寶劍哩，反正一句話，你們別打擾老爺我的情緒就行。」

這麼一賴皮，年都過去了。到第二年年初，連內陸援軍都差不多到齊了，奕經沒法再推拖，不得不移師趕往曹娥江前線。

先剿後撫

裕謙生前企盼的大將終於來了，只是這位大將迷迷瞪瞪，始終找不到取勝的法寶。自己靠不住，隨從京官和「賢才」又都不行，束手無策的奕經天天做夢，企盼著在夢境中得到上蒼的指點。你還別說，上蒼很夠意思，第一時間就托給奕經一夢，在夢中，奕經看見窮凶極惡的英軍竟然收起攤子，撤出了已佔領的東南城池。

這夢很有些不可思議，但顯然合上了做夢人的心意。奇怪的是，跟奕經一齊出京的參贊大臣也做了一個同樣的夢，讓你不心跳都難。

不會吧，我還沒攻，他怎麼就會走呢？奕經對此也有點將信將疑，然而前方傳來的消息卻不由得他不信：英軍真的撤出了已佔領的餘姚等三座城市！

太可人了，如此「佳兆昭著」，看來老天爺還真是向著我。

應該說，奕經的這個夢確是實情。在鎮海之戰結束後，英軍又連奪三城，但這樣一來力量有所分散，加上冬季到來，璞鼎查決定收縮兵力，等來年執行新的作戰計畫，所以才始終未再組織進攻並退出了三城，要不然的話，奕經也就沒那麼多閒工夫在蘇州城裏吃喝玩樂了。

有了這麼一個稱心如意的夢之後，奕經自此對「怪力亂神」的一套就特別著迷。在開赴曹娥江前線前，他專門前往杭州的西湖關帝廟抽了一籤，籤上批了一句話，叫作「不遇虎頭人一喚，全家誰汝保平安」。

相較於那個一看便懂的夢，籤上的這句話就太古怪了，什麼意思啊？

奕經百思不得其解。三天後，他恍然大悟，而當他恍然大悟的時候，只能被迫用手強壓住胸口，因為就怕心臟經受不住刺激，冷不丁地從那裏面噴出來。

「虎頭人」來了，這不是夢！

眼前的不速之客們頭戴虎皮帽，屁股後面還拖一條虎尾，加上身材魁梧高大，簡直就是一隻隻活生生的百獸之王。

驚喜交集之下，奕經一打聽，原來是增援浙東的四川藏兵，因為離得遠，所以才剛剛報到。

四川藏兵來自於川西阿壩的藏族部落，這些地方的男人個個勇猛矯健，過去他們披著虎皮行頭，曾多次協助政府軍隊參加平定邊疆的戰役，並且屢建奇功。

奕經開心死了。「虎頭人」既已齊集，接下來就是要選一個進攻的良辰吉日。

翻完皇曆，日子定下來，為一八四二年三月十日四更時分。這是有講究的，按照農曆算，乃為壬寅年壬寅月戊寅日甲寅時。在十二生肖中，寅屬虎，因此也可理解成虎年虎月虎日虎時，共佔四個虎。

「四」當然是不吉利的，奕經又任命一個屬虎的總兵為大將，總算湊足了「五虎」，他要用「五虎」來撲「羊」。

羊者，洋人也。以「虎頭人」為前鋒，以「虎大將」為指揮，五隻猛虎共逮一隻軟沓沓的外國小綿羊，這還能沒勝算嗎？

誰說精神的鴉片沒有作用，至少它提氣啊。此時的奕經一掃之前的頹喪，重新變得神采奕奕且胸有成竹起來。他給道光上了一道長達四千字的奏摺，上面列出了一個詳細的反攻浙東計畫。

雖然隔著千里萬里，但奕經的激情明顯也感染了皇帝。從前派出去的欽差或將軍，彙報的無非是如何守住地盤，這奕經多少天不吭氣，突然之間竟然能夠組織反攻，還布置得如此妥帖周密，真是應了那句話：不鳴則已，一鳴驚人。

想不到啊想不到，看來冥冥中確有貴人相助。道光舉首向天，跟奕經一樣，為老天爺的仗義而慨歎，並相信奕經「必能成此大功」。

奕經自己已經忍不住了，戰前，他把幕僚們召集起來，組織了一次提前書寫捷報的文學大賽。奕經的幕僚打仗不行，寫起錦繡文章，吹起老牛來一個賽一個地棒，不一會兒就交來了三十多篇稿子，放在桌案上堆得像座小山似的。

這使得我們的首席評委奕經大人都為難起來，篇篇佳作，選哪一篇好呢？當然名次還是要有的，奕經忍痛割愛，親自篩選出了一二三名——第三名，語句華麗，不錯；第二名，有聲有色，鼓掌；第一名，如臨其境，過癮！

虛擬完了，回到現實。一八四二年三月十日，奕經發動了鴉片戰爭中唯一一次反攻行動。

奕經的夢沒有錯。如果說反攻部隊中有一支特別爭氣的話，那就是「虎頭人」，他們在攻打寧波的戰役中勇不可當，並靠裏應外合一舉衝入了城內。可這個夢又沒有全對。藏兵勇則勇矣，但他們的冷兵器無法抗衡英軍的熱兵器，衝進城的結果是死傷慘重，天一亮又只得退出城外。

當浙東反攻失敗的消息傳來，奕經大驚失色。連「虎頭人」都保不住他的「平安」，揚威將軍的意志立刻像雪崩一樣地潰散下來，他當時就想跑路，好歹給幕僚勸住，才勉強支撐了一晚。

第二天實在受不了了，奕經鐵了心要逃，幕僚拉都拉不住。他連夜西奔，一氣逃到杭州，後來還跟道光解釋，說自己不是逃跑，而是檢查錢塘江防務去了。

浙東兵敗的奏摺傳到京城，道光的心情可想而知，這麼長時間的準備，換來的卻是「張格爾模式」的徹底破產。還檢查什麼防務，淨整這些沒用的，他在奏摺上批了一行字「憤恨何堪，筆難宣述」，氣得都不知道說什麼好了。

道光手中再也沒有任何可以用來出奇制勝的利器了，這場戰爭差不多耗盡了他所有的精力以及財力。自戰爭開始以來，大清國的國庫光軍費就已用去三千萬兩白銀，足足為張格爾之役的三倍，可迄今為止，連取得一場小勝的跡象都沒有。

戰爭之初，道光還難得地露出了大方模樣，沿海各省所需軍費，要多少給多少。那是因為他以為戰爭很快就會結束，但隨著時間的延續，情況越來越不對勁，到顏伯燾失守廈門，戶部開始靠挪借銀子度日，再到浙東反攻失敗，國庫存銀寥寥無幾，整個帝國已經陷入了一個惡性循環：越敗越要花錢，花了錢敗得更快，然後再花錢，再敗。

對道光來說，戰爭正逐漸變成無底洞，往後的日子不知道如何過法，這是最讓他困窘的地方。

儘管道光曾經一度對琦善等人深惡痛絕，但此一時彼一時，他終於又不得不動用「撫」來收場了。讓他難堪的是，這個「撫」已明顯不同於鴉片戰爭前的「撫」，後一個「撫」屬於騙騙邊疆的小弟弟們，自己仍然可以高高在上，前一個「撫」則是給逼得沒招了才被迫做出的低頭姿態，說難聽一點，就是求和。

難堪也只好難堪，現實永遠都比面子更重要，特別是當你接連不斷地被扇耳光的時候。如今的道光深刻體會到了這一點，

不過另一方面，道光也非常清楚，在英軍「凶焰甚熾」，囂張得不知道手往哪裏放的情況下，一味求和，就等於光著身子跟人家談判，鐵定只有被訛被宰的份兒。

他決定再派欽差大臣前去浙江，臨走前授之以「先剿後撫」之計，即多少打一場勝仗，哪怕只是極小的勝利，然後再談和，以求在談判桌上能夠討價還價。

獵頭行動

新的欽差大臣耆英一到任，奕經立刻感受到了威脅。

做事咋這麼不透亮呢，你說要撤我就撤好了，還來這手。這不擺明是想撇開我了嗎？

正好英軍放棄了寧波，奕經如獲至寶，立刻拿來當成了自己的功績，並且向道光報告：「英夷」終於被我趕走了。

每位出征大將都是這樣，先咬著牙死磕一下，磕不過再進行文學創作，向上謊報戰功，地球人都知道這一招了，當時人們奇怪的只是，英軍為什麼要突然撤出寧波呢？

說起來，這裏倒也少不了奕經唱戲，當然他並非自吹的主角，充其量不過是個串場角色。

自從反攻浙東大敗後，奕經其實早就沒了繼續組織反攻的勇氣和能力，但他也不能什麼都不幹，既然不敢出門，那就蹲在家裏玩玩捉漢奸的小遊戲吧。某日又抓到一個「漢奸」，準備處死。

帳中有一個隨軍效力的當地知縣，一看，哪裏是什麼漢奸，分明是他認識的一個小偷，大約平時一副鬼鬼祟祟的樣子，便被當成漢奸捉了過來。知縣很可憐這小偷，當著面對他說，你偷東西而已，罪不至死，我給你一個求生的機會，可以保你不死。

求生方案是這樣：說穿了也是偷，不過是偷人頭！

知縣承諾，如果小偷能把「鬼頭」，也就是寧波城裏的英軍腦袋割下並送過來，不僅可以減免死罪，還會請奕經將軍重重賞賜。

殺個人而已，又不是到天上摘星星，能用洋鬼子的頭代替自己的頭，有什麼不願意的，小偷滿口答應，知縣便抱著試試看的心態將他放了。

連當官的都認識且親自為之說情的小偷，一者說明他是慣犯，二則這小偷肯定也非無名之輩，屬於那種行走江湖，黑白兩道都吃得開的人物。果然，這小偷有名有姓，他叫徐保，從小臂力過人兼身輕如燕，在當地民間名聞遐邇，頗類似於後來的京城神偷「燕子李三」。

徐保返回寧波城後，沒過多久，果然送來一個英國兵的腦袋。英國人的長相跟中國人完全不同，腦袋沒法冒充，所以鑒別都不用鑒別就知道是真貨。

奕經見了那個高興勁，自己費勁巴拉地組織一次反攻，頂多也就幹掉幾個洋鬼子，看來真是打不如偷啊，賞，重賞。

在這兵荒馬亂的歲月，別的不出，盡出小偷和強盜，寧波城裏光數得著的偷兒就有六七十個，被徐保這麼一示範，個個眼紅不已，都爭先恐後地盯準了這一「新興產業」。於是，英軍據守的寧波城就出了一個怪現象，那就是小偷如雲，特別是到傍晚黃昏的時候，「遍府中無非偷者」，鑽洞翻牆，出出進進的高手們全是想偷洋鬼子腦袋的人。

英軍膚色不一，有英吉利白人，稱為「白鬼」，有印度人，稱為「黑鬼」，奕經開出的賞格就以黑白分出檔次，一個「黑鬼」腦袋多少，「白鬼」翻倍，還有就是，如果能夠活捉，則倍上加倍。這就等於把洋鬼子們送上了豬肉攤位，大傢伙瞧他們的眼光都是兩樣的，得計算啊，這個黑的不錯，那個白的更好，哇塞，馬上要賺翻了。

英軍晚上巡街，兩個兵一前一後，兩小子嘻嘻哈哈地說笑，突然後面的沒了聲音，前面的納悶，扭頭一看，頭髮立即根根直豎——只一眨眼的工夫，同伴的腦袋竟然沒了！

在這部超驚悚的恐怖片面前，沒有人能保持鎮定，英國兵嚇得連叫都叫不出來，就那樣像根木樁一樣地僵立在那裏。

呼，一道亮光閃過，他自己的腦袋也不翼而飛。

一位英國兵遠遠看到有人跟他打招呼，其人完全是他們本國裝扮，手裏拿著根竹杖，看樣子也沒什麼威脅性，便不假思索地走過去，未料對方不知從哪拔出刀來，一刀就把這哥兒們的腦袋給削了。

知道什麼叫易容術嗎，跟你套近乎不為別的，純為借你的項上人頭一用。

活的更值錢。一般是尾隨在後，突然用布扣住單個英國兵的頭，讓他叫不出聲來，然後背口豬一樣地背到偏僻的弄堂口，捆好並用口袋裝起來，接著再送出城去。

有時正好不遠處有個英國兵，見同伴被背走，自然要跟著追，這一追就壞了。偷兒們早就設計好了橋段，你追的時候，另外一個偷兒會從小巷中鑽出來，跟在後面取你的腦袋——都是寧波人，地形不比你熟？

城裏的士兵們不是腦袋掉了，就是突然失蹤，令駐城英軍不得不加強防範，或者嚴格限制進出，或者成群結隊巡城，但這並沒有難倒熱情高漲的獵頭者們。

不進城了，就躲在城牆底下，信不信，照樣取你腦袋。

城頭上有英軍往來巡邏，聽到下面有喧嘩聲，忍不住要探頭俯視。嗖的一聲，藤環飛來，正好套中他的頭，再一用力，人立即翻了下去。由於是晚上，其他英軍看不清楚，說這小子是不是失足掉下城了，真不小心，有好奇心也得注意安全嘛。且讓我瞧瞧，看能不能把他給救上來，於是也伸頭來看。

又是一個獵物。

等城上的英軍驚覺開槍時，偷兒們已帶著活捉到的英兵呼嘯而去，且迅捷如飛，追都追不上。

隨著時間的延續，加入「獵頭」行列的民間高手越來越多，襲擊方式更是五花八門。以上這種襲擊守城士兵的最為常見，叫作「殺哨」，除此之外，還有放毒的，埋炸藥的，甚至有趁黑夜自個駕一火船去燒英軍軍艦的，「奇策祕術，莫得而詳」，你都不知道裏面究竟有多少門道。

代表正義的偷兒從此得換名稱了，因其多著黑衫黑褲，且出沒於東南沿海，所以稱為「黑水黨」。

奕經在家裏坐享其成，覺得士兵腦袋也不稀奇了，便給「黑水黨」下達一條命令，說「得群夷百不如得酋一」，抓一百個當兵的及不上抓一個當官的，要是你們能活捉一個英軍指揮官回來，少說點，一萬兩白銀，外加封三品官。實在抓不到活的，死的也要。

這樣的「金腦袋」誰不想去偷啊，但英軍指揮官可不是普通哨兵，他們往往都住在指揮所裏，就是出去，也是裏三層外三層，周圍全是衛兵，而且由於前面搞得動靜太大，對方已經有了防備，指揮官一晚上都要換好幾個住所，讓你飛簷走壁都找不到下手的機會。

以徐保為首的「黑水黨」想了很多辦法，始終無法得手，只得作罷。儘管如此，「獵頭行動」已經令入侵者聞風喪膽，據說僅寧波一地，被擒斬的英軍就多達四十多人。

所謂明槍易躲，暗箭難防，英軍一路上攻城拔寨，可以說輕輕鬆鬆，怕就怕來自暗處的襲擊。他們實在搞不清楚這股暗殺潮是從什麼時候開始盛行的，又沒有特別有效的辦法來加以制止，只能在軍中發出警告，告誡官兵們平時不要「獨自一人在城內遊來蕩去」。

一八四二年五月七日，英軍撤出寧波和鎮海，外界紛紛傳聞，是因為英軍不堪「黑水黨」的襲擊，待不下去了，才被迫放棄。在奕經的表功奏摺中，當然不會說「黑水黨」怎樣怎樣，只說是自己進兵反擊，才導致「夷人惶俱」，棄城逃遁。

道光見到的說謊摺子多了去，不過這回奕經言之鑿鑿，不僅有「鬼頭」為證，還抓到了現成的俘虜哩。

一聽還有俘虜，道光信了，這是真正的勝仗，不然怎麼可能抓得到俘虜呢？太好了，凡有功官吏，全部獎賞。

要說奕經還算是厚道之人，雖然沒提「黑水黨」，但他還是把徐保作為自己的屬下報了上去，所以徐保也得了一個五品冠帶，「黑水黨」也由此名震東南沿海。

奕經因打了「勝仗」而升了身價，道光的心理也隨之又發生了變化，他覺得既然形勢不錯，「撫」是不是虧了？

念頭一動，道光便下了道旨，準備將耆英給調走。

還是擋不住

奕經又一次因撒謊而得了便宜，然而即便是他也不知道，其實英軍撤出寧波和鎮海，與「黑水黨」的搗亂根本沒多大關係。

儘管「獵頭行動」多少造成了一些心理恐慌和人員損失，但你要說這就足以影響英軍的軍事布局，那就太科幻了。想當初，英軍第一次佔領定海，遭遇病疫襲擊後死了四百多人，義律還不肯輕易退出定海，這一點點又算得了什麼。

璞鼎查如此部署，是為了集中優勢兵力發動新的進攻。一八四二年五月十八日，英軍出兵攻陷離杭州更近的乍浦，杭州城內由此一片大亂，準備登船逃難的民眾把港口都堵塞了。

這時耆英還沒收到道光要調走他的旨意，眼見奕經吹破了牛皮，杭州危急，他趕緊祭起既定的「先剿後撫」方略，找英軍聯繫「撫」。

道光和耆英對於「撫」的範圍，不過還是以通商換和平的那一套，通商也僅限於廣州一地。對於英國人說，等於沒講一樣，廣州那裏都已經通商一年了，你到現在還跟我來扯這個，想消遣我嗎？耆英不「撫」還好，一「撫」之下，璞鼎查氣不打一處來，乾脆對耆英置之不理。過後，耆英也很快收到了調令，這令「撫」徹底無果而終。

英軍對「撫」毫無興趣，他們要玩兒一票更大的，讓中國皇帝知道知道他們的實力。一八四二年五月二十八日，英軍撤離乍浦，將攻擊矛頭指向吳淞。

吳淞是扼守長江的第一道門戶，繼裕謙之後的又一位兩江總督牛鑒正坐鎮於此。

道光本人對牛鑒是很賞識的，早在牛鑒在翰林院當編修時，就曾兩次單獨召見，而要論外放出仕後的政績，牛鑒也比裕謙強得多。

牛鑒的問題主要出在他自己身上，為人過於直率，有想法就要說，為此不知得罪了多少同僚或上級。擔任陝西布政使時，他就與陝西巡撫意見不合，上下級老骨碌不到一塊去，一氣之下稱病辭官，回家歇著去了。

道光帝倒是一直想著他，不久又把他召回京城，並且當著面就對他說，你得了什麼病，我心裏是很清楚的，無非就是和巡撫有不同意見嘛，不要緊！從這件事上，我反而看出你是一個守正不阿、和而不流的人。

按照道光的本意，是希望由其他朝臣推薦牛鑒復出，那他這裏可以來個順水推舟。沒有想到的是，牛鑒「人緣之壞」已聞名官場，道光又暗示，又側擊，眼巴巴地等了半天，卻始終未能等到這樣的舉薦奏摺。

不管了，道光自己動手，把牛鑒補授為河南巡撫。河南是黃河水患的重災區，此前到那裏跟黃河打交道的都是林則徐這樣的人，由此也可見道光對牛鑒的器重。

在牛鑒赴河南之前，道光六次召見，並且實話實說：「朝中沒人肯推薦你，是我執意要用你。你感謝我的法子，就是把官當好，不要毀了我這個伯樂的名聲。」

牛鑒執政河南後，果然沒有辜負道光的期望，不僅「甚有政聲」，而且頗得民心，河南老百姓非常愛戴他。

以道光的眼光來看，牛鑒是完全可以進入一線能吏行列的。他之所以沒有把牛鑒調到海防前沿，是因為黃河發大水這樣的事，比「剿夷」還來得迫切和危險。

就在道光以為鴉片戰爭已經在廣州被擺平的那年夏天，暴漲後的黃河忽然決堤，大水來沖龍王廟，嘩啦嘩啦，把當時的河南省城開封都一股腦包圍了起來。

其間開封面臨的險情十分駭人。水一直漲個不停，尤以城北受壓最大，城牆已經有十多處地方被沖毀了，眼看城池難保，一時人心惶惶。牛鑑正在決堤處組織搶堵，聞報立即趕往開封。大水圍著進不去，牛鑑就乘上一葉小舟，來到城下後再用繩子綁著吊入城內。在開封被洪水圍困的六十多個日夜裏，他始終不辭勞苦，白天黑夜都立在城頭進行指揮。

牛鑑的舉動讓百姓大為感動，開封居民全都爭先恐後地加入抗洪陣營，有人甚至拒絕接受政府發放的工錢：父母官為了我們都不要命了，還能拿這錢嗎，不要！

儘管牛鑑採取了「拋磚石成壩」等辦法來與洪災廝鬥，但這座危城仍是奇險頻出，看上去隨時有被沖垮的危險。東河河道總督因此上奏，要求遷移省城，放棄開封。

在黃河治理方面，河道總督的權威性顯然要比主管一省民政的巡撫大，然而自處危地的牛鑑並不領情，他也遞上奏摺，力言開封絕不可棄。

「自黃河決堤以來，大家在開封能堅持得住，其實都是靠人心所向。假如遷移的消息一傳出，定然人心崩潰，軍民將各自逃生，誰還會主動去抗洪搶險呢？怕就怕遷移還沒來得及實施，城內已經大亂，小偷強盜全冒了出來，結果是抗也抗不成，跑也跑不掉，那樣的話情況將不堪設想。」

牛鑑的防洪攻略是「省城可守不可遷，決口可堵不可漫」——根據以往規律，一過白露節氣，黃河水勢就會減退，只要挺到那時候，同時不斷搶堵決堤口，一定可以化險為夷。

道光認為牛鑒說的有道理，遂批覆同意。在牛鑒的指揮下，洪水漸退，開封保住了。

這邊剛剛輕鬆，那邊又緊張起來。裕謙一死，兩江總督的位置便空了下來，這把交椅可不是誰都能坐，所要肩負的擔子和承受的壓力太重了，於是道光又想到了牛鑒。

河南的士紳百姓得知牛鑒要調走，急得不行，立即推舉代表上疏皇帝，請求讓牛鑒留任。即使在牛鑒動身啟程的前一天，還有一千多人守在巡撫官署的門口，哭著求牛鑒不要走，你再勸他們也不肯散去。牛鑒無奈之下只得繞行，然而跪送的百姓仍不絕於途。時人評價說，河南人失去牛鑒，簡直如同嬰兒失去慈母一般（「百姓於撫軍之去，猶嬰兒之失慈母矣」）。

牛鑒南下前，正值浙東反攻失敗之際，江蘇與浙江相鄰，那邊有個風吹草動，這邊聽得清清楚楚，因此還沒等看到英國人的影子，早就已經慌成一團了。

就任兩江總督後，牛鑒延續了身體力行的辦事風格，他親自坐鎮寶山縣城，並制定和落實了一份具體詳盡的迎敵方案。方案上不僅按照通常要求修繕了炮臺，增加了炮位，還吸取前面多次戰敗的教訓，在英軍可能從側翼發起繞襲的地方配置了一定數量的正規部隊。

前線的作戰方案，道光見得多了，但牛鑒的這份還是令他眼前一亮，稱讚其「水陸交嚴，深得以靜制動之法」。

不管鄰近的浙江怎樣敗得一塌糊塗，牛鑒仍對在吳淞擋住英軍抱有自信，除方案務實外，一定程度上與他手下擁有一位不可多得的大將有關。這位大將就是江南水師提督陳化成，一個與關天培齊名的老將。關天培守虎門時六十歲，陳化成已經七十多歲了。

老驥伏櫪，志在千里，陳化成鎮守吳淞，沒有人能不信服。整整兩年時間裏，他都堅持和普通兵勇一起，住在炮臺旁的帳篷裏。有一年冬天下大雪，雪把帳篷給壓壞了，陳化成為此一晚上都被攪得睡不著。早上起來，他不急著給自己修帳篷，而是去基層檢查，發現部下們衣著單薄，便馬上派人趕製棉衣送來。

又有一次，狂風大作，暴雨如注，水都快要漫到帳篷裏來了，部將請陳化成移帳。陳化成說我這是中軍大帳，不能輕移，否則會驚擾三軍，再說了，我一個人搬到乾燥的地方去了，士卒還「臥泥水中」，這怎麼可以呢？

其時裕謙擔任兩江總督，也正駐節寶山。他常聽別人說陳化成如何吃苦耐勞，長年「枕戈海上」，還有些不信，以為對方是在作秀。現在看到雨下這麼大，想想老爺子定然招架不住，總得移帳了吧，於是專門派了匹快馬前去探看。

一看，陳化成穩坐帳中，安然不動，裕謙不由大為嘆服。說來也怪，之後雨就停了，軍營帳篷也沒有被淹，當地百姓尊稱陳化成為「陳老佛」。

有好的方案，有好的戰將，牛鑒怎麼會沒有信心呢，要知道水漫開封的時候，他的眉頭都沒有皺過一下。

可是英軍的攻擊和摧毀能力之強，完全出乎牛鑒的意料。他和陳化成固然是把可防能防的地方都防到了，卻仍然擋不住對方一波接一波的攻勢。

在鴉片戰爭中，武器和戰術的差距固然是戰敗主因，兵卒不得力也是一個重要方面。清末實行的雖是募兵制，但在社會上長期沿襲的「重文輕武」傾向的影響下，招募到的士兵往往品質不高，而且軍隊中同樣盛行陋規，訓練廢弛、軍紀蕩然幾乎是普遍現象。所謂「廣大基層愛國官兵英勇奮戰」只不過是現代人的想像，具體來說，「官」尤其是負主要責任的將官大多不能不勇，對於他們來說，逃跑或者戰敗都是可能要殺頭的，「兵」則不然，常見的現象是一觸即潰，英國人的炮一轟過來，就逃得到處都是，肯留下來陪著「官」死磕的「兵」都是極少數。

陳化成算是做得不錯了。由於他身先士卒，且平時視兵卒為子弟，部下們即便心裏再恐懼，也不敢輕言後退，然而等到他一戰死，餘下兵勇失去心理上的依靠和制約，便像以往一樣潰散一空。

在戰鬥打響後，駐守寶山的牛鑒率兵增援陳化成，半途中遭到英艦炮火轟擊，十多個人被當場炸死，只得退回寶山。

牛鑒畢竟是文官，開不了槍，舞不了刀，前線就是依靠一個陳化成。陳化成的陣亡和吳淞的失守，讓他方寸大亂，當英軍來到寶山城下時，已經人去城空。

儘管使用了「六百里加急」，但乍浦、吳淞、寶山失陷的消息，京城的道光都要隔上十天半個月才能知道。

乍浦的失陷，一舉粉碎奕經的「捷報」，把道光再次拖進了痛苦的深淵。那種「憂憤苦衷」，那種難言的失落，都令他五內欲焚。為此，他不得不下令耆英暫緩離開，按照「先剿後撫」的原則專辦「羈縻」，但與此同時，他仍對「剿」抱有莫大期望。

從小就熟讀史書和聖人嚴訓的道光，當然知道真實的「羈縻」是怎麼一回事，說穿了就是為保「苟安無事」而求和，在歷史上，那都是「苟安皇帝」才做的，而他道光從小就得到先父先祖的器重，是一個有過遠大目標和作為的勤勉皇帝，他不甘心啊。

可是南方似乎越「剿」越沒戲了，乍浦之後又是吳淞，都是敗，沒一個勝，道光被深深激怒了，他再也不願委曲求全。

在發往南方的上諭中，道光明確要求將這官員棄「撫」從「剿」，全力抵抗，他自己則白天黑夜地調兵遣將，部署天津防務，以作好與北上英軍一決雌雄的準備。

不一樣的八旗

如果說河南時期的牛鑒尚鬥志昂揚的話，江蘇時期的牛鑒已經鬥志全無，在這位新任兩江總督身上，也再看不到從前那種閒庭信步的水準和風度。

陳化成一死，他就知道仗打不下去了。道光說他「守正不阿、和而不流」，倒是真沒說錯，一般官員很少敢抗旨申辯，唯有牛鑒在接到道光要他「專意剿辦」的旨意後，來了個直言上奏。

牛鑒提到了當年乾隆發兵出征緬甸的往事。因為屢戰不利，且耗師糜餉，乾隆接受現實，在緬甸答應朝貢的前提下詔令撤軍，結束戰爭。牛鑒的意思是希望道光像他爺爺學習，對英國人同樣實行「羈縻之策」。

牛鑒的抗辯，讓道光很是不爽，但在兩江總督這個位置上，他再也拿不出新的人選來替換牛鑒，只能一遍遍告誡牛鑒「應守則守，應剿則剿」，不要因胡思亂想而動搖軍心士氣。

就在君臣間打筆墨官司的時候，英軍方面又出現了新的移動跡象。按照道光和朝中大臣的判斷，他們預計英軍可能會北上直奔天津，也因此做了防範。牛鑒同樣做如此想法，道光要從浙江派大臣和軍隊增援江蘇，他還客氣，說不要了，江蘇戰事已經結束，黃河水退下去了。

哪裏啊，江蘇戰事不僅沒有結束，還才剛剛開始哩。直到英軍軍艦浩浩蕩蕩駛向鎮江時，牛鑒才如夢初醒。

英軍攻擊吳淞的行動並非盲目，它是「揚子江戰役」的一部分，而這一軍事計畫又是由義律所制定的。

璞鼎查自從把義律給換下來後，起先並沒有完全照著揚子江戰役的部署去做，基本上是東一榔頭西一棒了，打到哪兒算哪兒。結果沿海城市倒是打下不少，但並沒有能迎來他想要的利多。

直到此時，英國政府才開始重新重視義律提出的計畫。相對於道光君臣對洋人的無知，長期跟中國人打交道的義律似乎更清楚東方帝國的七寸部位在哪裏，一個長江（揚子江），一個黃河，那是命脈所繫。

英國內閣訓令印度殖民政府，讓其盡一切可能把軍隊調向中國沿海，以參加即將展開的揚子江戰役。海上行程是說不準的，援軍未能按原計劃到達，駐浙江的英軍就搶先發動了進攻，算作是揚子江戰役的演練，這就是前述的乍浦一戰。

練練手當然好，但是此次「排練」的難度之高，卻令英軍指揮官始料未及。乍浦的防禦體系一般，火炮也很少，它的特殊之處就在於這裏是八旗駐防區。

按照清代制度，當兵吃糧是下層旗人唯一可從事的職業，如果當不上兵，則還有「鐵桿莊稼」，即政府發放的固定錢糧，相當於低保。在漸漸失去農商技能的前提下，許多旗人因此滋生了市井習氣，由他們組成的八旗軍，也早已不復祖先的那種勇猛剛健，其訓練品質和戰鬥力甚至遠不如弊病眾生的綠營。

但八旗駐防區的情況則有所不同。之所以要設立八旗駐防區，是因為滿人在入關後，相對於面積廣大的地域，軍隊數量顯得太少，難以實現直接控制，所以才分散駐紮，以八旗來監視綠營，以綠營來控制全國，從而起到一個以臂使手、以手使指的作用。

在八旗駐防區內，八旗官兵都是拖家帶口，集中居住，過著亦兵亦民的生活，他們並從不輕易出動，只在有重大情況發生時才就近出兵。

正是在事實上與外界形成隔離，八旗駐防區受到荒嬉怠惰風氣的影響較少，身上仍遺留著一股難得的血性之氣。當英軍攻進來時，八旗駐防軍沒有像一般綠營或八旗那樣打不過就跑，而是殊死抵抗——他們覺得棄家而逃很可恥，那樣做，臉太小，簡直就沒臉了。

居於主陣地上的三百八旗兵，在退路已被切斷的情況下，仍奮力作戰。火藥打光了，就用弓箭，弓箭射完了，再用刀矛，總之是絕不後退，最後三百人大部分戰死或受傷被俘，沒有一個投降者。一位八旗老軍人持刀肉搏，傷重被俘，英軍軍官見他在擔架上淌眼淚，以為他是怕死，就通過翻譯告訴他不用擔心，英方會優待俘虜，得到的回答是：「我流淚是因為陣地丟了，我願流盡自己的最後一滴血！」

在乍浦，英軍所過之處，幾乎每一所房子都會向英軍射擊，而當人們抵禦不住時，這些旗人家庭就出現了全家自殺的慘烈場面，最後屍體多到把乍浦河水都給堵住了。

乍浦之戰，英軍傷亡達到六十四人，其中還包括一名官居陸軍中校的高級指揮官，為鴉片戰爭以來所未有，這給參戰的英軍官兵留下了一個大大的驚嘆號。

這個驚嘆號到鎮江之戰時達到了頂峰。

一八四二年七月二十一日，英軍進攻鎮江。與以往中國軍隊一般都佔有數量優勢不同，在鎮江一戰中，雙方的數量優勢已經易位，攻方超過了守方。

遠道趕來參加揚子江戰役的英國援軍終於到齊了，為了關鍵性的這一戰，印度政府傾其所有，能派的都派過來了，使英軍的海陸軍總數達到兩萬，其中陸軍在一萬二千以上，配有炮兵、工兵等特種部隊，兵力如此之強，在英國的海外殖民史上甚為罕見。

在發現英軍的企圖後，牛鑒也已向鎮江城外緊急調撥了增援部隊，其中有四川兵、湖北兵、江西兵、河南兵近三千人，但在實戰中，所有這些綠營軍隊幾乎都只能打打醬油，真正起作用的還是駐守城內的八旗兵。

和乍浦一樣，鎮江也是八旗駐防區，領軍之人為老將海齡。

在歷史上，海齡是一個毀譽參半的人。老頭很倔，幾乎跟哪個領導都搞不好關係，這使得他老是被降職，降的比升的還快。他本來已經是總兵，不知為什麼被同為旗人的琦善參了一本，一下子連降兩級，被送到新疆改造去了。

道光憐惜他是個人才，又把他調回來，讓其出任京口副都統，並且還親自寫諭旨給他，勸他改改脾氣。可海齡依然故我，沒多長時間又跟初來江南的牛鑒幹上了，於是第二次被參。

這次他的運氣不錯，前方軍事緊張，正值用人之際，所以雖然降了兩級，但被給予留任察看的處分，沒有一把年紀灰頭土臉地再赴新疆。

作為一個思想保守的八旗軍官，海齡有滿族為尊的傾向，性格上也暴躁輕率。在英軍兵臨鎮江城下時，他曾下令關閉城門，鎮江郡守請他開城，以給城中居民留下活路，但是海齡堅持不肯這麼做，說是開門可能帶來危險。

百姓要求出城，他就以漢奸罪名予以拘捕，為此還濫殺無辜，這導致他在鴉片戰爭的一眾殉國將領中口碑很差，不過總的說來，此人「大節無虧」，算得上是一條好漢。

駐守鎮江的八旗兵共有一千六百人，攻城的英軍則有近七千人，無論武器還是人數，對比懸殊，可這一千多八旗兵在海齡的率領和指揮下，卻能夠以弱抗強，與對手一掐到底。

另一方面，英軍也犯了錯誤，他們的錯誤是沒有把鎮江和乍浦聯繫起來，以為乍浦守軍只是偶爾堅挺了一下，再加上佔有完全壓倒性優勢，使得他們十分輕敵。在之前的作戰中，一般都是海陸軍進行配合，唯有此次海軍作了壁上觀，基本未用艦炮對鎮江城內進行炮擊，僅對城外的綠營軍隊做了象徵性轟擊——沒有任何意外，綠營兵在傷亡幾十個人後做了鳥獸散。

這一下英國人更不得了了：重炮什麼的都不需要了，直接端著槍進城吧，誰敢反抗，準保把他的肋巴扇子給打骨折！

結果是英軍反而被八旗兵抱住了一頓痛打。參加鎮江之戰的八旗兵又分兩類，原駐鎮江的京口八旗訓練水準稍差，相比之下，從南京調來增援的四百青州八旗兵要厲害得多，這些兵勇成為守衛鎮江城的核心主力。

當天，青州八旗兵表現十分搶眼，他們奮勇格殺，刀柄上滲滿鮮血，滑得拿不住，仍大呼殺賊。

英軍企圖用長梯從正面登城，但是在八旗兵的頑強阻擊下，「墜梯者紛紛」，根本爬不上城，最後選了一個叫十三門的地方，才打開缺口，而十三門那裏正好沒有青州兵把守。

眼見英軍從十三門蜂擁而入，青州兵挺身上前。有的勇士手持長矛，一傢伙先挑了一個，來不及拔出，又挑著屍體刺倒了另一個英軍，短兵相接處，猶如當年的趙子龍附體。

在寡不敵眾的情況下，僅靠青州兵難以將英軍驅出城外，城內英軍越來越多。得知城陷已成定局，海齡一把火點燃都統署，帶著全家跳入了大火之中。

失去指揮的青州兵不肯放棄，他們率領京口兵在城內列陣，與英軍展開巷戰。面對英軍更勝一籌的火力攻擊，京口旗兵率先掉鏈子，選擇了後撤。

能夠堅持到這種程度，京口兵已經相當不易，可青州兵仍然很生氣，對之大罵：「你們不敢交鋒，難道在我們屁股後面助助威都沒膽嗎？」

好吧，你們這些沒種的傢伙，就像鐵球那樣骨碌碌地全滾掉好了，看大爺跟他們鬥！

青州兵「悉力死拒」，拼著命作戰，到實在力不能支時，才奪門撤退。

鴉片戰爭以來，從廣東到福建，從浙江到江蘇，在所有海防重鎮中，鎮江設防最為薄弱，英軍投入的兵力也最多，但這裏的抵抗又最為激烈，英軍遭到的損失也最大，總計有一百七十二人傷亡，其中四十二人戰死或失蹤，其傷亡率相當於除乍浦之戰外歷次戰鬥的總和。

八旗兵付出了傷亡近五百人的代價，也就說兩三個八旗兵即能拼掉一個英國兵，這份成績單在近代史中相當矚目，青州八旗因此一舉成名。

道光留戀滿語是有道理的。保留著傳統的八旗駐防軍總算沒有給這位滿人背景的皇帝丟份，讓他在長久的挫敗中好歹也找回了一點臉面，遂在相關奏摺中御筆批示：「不愧朕之滿洲官兵。」

第六章　極品家丁

不管八旗兵怎樣豁出性命，鎮江還是丟了。

鎮江處於京杭大運河與長江交匯之間，乃漕運之樞紐，佔領和控制這裏，也就等於卡住了道光和整個帝國的咽喉——你再能挺，不能不吃飯吧。從軍事角度上來說，鎮江的得失已經決定了中英之戰的勝負歸屬，到投子認輸的時候了。

一八四二年八月二日，英軍主力溯江而上，直指長江上的核心城市南京。牛鑒與耆英等人連連上疏，請道光下旨議和，以拯危局。情急之下，牛鑒顧不得忌諱，說出了這樣的話：「危迫實不可言，（情況危急到連我都不知道該怎麼描述了）請皇上速速定奪，以拯民命。」

這句話的意思反過來理解，要是道光不允許的話，就是不顧「民命」了，其語氣已近似逼迫，堪稱狂言。在上尊下卑的官場語言中你絕對找不到任何先例，然而也正是這種有殺頭罪過的瘋子語言，終於讓道光清醒過來。

即使在英軍兵臨南京城下的這一刻，他仍然在幻想戰局出現轉機，這樣的話才可能保證「先剿後撫」的效果，也才能在談判中爭取到地位。可是牛鑒的話表明，他的想法是多麼不切實際。

「以拯民命」四個字已經觸到了道光內心的底線。作為皇帝，他得對整個帝國負起責任，不能破罐子破摔，而在戰爭看不到一絲一毫取勝希望的前提下，越早結束，損失才會越小，這正是當年他的爺爺乾隆征討緬甸時留下的教訓。

在給耆英的旨意上，他告訴對方，兩年來，沿海百姓頻遭戰火蹂躪，我實在於心不忍，與其兵連禍結，不如「息事安民」。

他屈服了，儘管很不情願。

笑臉貼了冷屁股

道光鬆開了緊箍咒。可是讓南方官吏糾結的是，英國人卻拒絕跟他們談和。

道光年間，從來沒有天生的「主撫派」，都是碰得頭破血流、鼻青臉腫後才改弦更張的。比如耆英就是這樣，鴉片戰爭爆發之初，他在加強海防方面不遺餘力，你看不出他有什麼主和的氣味兒。發生思想轉變，是到了前線，親眼見識到英國人的「船堅炮利」之後才開始的。或許我們可以做個假設，如果耆英還待在大後方，沒準「主剿」的論調仍然喊得比誰都高哩。

耆英是努爾哈赤的後裔，屬於皇室宗親，他跟琦善一樣，都不用讀書，全是靠蔭生才當了官。不過這個人似乎天生就很會做官，連教師爺都不用請，朝廷的「吏戶禮兵刑工」六個部門，他做過四個部門的尚書（部長），一個部門的侍郎（副部長），前前後後擔任了五十多個職務。

大概因為官做得太多太大，什麼世面都見過，無形中也把耆英的膽子給弄壯了。在南方主和的官吏中，牛鑒雖然勇於堅持自己的主張，但道光不發話，他還不太敢擅自行動，耆英正好相反，他明裏不跟皇帝爭，私下裏卻我行我素，稱得上是膽大包天。

在道光三令五申，要求棄「撫」從「剿」的那些天裏，耆英從沒有放棄為他的「羈縻」努力，一路都追著英軍遞送書信。在他那裏，道光的「主剿」諭旨形同空氣，想理就理，想不理就不理。

這麼多年官做下來，老官僚自有一套應付上級的辦法。英軍回覆他的照會，他會從裏面挑字眼，然後進行包裝。在他筆下，英方的強硬態度往往會變成「言詞恭順」、「深知感激」，反正是一副軟沓沓的孬種樣，其做法頗近似於那個靖逆將軍奕山。只不過奕山還是打了敗仗，實在沒法交代時才走了文學道路，耆英則是一個如假包換的文學青年，隨時隨地都有創作靈感，可以把假的說得比真的還真。

可是道光好哄，英人難騙，璞鼎查不是義律，這個洋鬼子一個勁地耍大牌，耆英的笑臉往往貼了冷屁股，人家就是不鳥你。

牛鑒則表現得更有意思，在璞鼎查甩臭臉的時候，他還給對方說大道理，講信義，表示現在進入了談和期，英軍不應再動武。

璞鼎查連聽都不想聽：「閉嘴！不說話能憋死你嗎？要讓我暫時不攻南京也可以，先拿三百萬兩白銀出來，作為贖城費。」

南京不是廣州，沒有那麼多富商，牛鑒勉強才湊了六十萬，還要分兩次才能付清，而此時的璞鼎查已全然沒有一點英國紳士的風度，模樣倒跟個港片中蠻不講理的黑社會大哥差不多，他根本等不及對方湊錢。一八四二年八月五日，牛鑒接到英軍發出的通告：不交出三百萬，立即進攻南京。

牛鑒急得都快要瘋掉了，他派人急赴無錫找耆英，讓耆英拿個辦法出來。

耆英能有什麼辦法，要有辦法，還至於坐家裏無事可幹嗎？

與耆英在一起的還有另外一個主和大臣、前兩江總督伊里布，他說有辦法。

伊里布的人生經歷跟裕謙相似，有顯赫家世，同時又是科班進士出身，不過與裕謙不同的是，早在鴉片戰爭之前，伊里布就以「熟練邊務」而聞名。

當時的各省之中，以雲南等天高皇帝遠的邊疆地區為最難治理，朝廷在選擇疆臣時，往往要挑選那些得力的大臣充任。伊里布執政雲南期間，能夠寬猛互濟，該溫和時溫和，該鐵腕時鐵腕，使得雲南政通人和，因此受到道光的多次褒獎，並授以協辦大學士。道光執政前期，疆吏中能獲此殊榮的僅兩人而已，除了他，就是琦善。

毫無疑問，伊里布可以位列一線能臣之列，加上清末也常稱少數民族為「夷」，一個「邊夷」，一個「英夷」，在未搞清楚兩種「夷」區別所在之前，一般人都以為「治夷」方法可以互套，這使得伊里布理所當然地成為道光所用名單中的熱門人選。

義律第一次佔領定海之後，伊里布即被委任為欽差大臣，奉命收復定海。一開始，伊里布跟其他人沒什麼兩樣，上來都是雄心壯志，而他幹練果敢的行事風格也得到充分展現，短期內就從周圍各省調集了一萬多兵勇。在拖拉疲沓的清末官場，這種工作效率甚為少見，足能當得起道光對他的信任。

但是其他人的最後遭遇也同樣可以複製到伊里布身上，還沒打起來，伊里布就發現武力收復定海是個難以完成的任務：他有陸軍，卻沒海軍，關鍵的水師戰船沒有著落，而去定海，就得坐船搶渡，不然插翅膀飛過去啊？

伊里布像琦善一樣識趣，他不打了，改為與英軍進行談判，並成功地實行了停戰，保證英軍不再進攻。後來由於琦善與義律制定的「穿鼻草約」在先，他又得以從英軍手中接收了定海。

假使換個角度，可以說伊里布是不費一槍一彈就收復了定海，應該有功才是，然而其時正是「主剿」空氣最濃的時候，京城的言官御史，地方上的左鄰右舍，彈劾奏章多得跟雪片似的，讓伊里布很快陷入了被人民群眾聲討的汪洋大海，這其中，就有伊里布以前的下級顏伯燾，後來的下級裕謙，稱得上是眾叛親離，令伊里布大感苦澀。

最狠的一棒是道光敲的。伊里布被革去所有職務，發往張家口軍台（相當於驛站）做苦差去了。

隨著戰爭的延續，原先咬牙切齒，發著狠要彈劾伊里布的那些「主剿派」相繼吃了虧，除了已經死掉的，活著的都一個個變成了「主撫派」。立場一變，態度就變，他們不僅覺得伊里布當時沒有做錯，反過來還眼光獨具——您老人家怎麼還沒打就知道打不過的，太高明了！

伊里布重又變成香餑餑，大家都舉薦他再次出山，道光也有此意，便將他釋回，隨耆英南下，從事「先剿後撫」事宜。

伊里布說有辦法，算是著實救了耆英一命，但再聽下去，伊里布說的有辦法，不是說他有辦法，而是說他的一個家丁有辦法！

在見多識廣的伊里布眼裏，他這個家丁可不是普通家丁，那是世之奇才，可以與管仲、樂毅、蘇秦、張儀之流相提並論。

這是個極品家丁，他的名字很有喜感，就叫張喜。

獨闖虎穴

張喜是天津人，祖上曾經富裕過，不過到他這一代已經敗落。由於家裏實在太窮，張喜沒辦法走科場道路，只能去別人府上做家丁。

父母給不了張喜錢，卻給了他三樣千金不易的財富。一是不俗的外表，史載張喜「超姿貌」，身材魁梧挺拔，乃十足的大帥哥。二是聰明的頭腦，張喜性格爽直，但做事又十分精明細緻，尤其反應非常敏捷。第三，當然是好口才，憑一張三寸不爛之舌，可以說到鐵樹開花，枯藤發芽。

難得的是他還喜愛讀書。因為沒有應試這一顧慮，就用不著去死記硬背，生吞活剝，隨便一本書拿到手裏，有用的看，覺得廢話連篇的便丟到一旁，這大大開打了他的眼界，堪稱從民間走出來的實學人才。

不過張喜剛到伊里布府上的時候，並不惹眼。伊里布位列名臣，府上的家丁也都非一般粗鄙之輩，那相貌堂堂的，辦事麻利的，能說會道的，不在少數，而且同行相嫉，家丁與家丁之間也相互排擠。張喜初來乍到，免不了受擠兌，所以一開始沒沒無聞，平時也只能端個茶，倒個水，公開場合連插句話的資格都沒有。

轉機開始於伊里布移任江浙。大部分混得好的家丁在雲南都有家有業，想想要走那麼遠，沒人情願，只有少數幾個人肯繼續跟隨伊里布，張喜便是其中之一。

人少了，聒噪之音也就少了，伊里布漸漸地發現張喜這個家丁非同一般，有著驚人的見識。

伊里布奉命收復定海，卻發現連海都過不去，當時也像其他大臣那樣腦袋一片空白，不知如何是好。這時張喜說了一句話：「其實我們錯了，從一開始就錯了。」

伊里布問哪裏錯了。張喜說，國事就跟下棋一樣，布局要布得對，對「英夷」這樣的強敵須採用「當剿用剿，當撫用撫」的策略，也就是說，該打的時候要狠狠地打，不遺餘力，一看形勢不妙，那就得趕緊見風使舵，就驢下坡，別為了面子在那裏死撐。可是我們錯就錯在，當剿的時候用了撫，當撫的時候用了剿，前後顛倒，結果「洋務」越辦越糟，窟窿越捅越大。

張喜告訴伊里布，「剿」不行，得用「撫」了。

伊里布一聽有理，便採用了張喜所用之計。他給道光發去一份奏摺，聲稱要合四省大軍，聯合收復定海。這實際上是一個拖字訣，四省聯合，沒個幾十天工夫難以集結得起來，而且伊里布的這份奏摺用的還不是「五百里」或「六百里」加急，是最慢的平信方式，道光遲至近一個月後才收到。

道光那時候「剿」的興頭正高，收到奏摺，馬上看出伊里布是想拖延時間，為此大發脾氣：「跟你說話咋這麼費勁呢，我讓你出兵去收復定海，你跟我扯什麼四省，是不是皮子緊了欠收拾？」

時間只拖了一半，但已經夠了。等伊里布接到道光「脾氣摺」的時候，形勢有了轉變，在琦善的建議下，道光又由「剿」改「撫」，伊里布自然就用不著幹「陸軍打海軍」這樣瞎折騰的事了。

在這期間，由於英軍運輸船在附近失事，伊里布抓到了一批英軍俘虜，其中還有一名叫安突德的英國陸軍上尉。裕謙殺俘是為了表明決心，張喜沒那麼死心眼，他又給伊里布獻了一計。

伊里布依計對這些俘虜好吃好喝招待著，然後給懿律送去一照會，很直接很赤裸地提出「以人易地」的原則：我給你俘虜，你還我定海。

英國人在殖民戰爭中的行徑就跟海盜差不多，不然也就不會有「贖城費」一說了，從來都是他們訛別人，沒有別人能訛他們的。懿律和義律說什麼也不肯答應，懿律更是發著狠，說你們要是不送還俘虜，明天我就打到鎮海去。

好說話一些的是義律。他無意中透露了一個口風，那就是因為水土不服，病疫嚴重，英軍已有撤出定海、偃旗息鼓的想法，只是還不太甘心，總覺得不拿點什麼就虧了。

伊里布立刻意識到這是一個機會，應該趁熱打鐵，他決定派人去定海，與英軍進行直接談判。

一圈問下來，沒有一個僚屬願意去。龍潭虎穴啊，去了要是回不來怎麼辦？

伊里布最後沒有辦法，只好找到張喜，後者「慷慨請行」。

家丁身分是上不了談判桌的，伊里布臨時給他加了一個六品頂戴的虛銜，以權充使臣。當這位「家丁使臣」出發時，周圍認識他的人都為之捏著一把汗，但張喜平靜如常，樣子非常從容。

張喜連著兩次乘著小船出海頓艦，與懿律、義律以及其他英方的高層人物進行談判。在談判中，雙方達成一致，即將收復定海、釋放俘虜與琦善的廣州會談打包處理，只要那邊會談拿出初步方案，這邊就一個還定海，一個放英俘。

懿律和義律平時見到的中國官員，大多神情乖張，極少碰到像張喜這樣身處險地，仍能坦然自若、侃侃而談的「使臣」，一時間也很佩服，當場就以洋酒相敬。

那個時代的中國人對洋人都有各種各樣莫名其妙的猜疑，比如說酒裏放毒之類，張喜接過洋酒一飲而盡，臉上沒有一絲疑懼之色。

幾天後，義律乘艦前往廣州，懿律則發出通告，宣布浙江停戰。

晏子使楚

不久，伊里布得到琦善從廣州發來的文件，獲知英方已同意「以人易地」。消息是好消息，可問題是怎麼交呢，是先「交人」還是先「易地」？萬一對方不認帳怎麼辦？這個先生雞還是先生蛋的問題，顯然把雙方都給難住了，彼此都不願輕易做出妥協。

伊里布推敲半天，拿出一個方案，即由張喜帶部分戰俘打前哨，先行到定海「交人」，葛雲飛等「定海三總兵」率三千人馬，押解那個「最高級人質」安突德隨後，這樣一旦有變，還能對英軍施加壓力。

張喜按計劃到達定海，並釋放了他所帶來的英俘。英軍清點了一下，說不對啊，安突德呢，你們不把他交出來，我們就不能「易地」。

張喜早有準備，說我們交一部分人，代表的是誠意，只要你們「易地」，我們留著那個安突德有什麼用，養著他還要白吃飯哩，當然馬上就會還你們。

英國人仍然把腦袋搖得像個撥浪鼓，張喜的臉沉了下來。

「想要賴？告訴你們，安突德就被我軍押在半路，刀架著脖子呢。你們歸還定海便罷，不還的話，哼哼，我的腸子可是有些轆轆了——先砍安突德的腦袋，然後大軍開到，把你們殺得片甲不留。」

話猶未了，卻出現了一個令張喜既被動又尷尬的場面：安突德駕著小船回來了。緊隨而後的還有兩名中國小校，一看，正是負責押解安突德的那兩位，經證實，安突德是被英軍發現後半途劫走的。張喜趕緊問從鎮海出發的大部隊在哪裏，回答是還沒跟上來。

這真是令人天旋地轉的事，擺明英國老外是想背約反悔了，而且他們也有了反悔的條件，不悔白不悔，倒是張喜等人命懸一線，反過來成了對方的人質。

張喜急了，刷地就把身上的腰刀拔出來，對英軍負責人大喊道：「我們現在已經把俘虜全部交到了你們手上，你們要是再不還城的話，大家只有同歸於盡了！」

英軍負責人被張喜那怒髮衝冠的樣子嚇了一跳，聽翻譯一講，才知道張喜的意思。他本來是想討討巧，但義律已有「一手交人，一手還地」的正式命令給他，如果「中國使臣」真的被激怒，給他破罐子破摔，來個「伏屍二人，流血五步」之類的，他也很難向義律交代。

這洋鬼子馬上「改容謝過」，向張喜道歉，說剛才純粹是跟你開個玩笑，定海肯定會還給你們。

第二天，英軍收縮部隊，陸續上船離開。這時候，那三千大軍竟然還沒現身，臨時接收定海的是四個人——張喜和隨從翻譯，外加那兩個小校。張喜負責連夜趕回鎮海，向伊里布報信，順便打聽出征人馬的下落，其他人則在定海城裏到處找熟人，請他們幫忙看守城門和倉庫。

伊里布半夜裏被張喜叫起來，既喜且驚，喜的是終於接收了定海，驚的是自從「定海三總兵」出發後，便音訊皆無，他們究竟去了哪裏呢？

張喜也是一頭霧水，只好再次返回定海，這次總算是見到諸位老兄的尊容了。原來他們一路拖拖拉拉，三千人走了三天才到達定海。更令人啼笑皆非的是，在聽到定海已成為空城後，三個總兵還為誰第一個進入定海而爭功，差點因此打起架來。

在浙期間，張喜聲名大震，尤其是在接收定海的最後過程中，幾乎全仗其一人之力，讓人不禁想起春秋時「晏子使楚」的故事——晏子不卑不亢，有理有節，硬是把楚王那仗勢欺人的威風給滅了個乾淨。

伊里布和張喜這一主一僕收復定海，原本是立了功的，可是被「主剿派」一圍攻，卻由功臣變成了罪人。道光帝更是一廂情願，他認為伊里布如果遵旨進兵的話，完全可以把盤踞在定海的「逆夷」一掃而空，現在你還眼睜睜地放他們跑了，是不是腦子不好使啊？

在「主剿派」的歸類中，如果說琦善是「主撫派」的老大，伊里布就是老二，等到老大獲罪，老二亦在劫難逃，當即被抓回京城受審。

一同被捕的還有「極品家丁」張喜。有時候一個人的禍福真是說不準，假使他現在仍然籍籍無名，誰也不可能來為難一個普通家丁。

在北京，張喜被單獨審訊了十餘次。世態炎涼，負責審訊的刑部官員希望從張喜嘴裏套出不利於伊里布的口供，以便向皇帝邀功，但張喜寧死也不願出賣自己的主人。

有人拿張喜的家丁背景做文章，當面譏諷他說，你一個卑賤的下人，居然還以使臣的身分去跟英國人談判，你覺得你配嗎？

張喜理直氣壯地回答：「當時當地，配去談判的人自然不乏其人，可他們為什麼不去呢，卻讓我這麼一個不配的人捨身冒險，恐怕他們才是真的不配吧！」

刁難張喜的人被駁得張口結舌，轉而又想用動刑來進行威懾和逼迫。張喜說，我渡海去定海談判前，早就將生死置之度外了，我還怕區區刑具嗎？

審訊者從張喜身上挖不出他們想要的東西，只得匆匆結案，釋放了張喜。張喜回家後，得知伊里布已經被發往張家口受苦，心裏深感不安，於是拜別雙親，一路餐風露宿，趕往張家口。

張家口屬於關外，路上風沙走石，很不好走。張喜在路上就得了風寒，已經半身麻木。伊里布見後於心不忍，便說現在我這裏也沒什麼事，你還是先回北京養好身體再說吧。

就這麼著，張喜又被勸回京城養病。

隨著東南局勢的逐漸惡化，道光被迫再次起用伊里布。伊里布剛回北京，張喜就去隨侍，並一再叮囑主人：「如果皇上要召見你，請務必將夷情徹底講清楚，不然的話，我們恐怕又要像以前那樣受到掣肘，什麼事都辦不好。」

張喜之所以這麼說，與他對形勢的研判有關。到張家口那段時間，伊里布曾問他，如果英軍北上天津，天津能不能守住。張喜很乾脆地回答，恐怕守不住。原因是天津的兵力和炮臺部署，還不如虎門鎮海，虎門鎮海尚不能守，天津這裏又怎麼可能出現意外的奇蹟？

當時琦善也在張家口一同服刑，他對張喜的論斷深表贊同。

張喜回到北京後，發現道光的「剿撫」態度動搖不定，而且仍以為依靠天津防務就可以將英軍阻擊於國門之外，便覺得在這種情況下，伊里布一行只會徒勞無功。

果然，道光對伊里布連見都未見，僅僅給了一個七品頂戴，讓他跟著耆英辦事。伊里布得不到皇帝召見，當然也談不上彙報什麼「夷情」了。

一葉而知秋，張喜意識到道光對「夷情」還沒有深刻認識，耆英、伊里布此去，不過是做做陪襯，難以建功。正好他的身體也不好，父母又需照料，於是在伊里布問他是否願意南下時，張喜便以病相辭。

名不虛傳

其實耆英也認識這個有名的「極品家丁」。事實上，他不僅認識，還一度打過張喜的主意，想藉機將他召入麾下哩。

對帶伊里布玩，耆英興趣並不大，都是身分地位差不多的同僚，有了功算誰的？並且他還聽說，伊里布在浙江能和英國人實現停戰，並成功收復定海，全係張喜一人之功。

耆英真正感興趣的是張喜。他曾把張喜叫到自己府上，問這問那，一會問問「夷情」，一會又問問張喜多少歲，家中有幾口人，父母怎麼樣。

話鋒一轉，耆英忽然發問：「你為什麼不跟伊中堂（指伊里布）了？」

張喜莫名其妙：「沒有呀，我去過張家口，現在只是中堂讓我回來養病的。」

耆英哦了一聲，又問張喜，那你今後還會跟著「伊中堂」嗎？

張喜不假思索，那是當然，「中堂」待我很好。

旁敲側擊了一會兒，耆英逐漸進入正題：「我看你年輕有為，很可以為國家出點力，你能不能跟我一起到浙江辦理洋務呢？」

終於聽出了弦外之音。相比於雖遭赦免，卻仍受朝廷和皇上冷落的伊里布，耆英顯然是一根高枝，然而張喜並不是那種捨棄故主、嫌貧愛富的人。何況他覺得耆英並不尊重人，面對面說話，手裏還拿著鼻煙壺，眼睛也看著別處，分明是仍然把他當成一個下人。

張喜坦然作答：「等伊中堂到京，請將軍（指耆英）和伊中堂面商吧。」

耆英聽後嘴上說是這個理，是這個理，但臉上明顯不悅。

不過那時候的耆英並不像伊里布那樣把張喜作為奇才來看待。他認為張喜不過是膽子大了一些，敢跟外國人單獨對話罷了，膽大的人到處都是，我耆英要是高興可以找一大籮筐。

離開京城時，伊里布想讓耆英去道光那裏請道旨，以便動員張喜南下。耆英一撇嘴：「我說你這是什麼意思，難道你要讓皇上瞧著我們還不如一個家丁，多餘養我倆廢物嗎？」

南下之後，耆英才發現「洋務」之難，那不是光膽子大，嘴皮子麻利就能辦好的，整整三個月時間裏，別說「撫」了，與英方溝通都難，而在江南一帶，上至奕經、牛鑒，下至一般士紳百姓，只要聽說過張喜當初作為的，都是「既慕且歎」，均認為張喜不來，局面難以收拾。

現在再次聽伊里布提到張喜，已經焦頭爛額的耆英真是懊悔之至。早知如此，在北京的時候，說什麼也要把這個奇才給帶過來，如今奈何？

伊里布春風滿面：他已經來了！

打動張喜的，是伊里布親筆書寫的一封祕密家書。在這封家書中，伊里布告訴張喜，「夷事」已「大猖獗」，朝廷終於下定決心「撫」了，但不知道如何「撫」法，無從下手。本來還想一南一北，通過書信跟你商量著辦，看情況來不及了，還是需要你親自來。

伊里布還動情地說，以前我們在浙江實心辦事，卻蒙受了不白之冤，現在正是剖白前冤的時候，機遇難得，不可錯過。

這不是主人給僕人的家書，分明是朋友對朋友的一份真情告白。

捧著這封家書，張喜的思想鬥爭很激烈。他此時跟父母住一起，兩老俱已八旬年紀，是需要照料的時候，他是不想再走了，可是伊里布話語懇切，主人的一片知遇之恩難以推卻。再者，他早就論證過，天津海防擋不住英軍，江浙若不能了局，戰火延伸至天津是必然的，到時北方又是一片浩劫，想坐視都不可能。

在徵詢鄉社宗親的意見時，一位耆老言道：「盡忠即是盡孝。你家中尚有兄弟，可權其輕重。」

有了這句話，張喜才拜別雙親，兼程南下。

臨近江南，沿途一片蕭瑟，他聽說，鎮江等戰場實地「屍骸枕藉，填塞街巷」，而以張喜親眼所見，即如揚州這樣英軍未攻入的城市，紳商百姓也已逃逸一空，土匪和私鹽武裝則趁機到處搶掠，乃至昔日之繁華都市，皆作斷壁殘垣，這令他心中十分沉重。

張喜的到來，對伊里布和耆英都不啻是特大喜訊，尤其耆英，他是欽差大臣，地位在眾人之上，所要承擔的責任也最重，對他來說，「張喜」這個名字已經跟救星的含義差不多了。

耆英立即傳見張喜。問張喜對目前形勢的看法，張喜答：「揚子江乃咽喉之地，天下大局全在於斯，英軍如果斷我鹽漕，絕我商旅，這不是疾癲之疾，而是心腹之患。」

問張喜如何辦「洋務」，張喜答：「一不致過剛，以免弄出枝節，耽誤國家大事，二不致過柔，以免示弱於異邦，給國家丟臉。」

耆英這才知道張喜名不虛傳，是個胸藏乾坤，腹有經緯的人，由此他也產生了新的想法：此人有奇才異能，我招撫他不肯俯就，又如此難請，看來一定有所求，而且胃口還不小。

耆英便試探著對張喜說，你必須參軍入伍，我才能給你弄功名。意思是張喜並非科班出身，要讓朝廷授官尤其是大官有難度。

張喜愣了一下，回答說，只要把「夷事」辦好就行了，何況我南下不是奔著功名來的。

回去見伊里布時，張喜忽然想道，他的回答欠妥。

耆英是個老官僚，對付洋鬼子沒有辦法，對付自己人那是一肚子彎彎腸。他說到功名，純屬問者有心，張喜自己卻是答者無意，給耆英留下的疑慮很可能是：你既不為功名，那當然是貪圖「夷人」的便宜了。

別說耆英一個人有這樣的想法，那個時代但凡與洋人有接觸的，都會被認為有「漢奸」嫌疑，是私下收受了對方賄賂的結果，琦善被捕回京，審訊官一個窮根究底的問題便是：你有沒有收了洋人的好處？

耆英以己及彼，根本就不相信張喜南下，會跟「利」字沒有關係。

必須告訴耆英，自己不是「漢奸」。張喜對伊里布說，我絕對沒有貪圖「夷人」便宜的一絲念頭，再說了，「夷人」是為便宜而來，眼下他們氣焰囂張，見誰滅誰，又豈肯將便宜白白送與他人？

伊里布把張喜的話轉告耆英，耆英一聽，這才稍稍打消了一些疑慮。同時，他也生怕張喜因遭猜忌而不出力，趕緊翻出一件自己的衣服送給張喜。張喜推辭，他不由分說：「我們身量差不多，我給你，你只管穿，不用客氣。」

南京的牛鑒告急，耆英和伊里布商量來商量去，只能先派張喜前去。兩人問張喜有沒有讓英軍「受撫」的把握。張喜老實作答：「試試看吧，英軍鋒頭正勁，如果言語能勸最好，不行的話，我當以一死來報效國家和主人的知遇之恩，除此之外，就不是我所能知道的了。」

最後那句話是耆英最不想聽到的，他可不想死啊。於是他再也顧不得自己說過的要參軍才能有功名的話，在張喜臨走前，匆匆忙忙地親自送來一個五品頂戴，並且對張喜說，以前你在浙江時給的是虛銜，這個雖然也是虛的，但我一定會奏明皇上，讓你實至名歸。

第七章 小人物的大舞台

一八四二年八月七日，張喜趕到南京，並見到了牛鑑。

這時的牛大人，已經由一頭活牛變成了死牛。原駐南京的青州八旗被打散了，倉促調來的其他部隊又不足恃，在這種情況下，英軍要麼不攻南京，只要想攻，就沒有不破的道理。

這一天，璞鼎查宣稱攻城的時間到了，也差不多宣告了牛鑑的末日。

張喜說你不要急，讓我看看皇曆，推算一下。看完，張喜鬆了口氣，對牛鑑說：「放心，英軍今天不會攻城。」

牛鑑很是詫異：「你怎麼知道？」

張喜沒有裝神弄鬼，做出可以預測天機的樣子，而是坦率地告訴牛鑑，他此前特地鑽研過一些與西洋有關的書籍，了解西方人信仰基督教。當天按陰曆算是初二，換成陽曆，正好是星期天，乃基督徒做禮拜的日子，一般情況下英軍是不會選這個時候開戰的。

對這些東西，牛鑑聞所未聞，因此顯得半信半疑：「你這種說法靠得住嗎？」

張喜回答：「不敢妄言。」

當天英軍果然並未攻城。第二天伊里布趕到南京，即派張喜前往英艦交涉。

唇槍舌劍

這一次張喜所見到的英軍艦船規模，較定海時又有不同，其數量和規模，若用《三國演義》中的語言來形容，那可真是遮天蔽日，說是「旌旗十萬」，也不會沒有人相信。

此次交涉，主要由璞鼎查手下的一批文官先與張喜過招。當首之人是璞鼎查的祕書馬儒翰，他接過張喜帶來的照會。這份照會是伊里布所寫，馬儒翰一看，上面並沒有實質性的讓步，馬上翻了臉：「這都是空話，能頂什麼用？」

接著馬儒翰又氣勢洶洶地說：「『今日之事非昔日可比』，我們這次不光要攻下南京，還要北上天津，攻到你們的北京皇城去！」

似乎怕張喜不信，他隨即取出一張地圖，上面標明了英軍的進攻路徑。

張喜感到不能示弱，馬上對馬儒翰進行回擊：「你別動不動就打啊打的，你以為北京就那麼好攻嗎？」

「我可以明白告訴你，京城滿蒙八旗及綠營有二十萬，這還不包括關外蒙古、東北的八旗勁旅，加起來總有幾百萬，你們就算有百萬大軍來襲，也未必就一定能贏。」

馬儒翰剛想論證他的「百萬」能不能打贏那幾百萬，張喜又緊接著跟上：「退一步說，就算我們守不住，難道皇上不能遷都嗎，難道我國人民就會心甘情願地奉你們為中華之主？」

張喜連珠炮一樣的幾句話把馬儒翰給說得一愣一愣的。中國皇帝會不會遷都他不知道，他們英國要做「中華之主」這一點，他還真沒想那麼遠。

張喜只要一張嘴，就不會給辯論對手任何一點空隙：「我還可以透露一個小祕密給你，北京皇城堅不可摧，很難攻啊，你別看你們已經攻佔了那麼多城池，沒用。」

皇城在，心就在，天地之間還有真愛，我們只不過是從頭再來！這是嘴皮子上的戰爭，沒有任何消耗和損傷，只要敢吹能吹，儘管放原子彈好了。張喜的高明之處在於，他能準確把握分寸，吹到極致就馬上收住，回到正題。

在「吹牛原子彈」的末尾，張喜帶了一句：「你們得知道我們伊中堂為國為民的一片苦心。」這句話的意思就是說，大家都退一步，我們還是肯跟你們談的。

張喜海闊天空的時候，馬儒翰一句嘴都插不進，這才找到說話的機會。因為伊里布在浙江時善待俘虜，與殺俘的裕謙形成鮮明對比，所以英國人對他的印象一直不錯，但是馬儒翰想了想，又皺起了眉頭。

「你們的伊里布大人並不是欽差大臣，而且即便是欽差大臣耆英，我們也不認同，只有全權大臣才能與我們談判交涉。」

在張喜南下之前，耆英之所以難與英方溝通，被卡住的一個重要環節就在「全權」兩個字上。按照西方觀點，全權大臣才有權談判。

張喜找到了癥結所在：「不過是翻譯不一樣罷了，我國所講的欽差就是你們英國所說的全權，伊中堂奉旨與耆將軍（指耆英）會辦，他們都是欽差，都有資格負責談判。」

都說清末的中國人愚昧，其實不過是文化觀念不同而已。給張喜一講，英國佬頗有恍然大悟狀。

既然有資格談判，那就可以進入正題了。

馬儒翰把包括「贖城費」在內的談判條件列了一堆，然後說：「你回去告訴你們大人，答應這些條件便罷，不答應，即刻攻城。」

說到要攻城，張喜硬不起來了，只得回了一句：「何必呢，你們到處攻城，得毀掉多少生命啊。」

馬儒翰在前面一直得不到發揮，此刻倒又神氣活現起來：「就要攻，就要攻，誰讓你們辦事反覆，一會兒談一會兒打的，活該。」

馬儒翰的話很不入耳，特別是觸到了張喜內心的傷疤，他一直認為，如果當初朝廷能容許琦善、伊里布談下去，縱使吃點虧，也不至於弄到現在這樣的境地，反過來，他們主僕還為此受了冤枉，吃了官司，找誰說理去。

我這裏已經夠委屈了，你那裏還要火上澆油，張喜騰地來了火：「本人這次來，不是光為送照會，拿回文，還另有目的！」

馬儒翰等人不解其意。另有目的，莫非想免費參觀一下我們的軍艦？

張喜說：「第一，我要賀；第二，我要弔。」

馬儒翰更加丈二和尚摸不著頭腦：「為什麼要賀？」

張喜一本正經地說，我要祝賀你們所向無敵，鋒不可當，要祝賀你們深入大江，洋洋得意，要祝賀你們殘殺軍民，搶掠財物……

洋人們面面相覷，什麼賀，敢情說的都是反話。馬儒翰趕緊打住話頭，算了算了，你說說為什麼又要弔吧。

張喜看了馬儒翰一眼，我的弔啊，是弔喪的弔，是痛哭流涕的意思。我來就是為你們痛哭的。

馬儒翰這些人更奇怪了，有什麼要你為我們痛哭的？

張喜說，我跟你們有一面之交，所以要為你們痛哭。戰爭開始以來，你們之所以能長驅直入，只是我國沒有防範的緣故，而且按照大清國禁令，民間是不能製造武器的。但是如果你們過於肆無忌憚，難保皇上震怒之下不會來個魚死網破，直至解除禁令，到那時你們面對的將是一個無邊無際的「人民戰爭」！

張喜洋洋灑灑的這番議論，把一直坐而不言的璞鼎查都給驚動了。璞鼎查問過翻譯，讓馬儒翰轉告張喜，你說得很有道理，但是可惜了，你們的皇上不會採用你的計策。

表演給誰看

通過登艦後的一番察言觀色，張喜看出來了，璞鼎查是拿主意的，其他人不過是個配角，換句話說，得罪其他人都不要緊，而張喜也正需要得罪得罪人。因為他這次來還有一個不可為外人道的目的，那就是得表演，不是表演給別人看，是表演給在家裏等消息的那些官員們看，其中有伊里布，有牛鑒，甚至還包括尚未抵達南京的耆英。

跟著張喜登艦的人有好幾個，裏面有一個就是耆英的隨從。他們雖然都像悶嘴葫蘆一樣的一句開不了口，但監視張喜的用意很明顯。特別是在張喜來之前，耆英特地關照他不可「孱頭」，也就是不能太軟的意思。這兩個字你可以回家細細捉摸，什麼叫太軟，不軟還要死乞白賴地去跟人家講和？而且張喜自己都說了，他會剛柔並濟，軟硬兼施，還用得著你來提醒？

說到底，就是不信任罷了。

張喜很清楚，只要不涉及談判的實質內容，在這些監視他的隨從面前，你一定要表現得足夠強硬，越硬越好。

張喜忽然一拍桌子，朝馬儒翰等人大喝一聲：「你們不要太驕狂，小心上天不容，給你們帶來滅亡之禍。」

馬儒翰一時沒答上來，旁邊的翻譯羅伯聃插上一句：「你要怪，就怪你們那些慣於說謊的大官吧，他們欺瞞你們的皇上，才導致事情不可收拾，不要責備我們。」

張喜指著羅伯聃的鼻子就訓了起來：「都是你們這些幸災樂禍的傢伙唆使，方有今日。」

張喜的指責聽上去毫無根據，實有胡亂指控的嫌疑。可是羅伯聃年紀輕，好勝心強，吃不消別人挑逗，最重要的是他摸不清張喜的路數和用意，所以馬上站起身反唇相譏。

「就算是我們唆使的，你又能拿我們怎麼樣？」

好，打的就是你，這算是自己撞槍口上來了。張喜來了勁兒：「怎麼樣？我如果掛了大將軍印，一定會將你等捉住，然後碎屍萬段，挫骨揚灰，給被害軍民報仇。」

羅伯聃哭笑不得，好好好，您老要是做了大將軍，我們也到不了這裏了。

這個年輕的英國翻譯仍然沒有意識到自己成了對方演戲的友情龍套，還要傻呼呼地較真。他拿出一張中方發布的紙片，指著上面對張喜說：「你看看，你們中國人都叫我們什麼，逆夷，夷匪，跳樑小丑，請問我們何逆、何匪、何丑之有？」

說你傻還真傻，張喜算是把羅伯聃這二百五給盯死了，他看出這個翻譯身分和地位不高，要攻擊的話，完全可以再具體深入一點。

張喜霍地一把將紙片搶過來，撕得粉碎，然後劈面朝羅伯聃擲去，嘴裏還忘不了罵罵咧咧。

「你們生得不像個人，做事也不像個人，怎麼不叫丑，你們到處殺人擄物，行同無賴，怎麼不叫匪，你們以小國欺大國，以外夷犯中華，怎麼不叫逆？」

幾個洋人萬萬沒想到張喜會來這一手，羅伯聃怒形於色，一張臉漲到通紅，艙外的衛兵聽到裏面動靜這麼大，也以為發生了什麼狀況，不僅嚴陣以待，還撤去了船邊的懸梯。

張喜真是嚇人不輕，我說的是他那幾個官員隨從，個個神色驚慌，不知所措。

您老人家也強硬得太過分了吧，這要激怒了洋人，真把我們抓起來可怎麼辦？

張喜當然不會隨便出手。一者他來之前確實作好了有去無回的準備，以他這樣的家丁身分，事情辦糟，只有一死。死在洋人手裏，還能落個壯烈千秋的好名聲。二者在英軍佔盡優勢的情況下，似乎也沒有什麼理由要跟一個送信的使臣過不去。

果然，璞鼎查發話了：「有話慢慢說，大家都不要動氣。」

張喜已完全摸準了對方的招數，在料定安全的情況下，他還要繼續拿可憐的羅伯聃尋開心。

「我問你，你們英吉利建國有多少年了？」

羅伯聃答：「一千八百多年吧。」

張喜又問：「那你知道大清國有多少年？」

羅伯聃不知不覺進入角色，馬上做出中國通的樣子，舉手搶答：「我知道，才兩百年。」

張喜嘖嘖連聲：「你看看，英吉利都一千八百年了，熬到這麼長不容易啊，可是如果不小心被我們兩百年的大清國給打敗了，那就可惜了。」

「你別瞅你們現在狂，也不過是乘我們不備偶勝了那麼兩場，有什麼啊，你們能場場都勝嗎？就算是你們場場能勝，其他海外國家會不嫉妒你們嗎，會不和你們爭奪嗎，船堅炮利又怎麼啦，沒準也會被更狠的給打個一敗塗地。」

「記住，欺敵者，斷無不敗之理。」

張喜的這番推論頗富中國傳統哲理，英國號稱「日不落」，但很多年後也正如張喜所說，見到了他們日落的一幕。只不過當時當地，誰也想不到這麼深這麼遠，眾洋人只是憋著笑一個勁點頭，房間裏的氣氛又變得輕鬆起來。

說句實話，現在他們反而倒有點喜歡對面這個中國使臣了。不是說他的話有多在理，事實上，張喜的這些調調，跟英國人的思維往往都不在一個軌道上，但至少這個人很有趣，不乏味。

聽眾們聽得入神，不由張喜不接著講下去。張喜又開了一話題：「你們老在我國沿海騷擾，兵戈不息，不覺得煩嗎？」

馬儒翰接著張喜的茬兒回答：「不能不這麼幹啊，我們英吉利是靠海外殖民吃飯的，因此非得打贏不可，就算敗了還得整兵再來，要是不明不白地退回去，被其他國家嘲笑尚是小事，國家立不住才是大事。」

馬儒翰還信誓旦旦地向張喜保證：「看您老先生以誠待我，我才跟您說實話的。」

張喜湊上前來：「知道你們想贏，我們不打了，讓你們贏，好不好？關鍵是賠的銀子得減下來，這樣就好說話了。」

到交涉的後半段，大家的精神已經完全放鬆下來，開始進入剝瓜子殼的茶話會環節，所以越談越歡，從早上七點一直侃到晚上七點才結束。

天色既晚，必須回去了。張喜想起來還得要個回文，可是洋人們聊得盡興，都忘了這檔子事。看樣子，回文當天是弄不好了，馬儒翰就說：「要不你們留一個在這裏等？」

馬儒翰把目光撇向張喜身邊的那些官員隨從們，可這些人個個鉗口不言，沒有一點主動性。張喜只好說：「要不我留下來吧。」

輪到馬儒翰不好意思了：「這哪成啊，你是使臣，這樣顯得我們太怠慢了。」

張喜想了想：「這麼辦吧，我明天親自來拿。」

馬儒翰已經跟張喜熱乎起來，連忙說：「明天可以，但用不著您老先生親自來，無論誰都可以。」

張喜笑了笑：「看你個洋鬼子一副機靈樣，不認識的想來你也不會交給他。」

隨手一指身旁一位隨從：「你認準了，我明天讓他來拿，可以嗎？」

馬儒翰瞧了瞧：「行，沒問題。」

回到自己船上，隨從們一個個早已是汗水淋漓，也才敢開口說話。

有的心有餘悸：「我看你辯論中竟有不少怒罵，怕今天回不來了，要把小命留在那裏。」

有的佩服之至：「我看今天的局面一開始很緊張，就怕張喜老哥你不會開口或者開了口沒有話講，而路上你又一言不發，很沉默的樣子，沒想到一張開嘴，竟然口若懸河，隨問隨答，滔滔不絕，如此機變過人，真是從沒見到過。」

更多的則是拍手稱快：「罵得好，真令人心中一爽，實千古之快事。從今天的情形就能知道老哥當年在定海獨闖虎穴的英武了。」

到這個時候，張喜反而不怎麼說話了，他的體力完全消耗在了舞臺之上，但是他知道，剛才的表演算是成功了。

又蠢又強的官

江上的初次交涉，讓張喜感覺很累，身體累，心也累。

離開英艦前，馬儒翰表明了態度，同意暫時不發動進攻，但還要看事情能不能了結，換句話說，要看談判能否進行下去，如果談判不能延續，英軍仍將隨時攻城，除非先把那三百萬「贖城費」交出來。

涉及實質性的談判，並不是張喜的職權範圍，拿主意的是耆英。他所能做的，不過是以一顆敢於赴湯蹈火，不懼生死的心，與「英夷」周旋，並試圖以自己的三寸不爛之舌，去打動對方，但是口舌終究是口舌，沒有資本和籌碼，他可以和對方討價還價的東西實在有限。

這個時候，張喜想到了偷襲。晚上回到南京，他就對伊里布說，不如我們乘此機會，一面「羈縻」，一面火攻。

在路上，張喜已經構思好了整套方案。按照他的設想，可以先將裝滿石塊的沙船沉於入江口，以斷英軍歸路，然後在上游購買船隻，有多少收羅多少，全部順流而下，燃火焚之。這樣，英軍在江上進退不得，只能棄舟登岸。到了岸上，再組織軍民圍擊。

雖然張喜也沒有把握盡殲英軍，不過他說至少可予以重創，反過來迫使其向我求和。

說到此處時，張喜已是聲淚俱下。伊里布聽了，歎息不已。

火攻，鴉片戰爭以來不知用過多少次了，可是誰也沒能成功過。退一萬步，就算把英軍逼到岸上，能圍擊得了嗎？須知英軍陸戰的能力可一點不比海戰差。

伊里布很理解張喜。眼前這位老兄聰明絕頂，以他的智慧，不會不知道打已無用。突然冒出這番心思，且如此激動，多半是被白天的所見所聞給刺激的。

伊里布換了一種說法：「皇上教我們設法羈縻，意在主和，難以言戰，我和耆將軍都不敢違背聖意啊。」

張喜還想再說什麼，伊里布已經閉目不語。

深夜的南京城很淒靜，「車馬俱絕」，街道上沒有一個行人。深夜的「老家丁」很傷感，為他的人微言輕，為他的無力回天。

張喜說要火攻，伊里布也不敢，而除此之外，他和牛鑒又都「皆無定議」，是不是要跟英國人談，怎麼談，一頭霧水，沒有一個拿得出主意。最後達成的解決辦法是：伊里布先派人去拿回文，牛鑒則承諾把「贖城費」由六十萬升到一百萬，反正先拖著唄。

可是奉命去拿回文的人當天並沒有返回。第二天深更半夜時，才喪魂落魄地跑了回來，帶來的消息令人心驚肉跳——雙方談崩了，英方似乎察覺中方是在藉機拖延，不僅不給回文，還決定天一亮就攻打南京，不跟你們這幫人廢話了。

怕的就是挨熊，熊還真的來了。官署內慌作一團，大家眼巴巴地又盯住了張喜。

出人意料，張喜對伊里布說他不想再去了，原因是去了也沒用。

第一次登艦，是為了向英國人解釋，欽差大臣等於他們的全權大臣，以便雙方展開談判，所以可以多聊幾句。這一次去幹什麼呢，人家等的是欽差大臣或欽差大臣的代表，哪裏還會有工夫和心情陪著你一個閒人坐一起嗑瓜子。

此時欽差大臣耆英尚未到達南京，但是情況緊急，也顧不得那許多了，伊里布給自己重新做一名片，無中生有地在自己腦袋上套了一個欽差大臣的帽子，此外附加一條：道光皇帝已下「便宜行事」的諭旨，以進一步證明欽差大臣屬於英國人能夠認可的全權大臣。

在另外一張照會上，伊里布明確承諾，可以啟動談判。他把這些東西都交給張喜，讓張喜與英方接洽停戰。

牛鑒擔心英軍真的攻城，又委派一名叫徐家槐的官員隨張喜一同前往，走之前他囑咐徐家槐，索性把那三百萬「贖城費」認下來，只要不攻城，一個子不少地都給他們。

趁著天還沒亮，張喜帶著徐家槐乘船到達江上。這時他們看到英國軍艦上扯起了表示進攻的紅旗，而且滿江都是登岸用的舢板，部分英軍已經登岸，並做著攻城準備，形勢十分緊張。

璞鼎查聽說張喜來了，便派馬儒翰登上張喜的船。看到張喜帶來的名片和照會，馬儒翰立刻意識到，這回中國人沒搞忽悠，是真要談判了。

旁邊的徐家槐說到了「贖城費」，正高興著的馬儒翰一揚手：「算了算了，三百萬是小事，如能了結大事，三百萬就不要了。」

按照原來的預估，英方會把談判和「贖城費」綁在一起——這不是沒可能的，他硬要這麼幹，你又能有什麼辦法。現在張喜一聽，還可以先把「贖城費」免掉，好事啊。

可是徐家槐的腦子轉得沒這麼快，他拉著馬儒翰絮絮叨叨，說要馬儒翰盡點心，去璞鼎查那裏再說說，能不能用三百萬把所有事都一抹平。

馬儒翰很不高興：「璞鼎查爵士起初要的贖城費是五百萬，我給減去了兩百萬，現在看在你們有開始談判的誠意，我就免了贖城費，難道我還不盡心嗎？」

徐家槐做官時間長了，渾然忘了自己身處何方，除了繼續重複他那車軲轆話外，還把牛鑒抬出來：「我可是牛大人派來的！」

張喜聽了一咧嘴，真是恨不得從船上跳江裏去。

你以為是在你當官的那一畝三分地裏啊，把兩江總督的名片一亮，小老百姓都得嚇趴下。人家英國人根本就不鳥你。

果然，馬儒翰的臉刷地就拉了下來：「你是牛大人派來的？不好意思，璞鼎查爵士並沒有派我跟你搭話。」

眼見氣氛有結冰的趨勢，沒準馬儒翰回過頭來，又要起「贖城費」也說不定。張喜趕緊起身打圓場：「徐大人對公事一向慎重，沒有別的意思。」說完便把話題繞到啟動談判上，與馬儒翰逐一敲定出席談判的人員和細節。

張喜已經拼命把話題扭過來了，偏偏那個徐家槐仍然拎不清，竟然自己和馬儒翰扯起了三百萬「贖城費」的事，連馬儒翰都聽得冒了火：「你以為我們大英帝國稀罕你那三百萬嗎，哼，我船上有的是銀子！」

徐家槐的地位遠在張喜之上，碰到這麼一個又蠢又強的官，張喜也是毫無辦法。幸好跟他們在一起的還有一個官員，見此情況，又拉又拽，才算讓徐家槐閉了嘴。

當張喜等人起棹回城時，遠遠看見英艦更換了進攻的號旗，而登岸的英軍也陸續回船。

在南京城裏，幾乎沒有人敢入睡，得知英軍退去，皆額手相慶，其中就包括剛剛到達的耆英。幾個位高權重的大吏早早就在府中坐等，看到張喜，他們均起立相迎：「辛苦辛苦。」

在這些人眼中，那個曾經為之不屑的下人儼然已成了一尊神，不由得他們不敬。

看人挑擔不累

一八四二年八月十二日，按照與英方的約定，耆英、伊里布再派張喜前去英艦談判，並在照會上正式賦予他談判之權。這時全南京城的大小官員可以說都指著一個張喜了，使得這個原來只能跑腿傳話的角色，真正上升到了兩國間的談判代表的位置。

南京號稱「火爐」，此時又正是炎夏，艦船上十分悶熱。英方談判代表馬儒翰便提議，將談判地點移至南京城外的鎮海寺。

張喜隨即趕往鎮海寺去作準備。鎮海寺是明成祖朱棣為嘉獎鄭和航海而建立，遙想當年，鄭和七下西洋，曾是何等熱鬧和風光。未曾想幾百年後，輪到人家航海過來，反而迫得你低頭簽約，歷史的底牌彷彿永遠無法讓芸芸眾生猜透。

留給張喜準備的時間很短，只有幾個小時，但細節上的事本是這個「極品家丁」之所長。他很快就料理好了一切，甚至還考慮到，英國人此來會不會驚擾地方，因此特地派當地「地保」一家家去打招呼，告訴老百姓，高鼻子洋人們是來談判的，不必驚慌逃難。

馬儒翰、羅伯聃等人來了，並詳細出示了談判條件，包括「割地賠款、五口通商」等諸項。在張喜的許可權和能力範圍內，他所能爭的並不多，拿起筆算了一下，英方索賠共有三千萬，就在這裏面作作文章吧。

三千萬這個數字有三個類別，一是被焚鴉片的賠償，二是軍費賠償，三是「商欠」——在此之前，英方在廣州的貿易都需經過中國的「十三行」，所謂「商欠」，是「十三行」歷年拖欠英商的貨款。

張喜便從「商欠」裏找，表示「商欠」是「十三行」欠下的債務，現在要政府代還，就成了一筆糊塗帳，得查詢過之後才能弄清楚。

查詢得時間啊，英國人耗不起時間，而且西方的強盜邏輯也有它的一套核算標準，並不是完全的漫天要價。馬儒翰也覺得有必要做些讓步。

張喜見對方心有所動，又轉到了別的項目上：「貴國來意，我最明白不過，是來要求經商做生意的，又不是來搶劫。據我所知，貴國素稱富饒，絕不會為點小錢而大動干戈，現在既然允許通商，彼此和好，那就皆大歡喜了。我看，如果把賠償鴉片之類全抹掉，你們也不會不高興吧？」

馬儒翰趕快打住他的話頭：「鴉片賠償是政府要還給商人的，商欠是政府得交還商人的，這兩類都不能少，實在不行，那就把軍費減掉。」

一番殺價之後，三千萬改成了兩千一百萬。談判臨近結束時，雙方約定第二天再談，到時中方要將道光皇帝「便宜行事」的諭旨帶來，而英方也會出示維多利亞女王所頒敕令。

張喜返回南京城內，向耆英、伊里布和牛鑒彙報了談判過程，並將記錄有首輪談判結果的文件送呈三大吏，請他們早點定奪。

三大吏一個個遞過來，但他們基本上都不看。最後一個輪到牛鑒，他隨手將文件遞給了自己的幕僚。幕僚一掃過去，只看了幾行字，就扔到了一邊，說是「窒礙難行」。一份那麼重要的談判文件，自此被隨隨便便地束之高閣。

著急的是張喜。如果採納他的建議，一面談判，一面暗中準備火攻，還有得一說。現在又不敢打，光拖延，這樣只會越拖越糟，就怕拖到後面兩不靠邊，到時候就算你想談，人家都不幹了，豈不慘兮？

他跟耆英費了半天口舌，對方不答一言，彷彿談判這碼子事壓根就沒有過。

素來是看人挑擔不累。張喜的首輪談判，不但沒得到喝采，還讓三大吏又產生了莫名其妙的輕鬆感，以為跟英國人談判不過如此。耆英裝深沉，伊里布則覺得張喜談判過軟，依照他的意思，應該多用「不准」、「不許」這樣的辭彙，你還跟他們商量來商量去，談生意呢？

張喜也不知道這些大人物為什麼會突然變得自我感覺如此良好。他給伊里布作客觀分析：「據我看來，在大局已定的情況下，英方要求的東西，可以與之談條件，適當減掉一些。如果一概否決，怕行不通啊。」

說到這裏的時候，伊里布又來個閉目不語，談話戛然而止。

一八四二年八月十三日，張喜再次奉命談判，但是三大吏未對首輪談判作出任何正式答覆，自然道光的諭旨也不可能交給張喜。原本顯得最緊張的牛鑒倒是再三關照：「那個軍費賠償太難聽了，你談判的時候要否決掉，這是最緊要的。」

能不能否決也不是張喜能說了算，無奈之下，他只好一邊應承，一邊向牛鑒索要首輪談判的文件，以便好還給英方。

孰料牛鑒把文件給了幕僚，而幕僚出去拜客，還沒有回來。等吧，談判就可能遲到，張喜知道「夷人」很守時，特別是在這樣的關頭，難保對方不胡亂猜疑。不等吧，英方提出的幾項談判條件，這邊一項都不答應，去了怎麼講？

張喜十分為難。這次去參加談判的人，除了他之外，還有六人。張喜給他們打預防針，說今天的談判可能比較困難了。

答覆是：「有什麼難的。」言下之意，分明是怪張喜不夠盡心盡力，好像他們中誰坐到談判桌前，都能輕鬆搞定一樣。置身於這群人的目光之中，張喜那麼鎮定從容的人，也變得焦灼起來：「此刻南京城危如累卵，我如果稍微懈怠一些，或不肯盡心，天必殛之！」

眾人還是那副漫不經心的表情：「慢慢來好了，急什麼急。」

張喜聽了一跺腳：「急事豈容緩辦？」他終於明白了，這六個活寶根本沒經歷過這種場合，亦不知辦事之難，去了不過打打醬油。

他猜得沒錯，六人皆為三大吏派出，其中包括一位耆英的親信、名字叫塔芬布的佐領。他們原本都是小官，平時沒有太多的晉升機會，此次跟隨張喜，純粹是為了跟著撈些功勞，以便將來上奏朝廷時能一併保舉。

讓人氣到吐血的傻兵

當天的談判果然異常艱難。

馬儒翰問：「可將你們皇帝的諭旨帶來？」

出發時不以為然的六個人現在啞巴了，他們的眼睛都瞧著張喜。張喜硬著頭皮編了個理由：「那道諭旨已寄給揚威將軍奕經閱看，還沒有寄回。」

再問：「所有條件裏面，你們答應了幾條？」

張喜答不上來。

又問：「文件帶來了沒有？」

張喜答：「今天沒帶來。」

馬儒翰立刻不高興了：「開什麼玩笑，條件你不答覆，要緊的兩樣東西也都不帶來，那我們談什麼呢？」

張喜只好繼續搪塞：「對昨天你們開好的條件，欽差大人必須逐條斟酌，商議明白，才能答覆。」

這個理由騙鬼還差不多，騙精明無比的洋鬼子那就差遠了。參加談判的英國人臉色都變了，馬儒翰說，看來你們的和談並非誠心，這是在跟我們要緩兵之計啊。

此話讓張喜吃了一驚，他先前倒真是想過緩兵之計，甚至還欲採用火攻，可不是被三大吏給否決了嗎？

他問：「何以見得我們是緩兵之計？」

馬儒翰言之鑿鑿：「你們將安徽兵調來南京，分明就是來打仗的。」

張喜愈加迷惑不解：「且不說沒有這種事，就算有，你們又是如何知道的呢？」

馬儒翰接著說出來的一番話，讓人徹底無語。原來和談前，牛鑒為保南京，曾從周圍各省緊急調兵，安徽兵就是那時接到的調令。來就來吧，這幫人到了南京江面，還對著英軍自報家門，說我們是哪裏哪裏的兵，並且傻了吧唧地問英軍：「你們和我們打不打仗，我們過江你們攔不攔？……」

張喜不聽則已，一聽差點被這些傻兵氣到吐血。他好不容易才穩住心神，試圖從「傻」這個字來論證事情的不可能：「跟你們說話的那一定不是官兵，你想啊，是官兵的話，他會傻到跟你們打聽消息嗎？不用說，肯定是一群冒充的江匪想來造謠惑眾，從中漁利。」

聽張喜這麼一講，馬儒翰也覺得有些道理：「此事真假我們先不要辯論，就說眼下吧，你們既沒有和談誠意，仗就還得繼續打下去。」

張喜竭力勸說：「這次談判達成的和好通商，對我們兩國都有益處，要是打仗，彼此勝敗難料，何必過急？現在既然我們已經坐下來議和，打仗的話以後就不要再提了。」

他提議，明天中午再舉行第三輪談判。

可是英國人並不答應。勝敗難料只是張喜單方面的說法，他們可不這樣認為。與會列席的軍方代表麻恭少校更是很不耐煩，他嫌馬儒翰這幫文官對中方過於「軟弱」，因此屢作「恨恨殺人之狀」。

會場的氣氛一觸即發，有隨時崩盤的可能，張喜看在眼裏，五內欲焚。這不是大家在玩嘴皮子吹牛，一旦和談破裂，中方要蒙受的損失必然更多更大，而且將更加不可收拾。

張喜據理力爭：「兩國談判，哪有大事不容商議的呢？我們的孔聖人說過一句話，叫作『不教而殺謂之虐』。議和期間，你們動不動就喊打喊殺，太過分了吧。」

不知道馬儒翰有沒有聽懂孔子的名言，他回答：「主要還是你們過分了，老是騙人，玩陰的，讓我們怎麼相信你們的誠意？」

張喜不再看那個氣鼓鼓的麻恭，而是緊盯馬儒翰不放：「你是聰明人，不可不體諒我們的一片苦心。我辦事以來，從無相欺之處，欺人便是欺天，那是要遭天誅地滅的！」

張喜對馬儒翰說，如果你們一定要攻城，那麼我會隨「伊中堂」守城，你的大炮厲害，就先轟死我吧，然後再攻城。

張喜的態度顯然讓馬儒翰有所觸動，連說不敢不敢，「你是個不錯的人，我不會殺你的。」

馬儒翰轉過頭與麻恭等人商量。麻恭仍然一臉怒氣，見馬儒翰又要「妥協」，忍不住憤而退出。走之前，他告訴馬儒翰：「如果明天凌晨得不到中方的回音，英國海軍將自行開炮轟擊……」

馬儒翰朝著張喜攤開手：「你都看到了。明天中午不可能，早上吧，再不行，就要開戰了。」

張喜見無法挽回，也只能表示：「我不是什麼大官，不過往來傳話而已，不能向你做什麼保證。以後會另派大員跟你們談的。」

馬儒翰還是希望能跟張喜談：「官職不在大小，只要能辦事就行。」

打過這麼多交道，馬儒翰對張喜頗有惺惺相惜之感。其實他一開始就清楚張喜並非顯貴，可那又怎麼樣呢，他見到過的大清官吏多了，無非尸位素餐，欺上瞞下，沒有絲毫貴族氣質，和這些人相比，張喜的睿智和誠懇尤其顯得難能可貴。

回到城裏，等不到張喜先開口，塔芬布等六個人已經放開喉嚨，唧唧喳喳地將談判面臨破裂的情況宣揚了一通。原先覺得妥妥定定的人們這下子又開始慌亂起來。

耆英從塔芬布那裏得知，英國人曾問起過皇帝諭旨的下落，而張喜的回答是「寄給了奕經」。耆英一拍大腿：「怎麼能這麼答呢，很不妥當。」塔芬布也隨聲附和。

張喜再也忍不住了：「是你們讓我告訴英國人有這道諭旨的，可到頭來又不肯給他們看，耆將軍您事先也沒交代過，臨時讓我如何回答好呢？」

說完，他掃了塔芬布等人一眼：「英國人問這句話時，諸位都在，若有更高明的回話，為什麼當時不說？」

塔芬布低下頭，耆英也無話可說。

皇帝諭旨可以暫時按下不表，關鍵是情況急迫，英方已下達了最後通牒。三大吏想起這一節，趕緊翻找那份談判文件，牛鑒問他的幕僚，幕僚竟然一臉茫然，不知所問究竟是何東西。

張喜見狀，趕緊提醒他，昨天你說的那份「窒礙難行」文件，想起來沒？對對，就是那個東西。

過河拆橋

三大吏不敢再吊兒郎當，他們決定對英方條件「一概允准」，並派張喜連夜前去遞送。

張喜很鬱悶，他沒有多大權力，尚在第一輪談判時竭盡所能，把三千萬「殺價」殺到了兩千一百萬。照他看來，既然是談判，當然還可以繼續「殺」，你們平時不是動不動就說國家經費不足嗎，怎麼千萬銀子，眼睛眨都不眨就答應下來了？

當張喜提出這個疑問時，耆英回答：「此乃權宜之計，不得不然。」張喜無奈地歎息一聲：「如果盡力攻剿，未必要花這麼多錢的。」

其實在他發出這聲歎息的時候，同樣心頭沒底，只是不甘心這麼多銀子白白流入別人囊中而已。讓張喜氣悶的還不止這個。三大吏商量了一下，認為既然已經「一概允准」，這件事就有眉目了。上次談判不是插了六個人嗎，這次再多插一些，反正排著隊等敘功保舉的人多著呢。

眼看再不說點啥，自己就要成導遊，帶一旅行團了，張喜說：「諸位大人，時間緊迫，就不要浪費時間了。」此語一出，三大吏沒一個高興的。因為如此做法已是官場中通行的陋規，早就見慣不慣了，這個時候不保舉身邊的親信左右，以後要「不得人心」的啊。

張喜也不管這些：「我是這樣想的，辦事的只管辦事，保舉的只管保舉，到時事情辦好了，甭管有沒有跟我去談判，全列在單子上好了。」

這倒是個好辦法。不過話不能直白地說出來，尤其是從官僚嘴裏。三大吏全裝聾作啞，就像沒聽到一樣，當然他們後來無一例外照著做了。

在新組的「談判團隊」中，大部分是無用的擺設，除了耆英加派的一個叫黃恩彤的官員。當然，如果不跟著張喜，黃恩彤也沒膽量參加談判，但他卻代替張喜成了當天的談判代表。

一八四二年八月十四日早上，中英雙方在鎮海寺舉行第三輪談判。這一輪主要由黃恩彤出面與馬儒翰會談。黃恩彤架子不小，從始至終都沒招呼張喜坐下，一直站著的張喜自然一句不敢多言。只是架子並不能代替口才和膽略，黃恩彤的氣勢被馬儒翰完全壓住，談判時，不僅一點便宜佔不到，還被反過來多加了幾條。

不過，總算談判又能正常起來。談判結束，回到城裏的張喜便上吐下瀉，連站都站不住，連日來的暑熱、疲憊、抑鬱、苦悶已讓他的免疫功能大大下降。

心裏放不下的還是談判。耆英派人來詢問病情，張喜回答說：「還沒好，但可以支持，會參加接下來的幾輪談判。」

可是當張喜強撐著出席完新一輪談判，回到城裏，卻遭到了伊里布的責怪：「你不該出城！」伊里布一邊說臉上還帶著怒氣，張喜莫名其妙。

更令人摸不著頭腦的是，第二天耆英發下話來，不准張喜再見英國人，就是黃恩彤談判，也不讓張喜參與和知曉。這等於說，他已被一腳踢出了談判圈，這裏面從此沒他什麼事了。

直到英軍從南京江面上撤走，伊里布才跟張喜解釋，說耆英讓他退出談判，是怕他過於強硬，乃至在談判中誤事。這當然是小孩子都不會相信的理由，甚至連伊里布本人也不信。要知道耆英曾多次警告張喜不要「孱頭」，張喜甚至不得不在初次與英方接觸時有所「表演」。更何況，張喜並非冒失鬼，沒有人比他更懂得談判中所要掌握的輕重火候了。

有一種說法，認為耆英是受了英方的欺騙，因為在重開談判後，馬儒翰讓人交給耆英一個照會，上面糾正了「誤會」：所謂第二天早上你們不給回音，我們就要開戰的說法，恐怕是誤傳，沒有這個事。

有人就此說，耆英受騙後遷怒於張喜，才會勒令他出局。可這完全是一個站不住腳的論斷，畢竟那一輪談判還有塔芬布等六人在場，耆英完全可以從他們那裏得到真相，而馬儒翰之所以改口，其實也很簡單，無非是為接下來的談判營造一個和緩點的氣氛而已。

真實的原因，張喜知道，伊里布也心知肚明，要不然他當時就不會帶著怒氣說話了。

一言以蔽之，耆英覺得可以拋開張喜了。

耆英說過，他對張喜是又愛又怕，愛的是張喜口才過人，思維敏捷，「極品家丁」在這方面的能力，連幾個所謂成名的大吏都遠遠不及。當然，這個「愛」有一個前提，那就是要為我所用，偏偏張喜又不願拋棄故主，攀龍附鳳，所以又有了「怕」。

耆英表面上說，他怕張喜性情過於剛烈，會因此誤事，其實不過是怕張喜成功——張喜成功，也就是伊里布成功，伊里布成功，他耆英的位置該往哪裏擺？

黃恩彤首次作為代表參加談判，在耆英看來，似乎並沒出現什麼差錯，英軍也未再威脅動武，他就很果斷地選擇了讓張喜靠邊站。

張喜自踏入社會以來，可謂飽經世間風霜，很多事他都看淡了，也不會放在心上。要知道，在這個世界上，嫉賢妒能到哪裏都一樣，當年他在雲南，踩他的人還不是一個接一個。他感到格外憤慨和不平的是，國事也為此受到牽連，最後幾輪的談判過程和結果「軟」得一塌糊塗：黃恩彤在英國人面前除了懦弱就是畏懼，幾乎形同泥塑木偶，沒有絲毫機變和主動性可言，差不多就是對方說什麼，他認可什麼。

一八四二年八月二十九日，中英在南京江面的英軍軍艦上達成《南京條約》，內容共八項十三款，其中英方作出讓步的僅僅賠款減免一條，也就是首輪談判中張喜力爭的那一條。

緊接而來的，還有道光的賞罰。兩江總督牛鑒被解送京城問罪，其職務由欽差大臣耆英替補，伊里布擢升廣州將軍，以新的欽差大臣身分前往廣東辦理善後。三大吏所保舉的文武官員，包括黃恩彤、塔芬布也皆得封賞，而這裏並沒有「第一功臣」張喜——耆英早就忘記了他曾信誓旦旦對張喜作出的承諾，所謂了不得的大人物，果然都是些得了健忘症且擅長過河拆橋的薄情寡義之輩。

天地一沙鷗

南京事了，伊里布希望張喜隨他一起去廣東。張喜婉拒：「我的父母雙親年紀都這麼大了，我不會再遠行。」

伊里布意識到張喜可能是因賞罰不公，心裏有氣，才做如此說法，便暗示南下廣州後，可以由自己作主為張喜討賞，但他這麼一示意，反而大大刺激了張喜的自尊心。

張喜的態度變得堅決起來：「人各有志，不能相強。古人說：『三軍可奪帥，匹夫不可奪志。』我此次南下，非為功名，您難道認為我是一個為區區微名就甘冒大險的人嗎？」

伊里布一時語塞。他轉換了一下口氣，對張喜說：「你即使不願隨我去廣東，也應該為自己找一個更好的去處。」

伊里布所說的這個去處是浙江。浙江巡撫劉韻珂對張喜非常器重，想留他在浙江專辦「洋務」，並且表示只要張喜肯去浙江，薪水多少，完全不成問題。

張喜搖了搖頭：「劉大人器重我，為的是公事，現在公事已了，就不必去了，而且『財祿』二字，非我所願。」

兩人談到這裏，連伊里布都有些看不懂面前這個曾經的老家丁了：「你不要財祿，又不圖功名，那你要的是什麼？」

張喜推心置腹：「我當初南下，第一是了結洋務，以報國家；第二是保全江浙，以救百姓；第三，是如您所說，洗刷過去在浙江的冤屈，以不負主人的知遇之恩。現在這些心願都實現了。此外別無所求。」

伊里布顯然並不完全相信張喜的這番表白，或者他根本就不願意相信張喜有如此境界，便戲謔地說了一句：「莫非你是要學魯仲連嗎？」

魯仲連是戰國末期的辯論家，以為人排難解紛而不索取回報著稱。張喜連忙說：「跟先賢相比，我才能實在平庸，也沒有那麼高尚，只不過我喜歡簡簡單單罷了。」

張喜要走了。主僕二人依依惜別。

張喜曾經勸伊里布也不要去廣東。伊里布問為什麼。張喜說：「既登彼岸，豈可再投苦海？廣東是『洋務』最複雜的地區，很難弄，老大人你也已年逾古稀，一把年紀了，能退就退吧。」

當時伊里布聽了心裏很不高興。說到底，他們還是兩條道上的人，伊里布歲數再大，也斷不了功名利祿之想。

不過，在分別的這一刻，伊里布擔憂的並不是他自己。他問張喜：「這次回去，你是做幕僚還是轉業？」

張喜回答：「無論做哪一行，都是以後的事，再說吧。」

伊里布頗不放心：「那家裏生活能過得下去嗎？」他知道張喜雖跟隨自己多年，但積蓄並不多。

張喜笑了笑：「窮是窮一點，卻沒有過不下去的道理。」

聽了這句話，伊里布閉起眼睛，只是搖頭歎息不止。

伊里布送給張喜盤纏一千兩，這應該就是他南下的全部酬勞。張喜將其分成三份，一份留作贍養父母之用，一份贈給舊同事、舊相識以及一些老朋友，最後一份在南京買書，並載之以歸。

這就夠了。飄飄何所似？天地一沙鷗。

張喜從此隱居鄉里，既未當幕僚也沒轉做別的行當，窮歸窮，但窮有窮的過法。他一直無兒無女，古人云「不孝有三，無後為大」，所以五十歲的時候又娶了個妾，結果連生兩個兒子。鄉人皆道，張喜功高而不得賞，誠為憾事，這是老天爺覺得過意不去，在冥冥中賞賜了他。

與「南京條約」有關的三大吏則各有不同的命運走向。第一個，牛鑒。他被刑部以「貽誤封疆」罪判處死刑，但是河南百姓不忘舊恩，不僅為其修造生祠祈禱，還聯名寫信給朝廷要員，請其代奏皇上以求赦免牛鑒。道光允准釋放，仍將牛簽發回河南效力。

當牛鑒到達河南省境內時，沿途受到了當地百姓的熱烈歡迎。路上人多到連車子都開不過去，男女老少爭著擁上前去，都想親眼看一看牛鑒長什麼樣，有的人甚至激動得哭了起來。那種場面，幾乎就是現在天皇巨星才能得到的待遇。

第二個，伊里布。伊里布以廣州將軍兼欽差大臣前往廣州，但那裏的情況正如張喜所預計，一團糟。一方面是民心不服，粵人對「南京條約」不滿，常欲「舉義兵復仇」，而另一方面則是「夷情狡橫」，洋人更不賣帳，處於夾縫之中的官委實難當。伊里布時年已經七十一歲，正是頤養天年的時候，卻整日處於憂慮驚怕的氛圍之中，無論身體還是精神都經受不起，沒幾個月便病死了。

三大吏裏面，最得意的是耆英。自從簽訂《南京條約》後，他似乎覺得「洋務」不過如此，竟然有了點駕輕就熟的意思。此後，在他的主持下，又一口氣簽訂了《中英虎門條約》、《中美望廈條約》、《中法黃埔條約》。

後代史家在評論這些條約時都不住歎息。如果說《南京條約》是在槍炮的威脅下不得不簽的城下之盟的話，這一系列條約其實都是沒有必要簽的，基本全屬於糊塗條約。近代對中國影響較大的不平等條款，諸如片面最惠國待遇、領事裁判權、協定關稅權，皆出自於「糊塗條約」，等於自己給自己脖子上套上了一條條繩索，其嚴重程度遠遠超過了《南京條約》。

這些條約的具體內容，耆英很少向道光請旨，大部分都是他自作主張，大筆一揮就算通過了，等條約簽完了，再斟酌字句，編一套漂亮話上報皇帝。這時的道光也從一個極端滑到另一個極端，既然打已無力，前線又必須依靠耆英與「夷人」談判，他也就只能以糊塗對糊塗。對他來說，能把「夷人」安撫住，不要打仗，那就最棒了。於是，在耆英所上奏摺裏面，全都是道光的朱批：「所辦甚好」或者「辦理均合機宜」，其實他可能從來沒有認真看過送上來的那些條約鈔本。

皇帝不細看條約尚可以理解，事情的不可思議之處就在於，耆英和參與談判的那些官員對條約的內容也不甚了了。他們沒有一個人屑於像當年的張喜那樣，推敲一下文字，或者跟對方討價還價，在所有談判中，甚至連爭論兩句的鏡頭都很少能夠見到。

耆英之輩對洋務和談判秉持的原則是：只可粗枝大葉去畫，不必細針密縷去縫。毫無疑問，對他們來說，「細針密縷」的事只有張喜那樣的人才會去做，而如今這位出身或許卑下，但心靈一點也不低微的高士正深處陋巷，斯人寂寞。

耆英有多糊塗，洋人就有多精明，他們談判前都指定耆英為談判對象。這使得耆英在國內水漲船高，儼然被捧成了一個「外國通」，連道光也另眼相看，稱其「有守有為」。可是假的總有露餡的時候，到第二次鴉片戰爭爆發，英國人反過來覺得耆英不老實，沒有把他們的要求一五一十地彙報給中國皇帝，因此拒絕與其談判。

耆英狼狽地跑回京城，被咸豐帝大罵一頓，說他無才無能，這令一貫自我感覺奇好的耆英受不住了，回家後他手書一聯，上云：「先皇獎勵有為有守，今上申斥無才無能。」如此對聯，自個看看，解解氣也就算了，這哥們不知道腦袋裏哪根筋壞了，竟然堂而皇之地將其掛於客廳正中。

咸豐就像他老子一樣，正被英國人逼得上天入地呢，聽到之後還不得氣得發瘋，當即賜令耆英自盡。

生活開了一個多麼荒誕的玩笑，最得意的變成了最悲慘的，假如消滅了中間的時間過渡，其實就是一瞬間的事。

所以不要在乎我們曾受到的不公。做一個簡簡單單的尋常百姓實在很好，獨釣江渚，秋月春風，一切都是笑談，一切亦不過是過眼雲煙。

第八章 夜深沉

第一次鴉片戰爭，以英國大獲全勝而告終，連美國和法國都從中沾了光。英國人如此評價，中國被一個女子征服了，這個女子指的當然是維多利亞女王。

有一段時間，道光非常想揭開對手的真面目。得知奕經靠「黑水黨」抓到了英國俘虜，他曾專門發去諭旨，讓奕經對俘虜進行審訊，並提出了一大堆問題，其中有一個就是關於維多利亞女王的。

道光了解到英國女王時年才二十二歲，感到非常驚異。二十二歲，他在幹什麼呢，或者在室內規規矩矩讀書，學習聖人經典以及治國理政的方略，或者在室外苦練射術，鍛鍊騎兵打仗所應具備的技能，直到十多年後，經過種種考驗，他才正式走上帝位。

這個女孩子，究竟有何德能，如此年輕就能被推為一國之主，她的經驗和韜略都是從哪裏得來的？為什麼竟能把自己打得連招架之功都沒有？

置身於中國這個男尊女卑的傳統社會，道光打破腦袋也想不出個所以然。他懷疑維多利亞女王的背後是不是有一個強大的男人，那個人才是他真正的對手，因此他要奕經設法弄清楚，女王的丈夫叫什麼名字，哪裏人，在英吉利擔任什麼職務。

不知道奕經後來有沒有審出來，反正隨著英軍逼近南京，道光已經沒有興趣也沒有時間再去理會這些了。再後來——那其實是過了很多年後的事，有人從紫禁城的皇家倉庫裏翻出了一張世界地圖，那是道光的高祖父康熙帝讓外國傳教士給他繪的，上面赫然就有英國。可是即使道光看到這張地圖又有什麼用呢，反正要打還是打不過，再多說一句，要是康熙當年就重視英吉利，還至於子子孫孫被人家擠對到這個份兒上嗎？

不去打聽，或許還能減掉一點痛苦。

紅白臉譜

可是痛苦還是來了，你不找它，它自己來。耆英就南京談判發來的奏摺，與其說是請旨，不如說是轉達英方的威脅更合適，而道光也再不可能像當初對待琦善那樣，一拍桌子，說你這混蛋，還敢滅自家威風，長他人志氣，失心瘋了你。

退朝之後，道光一個人背著手在便殿的臺階上走來走去。雖然遠在京城，但他分明看到，那個垂頭喪氣地坐在南京城內，低頭簽字畫押的人，正是他自己。

為什麼我要承受這樣的難堪，為什麼要這樣逼我？

道光很清楚，批准《南京條約》對他來說意味著什麼，那不光代表著他敗給了一個看起來乳臭未乾的異域女孩，還代表著他不再是有道有為的一代明君，他原來也那麼平庸，那麼普通，那麼不值一提。

情緒翻湧處，有一種痛可以讓你痛到鑽心。他這個皇帝，自即位以來，恨不得省下每一兩銀子，恨不得把除睡覺吃飯以外的所有時間都用在公事上，他已竭盡全力，換來的卻是這樣一種結果。

這個上半夜，道光就那樣在便殿徘徊，腳步似乎一直都沒停下過。隨侍們不敢前去打擾，但是仍能清晰地聽到一聲聲歎息。

已經五更天了，接近後半夜。隨侍忽然聽到道光頓足長歎一聲，接著便飛快地走入殿中。他坐下草草地寫了一封信，隨後將其封起來，交給隨侍：「等穆彰阿來軍機處上班，你就把這個交給他。」

在道光生平寫過的無數信中，這大概是最讓他無奈的一封。因為這就是他讓軍機處轉寄耆英的那份諭旨，在上面，道光用朱筆親手寫下了「各條約准照議辦理」幾個字。

這幾個字毫無疑問代表著屈辱，可他不能不寫。否則，戰爭就不會停，還會繼續蔓延，其利害將不僅限於江、浙等省，最終還會關係到「數百萬民命」，他必須對祖宗留下的江山社稷，對數百萬臣民有個交代。

這一刻，快樂和自信從此離道光遠去。

英軍退出長江的消息一傳出，道光就即刻下令沿海各省撤軍，以節省浩繁的軍費，但也同時要求各省盡快修築海防工事，提高戰備能力。

他終於弄明白了。在鴉片戰爭之前，大清國的戰事，包括他親自指揮過的張格爾戰役，主要集中在西北內陸，海戰海防上可以說一片空白，突然要和世界第一海上強國作戰，相當於倒數第一和第一掰手腕，能不吃大虧嗎？

事實也是如此，在鴉片戰爭中，中英軍事差距最明顯的，就是海上攻防，那些水師戰船在英國軍艦面前，幾乎跟玩具船差不多。

趕快提高自己的海戰能力吧，可問題是能力這東西，不是你想提高就能馬上提高的。

奕山在廣州仿造了一艘「軍艦」，然後向道光奏報，請求停止再造那些水師戰船——造了也沒用，這些破玩意，連跟英國海軍當面比量一下的機會都沒有。有錢，不如跟我一樣，拿去仿造「軍艦」。

道光對這個建議很重視，他讓奕山把仿造圖紙貢獻出來，給閩浙蘇三省官員作參考，最好能每個省都像廣東那樣擁有自己的「軍艦」。

然而造軍艦這東西可不是過家家，英國軍艦的製造已經進入了近代化工業行列，大清國的那點小作坊要造軍艦，就跟在說個並不好笑的笑話一樣。實際操作中，「內地匠役往往不得其法」，奕山自己的仿造的也基本是個四不像，更別說給別人示範了，再加上經費不足等問題，只能不了了之。

造軍艦無果，洋槍洋炮怎麼樣呢？

自鴉片戰爭以來，大家都領教了洋槍洋炮的厲害。耆英成為「外國通」後，對洋人的新玩意倒也極有興趣，有一次曾給道光送來一支擊發槍。道光自己在射擊和武器使用方面是行家裏手，他親自試了一下，發現比鳥槍好用了不知多少倍，於是連連稱讚「絕頂奇妙，靈便之至」。

可是當談到是否要仿造一節時，他又想到了仿造「軍艦」的失敗，說這東西我們弄不出來的，到時「必成望洋之歎」，還是省點勁吧，免得氣大傷身。

從以前整治陋規的受挫，以德治國的尷尬，再到現在鴉片戰爭的失敗，都讓道光覺得自己好像是置身於一所大房子裏。這所房子太久太舊了，不是東邊倒塌，就是西邊剝落，但你想拆掉蓋一座新的，一時之間又談何容易。別說他做不到，即使康熙、乾隆這些英武的祖先也做不到，因為那等於重建一個帝國，最壞的結果就是，新的沒建起來，舊的卻已片瓦不存。

改造需要足夠的時間、耐心，以及思想和財力上的準備。以當時大清國的財力狀況和社會整體思維水準，要想蓋出一座新房子，也根本是不可能做到的事。道光的應對辦法是，隨時黏補修理，以保持一律整齊，而不聽任其遭到破壞。

修理房屋，皇帝只是一個主持者，真正依賴的還是下面所選用的這些官吏。道光用了個典故，叫「曲突徙薪」。這個典故說，廚房灶旁應該少堆柴火，煙囪也要改建成彎的，這樣可以防止火災的發生。

此後，道光在送官吏赴任地方時經常要提及「曲突徙薪」，意味很明顯，就是防微杜漸，你們發現哪裏有問題，就要及早出手，不要等到火光沖天了才來跟我講，那時候房子早就燒著了，我還能有什麼辦法呢。

在道光看來，鴉片戰爭就是一場突如其來的禍患，而這場禍患的發生和蔓延，都是因為當事者處置不當所致。每次談到這裏的時候，他無不是悔恨交加，諭旨裏盡是「忿恨難言」、「忿懣之至」的句子。有一次，道光甚至當著大臣的面就「握拳捶心」，拿著拳頭敲打自己的胸口，一副痛不欲生的表情。

道光言有所指，他認為林則徐對此負有責任，而讓他後悔和憤恨的也都是同一件事，那就是「用人不明」，在禁煙上錯誤地重用了林則徐。

道光曾逐一追究鴉片戰爭中表現不佳的大吏和將帥，除將牛鑒投入大獄外，又將奕山、奕經等人一個不少地送上刑部大堂，而且所判處刑罰都嚴厲到極點，即斬監候，等於死緩。

但是等到心緒平和下來，道光又選擇了原諒。因為他逐漸明白，這些人並不都是廢物渣子，你換一個，其實效果也好不了多少。

沒過多久，牛鑒等人便被一個個地放了出來，而且照舊重用。這裏面，也包括最早的「主撫派」琦善和「主剿派」鄧廷楨，反正不管你們以前說過什麼，做過什麼，我都知道你們是不得已，也不容易，所以都可以官復原職。

道光對官員的評價也變得客觀起來。他說琦善聰明絕頂，出任疆臣多年，什麼事都辦過，包括這次「夷務」，經歷過也算有經驗了，相信以後官會做得更好。

道光唯一不能原諒的就剩下了林則徐。當初，他曾滿懷希望地賦予林則徐以重任，可正是由於林則徐的輕率和魯莽，招致了鴉片戰爭以及後面連續不斷的麻煩，給他的後半生留下了滿滿當當的失望和創痛，這讓人情何以堪。

林則徐一直未能得到釋放和起用，道光甚至不想再提這個名字。在召見從伊犁回來的鄧廷楨時，他倒是難得想到了同在伊犁的林則徐，不過說的是：「我用錯了人。」

相對於道光的恨恨不已，林則徐的聲譽卻達到了頂點。這一方面緣於「虎門銷煙」在海內外造成的影響，另一方面不得不說，與林則徐後期沒有正面與英軍交鋒也有關係。沒有交鋒，也就沒有失敗，英雄形象自然就可以長久地維持下去。林則徐對此頗有自知之明，在獲悉牛鑒、奕經、奕山等人均被判斬監候，特別是浙江巡撫余步雲人頭落地後，他連稱僥倖，認為自己流放伊犁，天天處於「雪窖冰堂」之中，苦是苦了一些，但比較這些同行，已經是不幸中的萬幸了。

可是外界並不這麼認為，大多數人只要一提到林則徐，就會理所當然地把他跟當年的岳飛聯繫起來，認為朝廷若是能對這些民族英雄放手使用，何愁外夷不滅？《南京條約》的屈辱結果，則更助長了這種情緒，在朝野輿論中，也以是否挺林則徐劃界，呼籲林則徐復出的，自然是忠臣，對林則徐復出持消極態度的，便是奸臣，一如京劇舞臺上的紅臉和白臉。

這時曹振鏞已死，他死後五年，鴉片戰爭才打響——「模稜宰相」簡直就是個「福氣宰相」，敢情裝萌賣傻一輩子，什麼苦都沒吃過。頂替他的穆彰阿就不一樣了，他也想在這些事上「模稜」，但做不到啊，起碼皇上寫好的諭旨，總得經你手發出去吧。

大家不敢編排皇帝的不是，所有的火氣都發到了穆彰阿身上。在這種情況下，他就是躺著也得挨槍，所以自從鴉片戰爭開始後，穆彰阿的名聲真是糟透了，「舉世皆惡之」，像《南京條約》、林則徐被貶遭流放之類，全都歸罪到他一人，幾乎就是奸佞中的奸佞，整個一臉上塗著白粉的大反派。

讓穆彰阿最為頭疼的，還是他在軍機處的同事王鼎，由此還釀出了一場慘劇兼鬧劇。

最後一次努力

王鼎是個非常正直的官吏，其廉潔程度甚至超過林則徐，生平從不肯幫人走後門，也不走別人後門，死的時候家無餘財，這在陋規盛行的官場十分罕見。

王鼎和林則徐是摯友，他們屬於那種不帶有任何私人利益關係的君子之交。

就在林則徐被判充軍伊犁的前夕，黃河再度決口，殃及河南、安徽各省。王鼎奉命前去實施堵口工程，他知道林則徐熟悉河務，有治理黃河的經驗，便乘機上疏將林則徐留下來充作自己的助手。

林則徐協助王鼎，耗時八個月，眼看著黃河就可以勝利合龍了。王鼎因此被晉加太子太師，其餘出力人員也都得到了大小不等的獎賞，唯獨林則徐被冷落在旁。

王鼎為此一再上書道光，讚許林則徐的功績，要求給林則徐一個機會，讓他將功贖罪，免戍伊犁。朝廷未有答覆，王鼎認為已經心中有底，便高高興興地請大家吃飯，還特意讓林則徐坐在首席。這時聖旨到了，但是來使說，皇上交代過，現在不能宣讀，必須在合龍的那一天才能公布。

王鼎更加定心了。他認為這是道光的用意所在，要喜上加喜，將合龍與開釋林則徐一道慶祝。第二天，黃河合龍，宣讀聖旨：「林則徐於合龍後，著仍往伊犁。」

王鼎大驚失色，倒是林則徐本人鎮靜自若，像沒什麼事發生過一樣，然而林則徐的態度反而使王鼎更加難過，覺得對不起朋友。當兩人道別時，王鼎哭得跟個淚人似的，從這個時候起，他開始不顧一切地為林則徐申冤叫屈。

執意要貶黜林則徐是道光的意思，但王鼎不可能直接對著皇帝來，他只能先找穆彰阿算帳。

王鼎自己雖然也是軍機大臣，然而職權有限，若是穆彰阿能站出來為林則徐說上兩句，憑他的首席軍機大臣身分，林則徐的處境無疑要好得多。可是穆彰阿沒有這麼做，他當然不是與林則徐有什麼特別的過節，而是因為他的生存之道就是混，說話辦事都要看道光的臉色，道光說不饒林則徐，他只能照辦不誤。

王鼎恨就恨在這一點上。每次碰到穆彰阿這個「奸臣」，他都要指著對方的鼻子大罵一通。穆彰阿不予爭辯，王鼎還追著不放：「你嘴裏塞襪子了呀，怎麼我說話你聽不懂嗎？」

穆彰阿知道王鼎的脾氣，只能強裝笑臉，敬而遠之，見到了都繞著走。某日，道光同時召見兩人，這下繞不開了。當著道光的面，王鼎也絲毫不給穆彰阿面子，支起炮架便轟：「林則徐那樣一個賢人，你為什麼要把他流放到新疆去，我看你簡直就是宋朝時的秦檜，明朝時的嚴嵩。你個大奸臣，王八蛋，我看天下事，都要壞在你手上了。」

穆彰阿默然無語。道光坐不住了，因為諭旨是他下達的，穆彰阿不過是經個手而已。我人不在這裏也就算了，我在這裏你還這麼罵，不是在指桑罵槐嗎？

沒錯，王鼎是有那意思，他一半是講給道光聽的，穆彰阿不過是被他拿來當了塊墊腳石。對著這麼一個天不怕地不怕的人，道光也沒什麼辦法。他定了定神，勉強擠出一絲笑容，對王鼎說：「你今天是不是喝酒了，我看你有些醉了。」不由分說，讓內侍將王鼎扶出，其實就是強拉了出去。

見道光不敢拿他咋地，王鼎一不做二不休，第二天，他拋開穆彰阿，在廷上就向道光直諫，要求赦免和重用林則徐。這下道光真的發怒了，敢情你是給臉不要臉啊，給我閉嘴！

見王鼎還在滔滔不絕，道光忍無可忍，站起來一拂袖子，就要起駕回宮。

王鼎氣血上湧，竟然上前就要拉皇帝的衣服——龍袍當然不是你想拉就能拉的，那些內侍們是幹什麼吃的。

王鼎失望了。

想到林則徐將永久地在邊疆含冤受苦，這個正直的人便無法忍受，他決定以自己的生命為代價，作最後一次努力。

穆彰阿得知，王鼎突然懸樑自盡了！

他的反應先是一輕鬆，然後覺得不對勁：這王鼎是個死心眼的貨色，他不是要學古人屍諫吧？

軍機章京陳孚恩第一個去王鼎家裏探看。他是穆彰阿的死黨，回來後，給穆彰阿帶來一份王鼎生前留下的最後一份奏摺，也是遺書，上面果然寫著要以一死來彈劾穆彰阿，保舉林則徐。

穆彰阿看了一頭冷汗，狠人啊，死了都要咬我一口，我招你惹你了。

穆彰阿別的不怕，就怕道光拿到這封遺書後，會因頂不住外界的壓力，把他推出來應付輿論，那他穆彰阿就真成冤大頭了。

雖然遺書拿了過來，但是王家人顯然已經知道了遺書的內容。穆彰阿想了想，把王鼎的兒子找來，勸他說：「你老爸衝撞了皇上，皇上現在還在發火，你要是把這道遺書送上去，那皇上就更沒面子了，到時候朝廷可能連撫卹金都不會發，你作為他的兒子也會跟著倒楣。」

王鼎的兒子膽小怕事，覺得穆彰阿言之有理，一時不知如何是好。穆彰阿說：「你不要怕，我給你張羅。」

穆彰阿自己掏了一大筆錢給王家，算是封口費，讓他們隱瞞自殺一節，只說王鼎是「暴卒而亡」。為了把事情做得更像一些，他還親自給王鼎寫了墓誌銘，裏面當然是春風化雨，不會涉及一點兩人之間的矛盾衝突，不知道的看了，還以為他們是相交多年，相知相重的老朋友哩。

遺書還是要送給道光看的，不過已經換了一稿，那是穆彰阿讓手下門人寫的。這道光也不好糊弄，他覺得奇怪，一個軍機大臣怎麼說死就死了，懷疑遺書作偽，不過在派人去王家看過後，並沒找到什麼疑點，也就不了了之，該撫卹的撫卹，該嘉勉的嘉勉。

穆彰阿卻為此留下了心病。事發後，他讓陳孚恩到處宣傳，說王鼎乃重病而亡，但小道消息還是不脛而走，有些人免不了竊竊私語，當八卦一樣地傳來傳去。

穆彰阿很著急。有一天，他在軍機處問陳孚恩：「王鼎身故那件事，我聽人講還有別的情況，陳兄第一個去王府探看，一定是了解真實情況的，能不能說說看？」

陳孚恩沒想到穆彰阿當眾有此一問，完全沒有心理準備，支支吾吾答不上來。在座的其他軍機大臣更是相顧愕然，不知道穆彰阿在演什麼把戲。

陳孚恩回家後，越想越不對勁，心說這穆彰阿明明知道真相，還要這麼來問我，到底是什麼意思，難道他是怕犯欺君之罪，想殺人滅口了？

想到這裏，陳孚恩冷汗直冒，不知如何應對。你說到道光那裏告發穆彰阿吧，王鼎留下的遺書已經被穆彰阿拿去銷毀掉了，要告也沒證據，而且穆彰阿是首席軍機大臣，位高權重，不是他一個章京就能隨隨便便扳倒的。

要不，也來個自殺，以向穆彰阿表明心跡？可是看看家裏面，葡萄美酒夜光杯，老婆孩子一大堆，哪個也捨不得丟下。

正在發愁，忽然聽到說朝廷對他打賞。陳孚恩明白這是穆彰阿的功勞，趕緊前往穆府道謝，一進去後就長跪不起。

穆彰阿對他說：「昨天我給你講那番話，是為了以正視聽，制止謠言的散布。可你為什麼不回答啊，嚇死我了。你要是說了，就可以把眾人的嘴給堵住。」

陳孚恩這才恍然大悟。

「我以為您是要責怪我呢，所以才吞吞吐吐，其實我也是很願意為您制止謠言的。」兩人你看看我，我看看你，都笑了起來。原來陳孚恩回家後，穆彰阿同樣怕得要死，擔心陳孚恩會去道光那裏告發，所以才急急匆匆地去給陳孚恩討賞。

除了王鼎這麼一個老愣頭青，朝中諸臣都心知肚明，要找林則徐彆扭的是道光本人，只要道光不鬆口，林則徐就必須在新疆繼續過他的「雪窖冰堂」生活，所以王鼎究竟是怎麼死的，幾乎沒有一個大臣不知道內幕，但沒有人會傻到像王鼎那樣自討苦吃，自找不是，穆彰阿的擔心實在很多餘。

雖然道光並不知道王鼎是要以自殺來實施屍諫，但輿論對林則徐完全一邊倒的支持，不能不對他的思維和決策產生影響。在王鼎死後三年，實際也是鴉片戰爭結束後三年，道光發出諭旨，宣告結束林則徐的流放生涯。

按照慣例，林則徐需要進京請訓，就像鄧廷楨他們一樣，但是僅僅兩個月後，道光就改變主意，命其不必來京，而直接以三品頂戴暫代陝甘總督。從這之後，一直到道光去世，君臣二人都再未見過一面。

或許道光是害怕因此想起鴉片戰爭前他在京城召見林則徐時的情景，那足以再次觸動他內心深處最敏感的神經。

在很多時候，時間的確是一劑良藥，然而並不能包治百病。

兩年之約

在很大程度上，道光重新起用林則徐是被輿論所逼，他不會再像從前那樣視林則徐為「天下第一能吏」，尤其是跟洋鬼子打交道的廣州一帶，再不敢派林則徐前去。

儘管簽訂了《南京條約》，但廣州方面的交涉仍是朝廷要面對的最大難題。洋人得了便宜還賣乖，沒事老是要過來串門，道光對此是既恨又怕。恨就不要說了，怕的是他既無能力也無把握組織反擊——連「夷船」和洋槍洋炮都仿造不出來，會打成什麼樣子，可想而知，就不要去白白浪費銀子了。

現在誰能夠在廣州辦好洋務，把洋人們堵在門外面，誰就毫無疑問是道光心目中的能吏。先是伊里布，去了之後內外交逼，沒幾個月就給活活累死了。接著再派耆英。耆英吸取伊里布的教訓，在廣州實行的是「民夷兩安」政策，說穿了，就是走平衡木，一方面盡可能安撫內部，另一方面避免與洋人發生爭端。為了達到後面這個目的，他除簽了一堆「糊塗條約」外，還不忘跟洋人說好話，套近乎，有時甚至做到很肉麻的程度，據說他給英國公使寫的私信，語調和用詞跟情書差不多。

對「糊塗條約」的嚴重性，限於文化的隔閡，道光對很多地方不明就裏，他只知道自《南京條約》後，他沒有再割地賠款，而且局面相對穩定，這就不錯了。

一八四五年三月，時任兩廣總督的耆英被授以協辦大學士，終於到達了一個被道光充分信任和看重的高度。

可是耆英的平衡木也沒能玩太久，確切地說，僅僅幾年。

鴉片戰爭前，英商都集體居住澳門，要發貨賣東西須通過廣州的「十三行」代理，他們自己不能擅自進入廣州。鴉片戰爭後則完全不同，按照《南京條約》的規定，「十三行」的壟斷特權被予以廢除，英國人不僅可以自由貿易，還能正式進入廣州。

英國人要進來，廣東人不讓進來。耆英到廣州後，璞鼎查曾要求入城，耆英一看，老百姓鬧得太凶，根本不敢答應。之後璞鼎查拿到「糊塗條約」，得到了更多好處，也就沒有再強逼下去。

兩年之後，英方代表換成了公使德庇時（即第二任港督戴維斯爵士）時。德庇時舊事重提，耆英仍然一推再推。這次人家不幹了，說你既如此不守信用，那我們就一齊賴皮，不讓我進廣州是吧，那好，定海你也別想要了。

耆英無奈之下，只得跟德庇時簽了一個《歸還定海條約》，明確承認英國人有入城權利。可是德庇時聰明過頭，他忘了在條約上加個時間限制，這就給了耆英繼續拖下去的藉口。

德庇時是個漢學家，研究中國多年，號稱「比中國人還了解中國」。他深知這個東方國家的弊病所在，耆英以為可以搞定的事，他卻有辦法讓耆英搞不定。沒過多長時間，有幾名英國人在佛山遭到百姓襲擊，德庇時便以此為由，派英軍進入虎門炮臺，「毀炮樞而塞炮眼」，並且還做出了要再攻廣州的樣子。

眼看著鴉片戰爭似乎要重演，耆英驚懼萬分，被迫向德庇時發出照會，同意在兩年後踐行條約。這個照會讓耆英從「民夷兩安」中清醒過來。兩年看似很長，其實一眨眼的工夫也就到了，到時難保「粵民」不挑事，挑完了事，英人再動武，皇上再怪罪，自己還是得吃不了兜著走。

耆英不是張喜那樣可退可進的小老百姓，你讓他「富則妻妾成群」可以，要他「窮則獨善其身」就免了。倒算著日子，耆英越來越焦慮，他開始讓人在京城活動，以便遊說道光，好將自己調回北京。

在道光方面，儘管他對耆英的表現總體感到滿意，但耆英在廣州的一再示弱舉動，在他看來並不是什麼光彩的事，所以也有把耆英暫時換下來的打算。有人一提議，他也就順勢答應下來。

耆英在調走之前，讓他傷透腦筋的，除了「兩年之約」外，還有一個「黃竹岐事件」。

早在鴉片戰爭前，英商艦船從廣州周邊駛過時，英國商人和水手們就經常上岸，權當散心。只不過那時候，這幫人尚知收斂，不敢搞得動靜太大，鴉片戰爭結束後，則明顯變得趾高氣揚，少了很多約束。他們有的駕著小舢板，有的雇用當地人的小艇，看到叢林密集處，便提著槍登岸打麻雀。

一開始，沿途村民並沒多大敵意，僅僅覺得好玩，大人小孩都在旁邊圍觀，一邊看，一邊嘴裏免不了還要唧唧喳喳說笑幾句。這本來也沒什麼，國人愛瞧熱鬧那是一貫如此，何況你在我的地盤裏，難道我看兩眼也不成？

可是洋人不這麼想，他們最煩別人在旁邊說三道四，特別是有時槍都瞄準好了，給周圍人一起鬨，結果放了個空炮，鳥雀飛得無影無蹤，好不掃興。更有甚者，由於雙方語言不通，村民的說笑有時還會被洋人誤會，認為是在嘲弄他們，於是反唇相譏。

這種吵架當然是吵不出什麼名堂的，因為只能看到對方的表情，卻聽不懂語言。洋人一著急，舉起槍對準村民，做射擊狀，村民害怕了，一哄而散。久而久之，大家對這些洋人都非常痛恨，紛紛在村口設置柵欄，不允許他們進入。

黃竹歧村位於廣州城西，村外有一座密林，給艦船上的洋人發現了，於是相率登岸，並強行闖入了柵欄。村裏的婦女突然看到這些高鼻子藍眼睛的不速之客，嚇得大叫起來。遇到這種場面，照理你得迴避，可船上的洋人們沒有一個是紳士，全是常年漂泊在外的冒險家，見此情景，一個個都咧開大嘴樂了。

覺得還不過癮，他們又端起槍，這裏指指，那裏晃晃，做著種種要開槍的動作。其實是想搞個惡作劇，卻因此給自己惹來了殺身之禍。隨著一聲鑼響，頃刻間，不僅黃竹歧村的人全部聚集過來，連鄰村村民也都吶喊著過來援助。

幾個哥們從沒有領教過這種陣勢，趕緊把槍端好，以為這樣可以將圍上來的人群嚇退，孰料反而更加激怒了村民。眾人撲上來，你一拳，我一腳，一會兒工夫便將被圍住的六個洋人給揍了個稀巴爛。

打死了人，而且打死的還是洋人，這就出大事了。村民們趕緊把洋人的屍首綁上石頭，沉到村外的河裏，給它來個毀屍滅跡，但洋人被殺的事還是沒逃過德庇時的耳目。此君一躍而起，要求耆英查明事由。

耆英不敢怠慢，即刻下令巡捕限時破案。巡捕招募有經驗的漁民，從村外的河裏面把幾個洋人的屍首給撈了出來。耆英本以為自己的「高效破案」可以讓德庇時滿意，不料反給德庇時繼續糾纏提供了證據，後者得理不饒人，愈加步步相逼，聲言要再次從香港調兵殺入，並將黃竹岐村焚之一炬。

這時包括黃竹歧村在內的各個村莊也正鬧得沸沸揚揚，有譁然而起之勢，可以說兩邊都不服氣，都在頂著牛。耆英焦頭爛額，這時正好新任廣東巡撫徐廣縉到達廣州，耆英便把這個燙手活移交給了徐廣縉。

徐廣縉坐堂，以大清律法來審案。他對德庇時說，按照我國法律，殺人者償命，這是毫無疑問的，不過那也是以一命抵一命，不可濫殺無辜，再說，你們洋人對此也負有責任。之後，徐廣縉把黃竹歧村的士紳找來，強調殺人就得接受王命國法。經過訊問，逮捕十九名村民，其中四人為直接殺人者，按律判以死刑。

各村覺得這麼做尚在尺寸之中，然而德庇時不肯甘休，還在那裏嚷嚷著要把黃竹岐村一把火燒掉，說是不這樣做的話，以後水手們上岸就沒安全感了。

耆英照徐廣縉的方子抓藥，他讓廣東全省知名士紳聯名出了一份公約，與各村約定自律，以後不許妄殺洋人。德庇時看了公約，覺得實在也沒什麼可要脅的了，這才甘休。

「黃竹岐事件」處理結束後，耆英的關係也打通了。道光一紙調令，讓他脫離了苦海。一八四八年二月，耆英接到免職令，道光任命徐廣縉為兩廣總督兼通商大臣，葉名琛為廣東巡撫。「兩年之約」的壓力順理成章地傳遞給了徐廣縉。

二選一

按照約定，耆英答應英人可以進入廣州的具體時間應為一八四九年四月六日，還有一年呢，但德庇時等不及了。在耆英尚未離開廣州之前，他就匆匆忙忙地發來照會，提醒對方踐行這一承諾。

接到這份照會時，新官上任的徐廣縉正在調查廣東民情。他此前有過在福建和江蘇任職的經驗，對南方民情並不陌生，但來了之後，才發現廣東一帶與閩、浙、蘇都很不相同，主要特徵就是這裏民風剽悍，那什麼「廣東十虎」、「佛山無影腳」葉問生於一八九三年都是有出處的，若沒有強大的群眾基礎，如何能出得了這麼多民間高手。

讓徐廣縉留下深刻印象的當然還是「黃竹岐事件」。一座小小村落，轉眼之間幹掉六個洋人，事後如果官府不做工作還不肯屈服，他從仕以來，在任何其他地方都沒有見到過，也不可想像。

假如把廣州城門打開，直接面對洋人的就不只是一座座小村莊，那是一座大城市，以及城市背後數以萬計的民眾。

徐廣縉派人訪問廣州城鄉，所到之處，無論男女老少，幾乎沒有人對英人入城表示贊同。徐廣縉也想過，是不是可以像處理「黃竹岐事件」那樣，召集士紳進行說服，但後來很快打消了這一主意，原因很簡單，士紳也來自於民眾，不能違背民意，當著他這個總督的面，對方或許會諾諾連聲，回去後照樣還得反悔。

就算他徐廣縉頂著巨大的內部壓力，踐行耆英的「兩年之約」，洋人們會就此消停嗎？這些人進城不是說逛上一圈就回去，他們可能會繼續提出要求，比如給地，供其修建辦公樓，要不然就是租你的房子，這是意料之中的。到時候你給不給，不給的話，大概又得把槍掏出來，拿開戰之類來嚇唬你了。

還可以繼續往下推演：隨著英人一再相逼，官府被迫一退再退，廣州民眾對官府的信任度將會降到零，伴之而起的極可能是揭竿而起，那樣一來，官府所面臨的後果是什麼，是兩面不討好，兩面受夾擊，最終一崩如斯，垮臺完事。

徐廣縉一頭冷汗。

趁著這一切都沒發生，他要重新布局，將「兩年之約」改一下，改成「無怫百姓以順夷理，順民心以行之」，二選一，我寧願討好百姓，遵從民意民情，也絕不屈從於「英夷」。

徐廣縉隨即找到葉名琛，將他的想法說了一遍。葉名琛極表贊同，兩人商定，萬一發生變故，就與這座廣州城同生共死，多少也能落下個好名聲。

計議已定，徐廣縉趕緊利用剩下的一年時間，緊鑼密鼓地部署廣州防務。

要守廣州，自然先要守住炮臺。洋槍洋炮既然仿造不了，便只能靠人，而在鴉片戰爭中，人卻是最靠不住的，兵勇潰散的現象遍處皆是。

裕謙督促部卒死戰的辦法，是讓大夥發毒誓，徐廣縉則以為，一個人究竟勇敢還是怯弱，緣自天性，臨時硬逼沒用。比如定海之戰前，余步雲還不是在關帝廟信誓旦旦，倒是裕謙自己和「定海三總兵」那三個老將說到做到，沒有自食其言。

徐廣縉對守城官兵說，炮臺就這麼幾座，我用不了很多人守。你們自己合計一下，如果覺得到時肯定會軟蛋，或者顧慮家裏有雙親需要奉養，又或者膝下還未有一兒半女，想留著性命傳宗接代，那麼我現在就給你們開假。

見官兵有疑慮，徐廣縉還加以補充：「不要怕我會打擊報復，放心，事後如果你們還想來當兵吃糧，我仍然歡迎，絕不會怪罪。」

不夠勇地走了，留下的就是勇的。對這些勇者，徐廣縉還要挑選一下，那些身體素質好槍炮技術精的，才會獲准進入炮臺。徐廣縉給他們寫下保證書，說明立功受獎，戰死者由官府負責贍養家屬，以安其心，以壯其志。

按照炮臺的規定，是一個班負責一門炮，一般情況下這班人被打散了，炮也就廢了。徐廣縉把人力集中起來，多添了兩班人，實行三班輪守，並聲明在先：「你們不能像以往那樣一觸即潰，但是假使三班人都受了傷，那潰就潰吧，也不怪你們了。」

與林則徐、裕謙等人相比，同樣可以劃在「主剿派」之列的徐廣縉顯然吸取經驗，變得更為理智和謹慎。在準備的過程中，他既不猶豫，也不張揚，全都是一聲不響，祕密推進。

防務部署不是一個簡單的過程，除了兵勇調配外，還涉及槍炮添置。在鴉片戰爭中，虎門等炮臺已遭破壞，之後重建，又被德庇時派英軍給弄得亂七八糟。如今要恢復炮臺的作戰能力，就需要重新裝備槍炮，而這麼多槍炮，僅靠廣州一城來不及製造，很多需要從外省運入，但是從始至終，就連廣州省城的百姓都不知道槍炮是什麼時候運進來，又是什麼時候裝在炮臺上的，對此毫無察覺。

在組織官軍加強防禦的同時，徐廣縉又以緝捕盜匪為名，召集附近宿儒士紳，告知自己的迎敵決心，同時傳令他們聚集鄉勇以備。大家商定，假使戰火一起，鄉勇隨時聽候調遣，官府只需提供口糧，倘若太平無事，則該耕田還是耕田。

自鴉片戰爭結束以後，出於地方治安需要，團練及其鄉勇其實並不被官府承認，徐廣縉是認可團練的第一位封疆大吏。

對於徐廣縉來說，這是一個兩全其美的辦法。一者，可通過「官民合心」，穩定內部，二者，他已經汰劣存精，戰爭瞬息萬變，萬一正規軍不夠用，到時亦可用鄉勇進行補充。

值得一提的是，徐廣縉召集地方士紳，都是分別接見，被接見者一前一後，彼此互不相識。臨走時，徐廣縉還千叮嚀萬囑咐，要求他們不要互相聯繫和商量。

這些，當然都是為了保密的需要。

直到內外都操持得差不多了，徐廣縉才在公開場合露出備戰跡象，開始親臨虎門炮臺進行檢閱。

這一舉動引起了對手的注意。此時德庇時已奉召回國，文翰繼任。這個老外的中文名字聽上去文質彬彬，但並不比德庇時好對付。他一聽到消息就覺得不對勁，好端端地檢閱什麼炮臺，是又不想讓我們入城了吧？

把英軍調過來，當然是最厲害的撒手鐗，不過這招無法常用，因為涉及請示彙報等一系列手續，比較麻煩。發照會吧，又顯得太軟，缺乏足夠威懾力。文翰決定來個既經濟又厲害的。

這些科舉考試出來的中國文官皆為文弱之輩，沒怎麼見過世面，要是登上我的軍艦，一邊領略海上「險浪驚心」的風景，一邊從旁再嚇上兩句，倉促間他的腦子裏肯定是一片空白，到那時，還不是我說什麼，他應什麼。

說幹就幹，文翰向徐廣縉發出了登艦作客的邀請。

接到邀請，官員們大多反對徐廣縉赴約：「海洋上風濤不定，路上非常危險，再說在這敏感時刻，您這一去，猶如置身虎群之中，如果對方予以扣留或加害怎麼辦？」

徐廣縉笑了笑：「你們想錯了，他們是不敢把我怎麼樣的。退一步說，即使真有不測，水師提督不是在麼，怕什麼。」

隨即，他把水師提督叫過來。

「假使我被扣留，你可以組織水師發動進攻，不必投鼠忌器，顧及我的安危。」

說完，徐廣縉便帶著官員們坐上扁舟，向海上划去。

海洋不比內河，風大浪高，縱然船夫技藝精熟，也足以讓這些從未出過海的隨行官員們膽戰心驚。等到達目的地，眾人更傻眼了。

軍艦與扁舟，猶如巨人與侏儒，他們必須沿著艙梯才能接近舶樓的會議室，而艙梯足有二十多級，這也太高了吧。

就在眾人愣神的時候，徐廣縉已經登了上去，並且一會兒就站在了舶樓之上，但見他這裏看看，那裏瞧瞧，從容顧盼，旁若無人。

總督大人這麼帥，官員們再沒理由原地不動，只好跟著援梯而上。

這是一個讓人一想起來就膽戰的經歷，上去之後，梯子晃晃悠悠，再聯想到下面就是波濤如怒的大海，進退不得，左右不能，真是連自殺的心都有了。

好不容易「爬」上舶樓，大家你看看我，我看看你，都一個熊樣，除了兩腿發抖，還有面無人色。

文翰已在舶樓迎候，官員們的狼狽相早在他的意料之中，實際上，只要沒經過訓練，一般人初次登船，都難免要出這樣那樣的洋相。可他又有些失望，因為他最希望出洋相的那個人偏偏若無其事，這讓他心裏咯噔一下：來者不善啊。

在將徐廣縉請入艙內後，文翰的侍從官即將艙門關閉，跟上來的大清國官員們全被關在了門外面。這可把他們給急壞了，想把門推開，可艙門是有機關的，裏面一旦關上，外面根本就打不開。

徐廣縉倒是一點不慌，仍然談笑自若。這時，文翰拿出了一堆文件讓他簽，裏面都是各種各樣的要求。按照文翰原來的設計，徐廣縉最好像他的那些隨從官員那樣，表現得暈暈乎乎，七葷八素，閉著眼睛就一條條，一件件簽下來。

可是徐廣縉非常清醒，甚至由於前面文翰安排的種種「鋪墊」，變得更加敏感。他一邊看一邊問翻譯，這句是什麼意思，那句是什麼含義，聽到有不合理的地方，就會指著相關文字質問文翰，然後拿過筆將其一一刪去。

文翰急了，刪的地方正是他想要的，那咋成啊，而徐廣縉毫不相讓，據理力爭，駁斥文翰的聲音在艙外都能聽到。

精心安排今天這個局，文翰的前奏只是作為一個擦邊球，既然對手並不糊塗，他也就不得不直奔主題了。

「兩年前，你們承諾，從今年四月六日起，允許我們自由出入廣州。今天請你來，就是要把這個日子正式定下來。」

徐廣縉對此早有準備：「所謂兩年之約，是耆英大人在任時許諾的，當時我尚未來廣東。到任之後，我至今也未接到相關諭旨，不可能馬上告訴你具體日期。」

文翰認為徐廣縉可以代替耆英敲定，徐廣縉則說不然。

「中外民情不一，在你們國家，可能沒有這種忌諱，但在我們國家不一樣。千百年來，廣州從不允許外國人入內，這是至今老百姓還在反對的原因所在，想必閣下也是知道的。我作為父母官，必須考慮這一點。」

文翰一聽話裏的味道不對，臉色開始變了。

徐廣縉看了看他，又把話轉了回來：「不過你放心，耆大人既有諾在先，就不是無緣無故的。

我會馬上向皇帝請旨，只要旨意一到，有旨必然無條件遵行。」

徐廣縉告訴文翰，在耆英已經離職的情況下，你我私下說哪天哪天沒有用，得皇帝下旨才可以，「有旨即有期」。

文翰問請旨奏摺何時才能到京城，徐廣縉用內行教導外行的口氣，給他講了一封信從廣東到北京，再從北京返回廣東的複雜過程。

文翰聽得目瞪口呆：「這也太慢了吧。」

他搔搔腦袋，說要不這樣，我們有輪船，可以免費跑一趟，代你把奏摺送到天津，很快的，用不了那麼多天。

徐廣縉要的就是慢，誰要快啊，他沉下臉來。

「奏摺拜發，在我國可是一件非常神聖的事，連沿途經過哪些驛站，何時到達，皆有專人專管，豈是好隨隨便便的。你說這樣一份重要的文件，讓我交給外國，那不是存心讓我受罰嗎？況且，你敢保證代送的路上就不會出現差錯？」

文翰啞口無言，覺得自己這個急出來的主意的確有些欠揍。

沒什麼好廢話的了，乖乖地送人家走吧。

辯論賽

過了幾天，文翰耐不住性子，主動來虎門拜訪。徐廣縉很客氣，親自接待，還安排宴席。

吃飯的時候，文翰囁嚅半天，看樣子又是要問請旨的事。徐廣縉很乾脆：「不要問了，我也在等呢，說實話比你還急。咱們別說這個，吃菜吃菜……」

文翰也是個體面人，話講到這個份兒上，就不好意思再喋喋不休了。

不過是多等兩天的事嘛，那就等等吧。

這種等法著實有些折磨人，文翰就像中國人過年一樣，朝也盼來暮也想。算算時間，中國皇帝的諭旨該到了，他咬牙又忍了幾天，才跑出來「要債」。

文翰學乖了，他沒有直接去問徐廣縉，而是派人到廣州的英國商館去探聽消息。

商館的那些英國商人比政府還上心，信息管道也很廣，但文翰從中得到的卻是涼水一盆：皇帝諭旨是有，三天兩頭有，不過好像從沒提到允許英人入城這件事！

文翰大失所望，他向徐廣縉發去照會，據此進行質問，對方的回覆頗有四兩撥千斤般的水準：「此事非往來文件所能宣意達情。」

唉，紙上得來終覺淺，文件上一時跟你說不清楚。

見過賴皮的，沒見過這麼賴皮的。文翰意識到自己可能是被忽悠了，只好氣咻咻地再次來到虎門見徐廣縉。兩人見面之後，幾乎就是文翰的獨家控訴會，一會兒說中國號稱信義之邦，做事怎麼可以如此反覆，不講信義，一會兒又含沙射影，露出不惜用武力相逼的意味。

有控訴的，就有反控訴的，畢竟雙方遲早得有坦白的時候。徐廣縉針對文翰所說的「信義」，開始侃侃而談。

「《南京條約》簽訂後，凡是貴國船隻經過我們通商口岸的，都聽其自由出入，不再像過去那樣盤查阻撓，這都是依據條約規定。你說我國不講信義，不知從何說起。」

說到這裏，徐廣縉特意加重了語氣：「可是……」

「可是貴國是怎麼做的呢，乘我們遵守和議，擦槍入庫的機會，突然殺入虎門炮臺，毀壞了全部炮臺設施，使得民眾驚駭，瞬間便造出禍端。當時耆英大人著眼和局，不想因此觸發兩國戰爭，這才不顧現實條件，許以兩年之約，以便使你們的軍隊可以如願退出。」

兩下對比，徐廣縉把皮球踢還給了文翰：「你說說看，究竟是誰先失去信義，該被責備的又是誰？」

這一繞把文翰給繞住了。他忘了從《南京條約》講起，因為「英人入城說」是從這個條約開始的，倘若立足於此，他還是佔理的。

不過話又說回來。中英鴉片戰爭，原本就是拿拳頭講道理，誰的拳頭厲害聽誰的，真的談不上誰比誰更不講信義，一定要較真，毫無疑問又是一個「雞生蛋，還是蛋生雞」的無厘頭問題。

文翰那張牙舞爪的氣勢不得不有所收斂，徐廣縉也趁勢展開他最擅長的推理。

「耆大人的兩年之約，實在是被逼無奈之下的緩兵之計，並非他心甘情願。不過你的前任德庇時好像也有問題，試想兩年前耆大人既已當面許可，他一抬腿就能進城，那時為什麼不進呢，非要把這個難題留到兩年之後？」

不涉及這個話題還好，一講起來，文翰也是一肚子苦水。是啊，這個德庇時也真是，你都動刀動槍了，就直接從虎門殺進廣州嘛，拖什麼拖，還一拖就是兩年，弄得事情越來越複雜。

徐廣縉一邊觀察著文翰的表情變化，一邊揭曉答案。

「其實啊，我們的這兩個前任都太精明了。他們各有算盤，知道這是一個難題，都不肯在自己任內解決，非得拖到兩年後讓我們這些後繼者來給他們擦屁股。」

辯論賽變成了官場一席談，文翰不能說徐廣縉分析得沒有道理，做官的訣竅真是在哪都一樣。正在長吁短歎，中國官員緊接著的一句話卻讓他清醒過來。

徐廣縉說：「依我看，我們兩人都不值得替人受過，管那些爛事幹嗎，多餘的。」

機關槍似地叨叨這麼多，原來放著一個陷阱在這裏呢。對英人入城，你當然可以不管，而且還巴不得呢，因為這就是你的政績。我能不管嗎，不管的話，我在遠東的工作業績將乏善可陳。

文翰堅決不上當。徐廣縉見這一招難以打動對方，又扯起另一個推理，即英人進城後會怎樣。

「我了解過，廣州百姓對放你們進城的疑慮很大，有切齒之憂。一旦你們進了城，雙方會相安無事嗎，會不發生暴力衝突嗎，這個對你們並無好處。」

徐廣縉要表達的意思是，不是我不肯讓你們進，純粹是替你們英國人進城後的安全著想。

還有，真想不通你們費勁巴拉地非要進城幹嗎——

「試問貴國遠涉重洋，到底是為貿易而來的呢，還是為進城而來的呢？進一個城，對貿易究竟有什麼好處，不進城，對貿易又有什麼壞處？」

進入廣州，跟搞貿易做生意確實沒什麼直接聯繫，但英國人認為這是他們的權利，就跟領事裁判權一樣。文翰打定主意不再被對方拖到東拖到西，不管對方怎麼巧言善辯，老爺我一句話，非進城不可。

「你不要推託責任。我聽說廣東團練和鄉勇均聽從官府調遣，你既然說怕老百姓對我們形成威脅，那為什麼不解散團練？我不管這麼多，你不讓我進城，我就讓軍隊來跟你和你的百姓對話。」

文翰的強硬態度，讓徐廣縉也壓不住火了。

「團練是怎麼出來的，你知道嗎，還不都是給你們逼的。沒有你們的水手和軍隊到處惹是生非，老百姓怎麼會想到舉戈相向？我是封疆大吏，保民安民本是職分所在，現在不但保不了民，還要進一步彈壓，辦不到！」

文翰不惜兵戎相見，徐廣縉的回答則是：「那就不必廢話了，你派兵過來，我在廣州大開四門等你。」

眼見得火藥味蹭蹭蹭上去，旁邊的翻譯和隨從官員看得驚心動魄，但這就是談判，該吵時要吵，該鬧時要鬧，只是別弄到把桌子掀掉就行。

兩人從中午談到下午五點多鐘，唇槍舌劍，「辯詰不已」，最後的結果卻是誰也說服不了誰。看樣子，就算是吵到天黑，仍然解決不了任何問題。

徐廣縉吁了口氣，忽然出人意料地又軟了下來。

「好了好了，你說的也有道理。上次我確實請旨了，可是皇帝沒下決心，我也沒辦法。這次我再請一旨，問一下他的意見，如何？」

長達六七個小時的辯論，早已讓文翰筋疲力竭。徐廣縉的緩和，給了他一個臺階，遂也順勢收場。

「兩年之約」轉眼就要到了，反正都等了那麼長時間，不在乎再多等兩天。

十萬長城

徐廣縉跟京城的聯繫當然從沒中斷過，可先前從沒有請求皇帝允許英人入城，恰恰相反，他一直在彙報自己在廣州的守備部署。

徐廣縉的保密工作做得非常到位，所擬奏摺均在官署內部繕寫，然後立即交專用郵差發送，裏面講些什麼，他從不對身邊任何一個人提起，所以外界無從知曉。

文翰固然是被蒙在鼓裏，不清楚奏摺和諭旨的細節，就連那些「包打聽」的英商，他們所了解到的，也只是官方發布的消息——道光要是明確下達入城的旨意，那不就可以自由出入了嗎？

徐廣縉的用意很明顯，就是要通過這種虛虛實實的手法，使文翰摸不清他和道光的真實意圖，反映在動作上就是舉棋不定，嘴上嚷嚷要像德庇時那樣進兵廣州，卻始終下不了決心。

不過這次辯論讓徐廣縉意識到，文翰不可能被說服。他之所以軟了那麼一下，是因為文翰在談判結束前亮出了底牌：英軍將像鴉片戰爭時那樣北上天津或開入長江「阻運截漕」。

「兩年之約」越來越近，到時候文翰真的有可能做出狗急跳牆的事來。

徐廣縉猶豫了。他給道光皇帝發去奏摺，第一次在「英人入城」上讓了步。

「我已經智盡能索，該做能做的都做了，我現在就怕直接拒絕英國人的要求，會激出事端。」

隨著這份奏摺，擺在道光面前的，幾乎又是和鴉片戰爭相同的結局。為了要不要入城，再來一次大規模的戰爭，實在不是這個國家所能承受，或他願意看到的。

道光發來密詔：「既然英國重提進城一說，你就不要再阻止了，再阻止的話，反而傷了你這個封疆大吏的氣度。」

道光說讓他們入城一次算了，下不為例吧。

話講得再漂亮，道光也難以掩飾自己的無可奈何，所謂「下不為例」，亦不過是為了顧及臉面，誰都知道，有了第一次，就必然會有第二次、第三次……

在等待道光的回覆的那段時間裏，徐廣縉也在一邊算日子，一邊緊張地思考著該怎麼辦。接到道光的密詔的那一天，他已經想好了：「入城萬不可行！」

阻止英人入城，後果是惹怒英人，但內部尚可眾志成城，如老虎一樣，有爪牙可恃。允許英人入城，後果是惹怒民眾，人心瓦解，那樣一來，內外交訌。面對災禍，自己也就是一隻被去掉爪牙的貓。

徐廣縉得出的結論是：英人入城，有害無利，千萬嘗試不得。

徐廣縉發出回摺的時候，「兩年之約」已經到了，再請示道光顯然已不可能，他能做的就是孤注一擲，硬挺到底。

徐廣縉不是魯莽之人，他的所有決定，往往都是深思熟慮的結果。他固然加強了炮臺，聯絡了團練，但是鴉片戰爭的場景歷歷在目，跟對方比，你手中那根大棒還是細了那麼一點。

問題是，文翰依恃的那根大棒，真的有他說的那麼粗嗎？

答案卻是否定的。

鴉片戰爭前，林則徐曾搜集過外國資料，但當時的中國士大夫對包括英國在內的「海外夷人」還缺少足夠認識，因此重視有限，所得也極為淺顯，可以說，從頭到尾，基本沒起到太大的作用。

知己知彼，方能百戰不殆。徐廣縉的認真謹慎不下於林則徐，又有前車之鑒，這導致他在情報戰方面格外投入和用心。自來到廣州就任後，他的一個重要工作，就是通過各種手段和途徑，對英國國內動向以及英軍在華兵力進行不間斷的偵察。

英方情況與鴉片戰爭時已有顯著不同。從一八四八年起，英國爆發了流行瘟疫，國內經濟也不景氣，這使得英吉利連續幾年在海外投資上都很乏力。

經濟是軍事的後盾，經濟虛弱，軍事方面也難以逞強。那一年，就連法國發生大革命，君主制的英國都沒能力去干涉，只能承認了事，更別說遠東了。徐廣縉所掌握到的情報是，在一八四八年，駐港英軍僅僅只有一千二百五十人，經歷一個夏天，又因病疫死了兩百餘人，眼下兵力不足一千，要像鴉片戰爭時那樣發動一場大戰役，甚至北上天津或殺入長江是比較困難的。

那麼文翰能做的，充其量也不過是在廣州這個範圍內逞逞威風，這是徐廣縉敢於跟英方撕破臉的重要原因之一。

離「兩年之約」到限的時間越來越近，廣州局勢也變得越來越緊張。徐廣縉除增兵虎門等諸炮臺要隘，實行嚴陣以待外，還把文翰要他解散的民眾完全發動起來。

他下令向鄉勇每人發放一頂竹笠、一支矛、兩把劍，另外還配發一些鳥槍，政府定期提供水酒和熟食進行獎勵慰勞。在他的激勵下，團練迅速壯大，廣州附近，大一些的團練有數千人，小一些的也有數百人，幾天之內，登記在冊的鄉勇人數就超過了十萬。

這十萬長城，徐廣縉要借來威懾文翰那不足千人的武裝。按照他的部署和安排，鄉勇們白天是農民，照樣耕田務農，到了晚上，則集體訓練出操。訓練時，槍炮聲十里之外都聽得見。

經過這麼一鼓譟，廣州已是「雷動雲合」，不僅鄉勇，就連婦女兒童也都參與進來，城內城外到處張貼著反對英人入城的紅白字帖。徐廣縉由此照會文翰：廣東民情剽悍，迴異於它省，你要進城可以，但可能會出不去。

一封照會還不行，徐廣縉讓廣州的知名士紳也寫信給文翰：「你不要以為入城則榮，不入城則辱，你現在的行為已經招致眾怒，是實實足足的求榮反辱，聰明一點的人都不會這麼幹。」

意思就是告訴文翰，反對你的不光是民間的中下層人士，上層的知識份子也不買你的帳。

要說文翰這小子也挺會來事。到了他認定的入城時間，徐廣縉的坐鎮炮臺置之不理，「十萬長城」和士紳的勸告丟到一邊，說動武還是動武了。

一八四九年二月，文翰親率三艘軍艦闖入廣州內河。

香港駐軍不足，但打一場虎門之戰那樣的中小戰役還是夠的吧，不要小看弟，弟是殺蟲劑！

耆英在任時，出動英軍曾是迫使中方妥協的法寶。儘管廣州方面已有心理準備，但所面臨的壓力仍大到了極致。

沒有人會不為徐廣縉的命運擔心。這位兩廣總督完全可以遵照道光網開一面的指令行事，而不用負任何責任。

既然上面都鬆口了，倒不如乖乖地打開城門，還來得及……

夜深沉，等待黎明的人們忐忑不安。伴隨著心跳頻率的不斷加快，徐廣縉必須作出一個他認為最正確的選擇。

這個選擇是：絕不放棄。

徐廣縉計算好了，倘若炮臺頂不住，他還有十萬鄉勇，有牢不可破的民心士氣，文翰除了那三艘軍艦，還有什麼？

果然，三艘軍艦之後就沒了後續動作，而軍艦每深入內河一步，就能看到岸上更多的鄉勇和反英字帖，這使文翰開始陷於騎虎難下的境地，他索性把軍艦擺在那兒，自己回香港去了。

徐廣縉關心的是，事情會不會惡化。

他的情報網絡從未停止運作，最新情報表明，英國政府正在裁減香港駐軍的軍餉。按道理，軍艦都進內河了，香港駐軍應該全面動員，所以應該是添軍餉而不是減軍餉，徐廣縉立即意識到，文翰的出兵，極可能是虛張聲勢，實際上並沒有得到其政府的充分支持。

只有一個情況，讓徐廣縉有些坐不住。

據負責在香港觀察的人報告，雖然在港英軍被裁減了軍餉，但近期忽然有一艘軍艦到港，上面載滿了準備上前線打仗的英國軍隊。

難道他們是趕來參加廣州之戰的？

徐廣縉讓再探再報，很快，他便獲知了一個更大的祕密。

最後一搏

原來當時英法兩國正在黑海同俄國爭奪出海口，為此三家鬧得不亦樂乎。到港的這艘英軍軍艦跟中國完全沒關係，它要去的地方是中東，路過香港，僅僅是為了給中國人一個下馬威而已。

英國政府這個欲蓋彌彰之計，反而使徐廣縉的決心更加堅定，他繼續利用民間力量對文翰施加壓力，其中最厲害的當然還是「十萬長城」。

為了把聲勢搞得更大一些，在徐廣縉的暗中支持下，鄉勇們晚上傾巢出動，由士紳首領帶頭，排成一字長龍，拎著燈籠進行示威遊行。遊行時，廣州城頭點滿火燭，火燭與燈籠相互交映，宛如白日。

如此熱鬧，廣州城外的英國商館想裝不知道都不可能。英國佬架上望遠鏡，看到鏡頭裏遊行人群的燈籠就跟天上的繁星一樣，數都數不過來，這讓他們瞠目結舌。

老百姓可不是官府，他們不會跟你講道理，覺得不爽，沒準就會乘著天黑，跑過來把商館給拆掉算什麼，而你還沒地方說理去。

商人們驚恐萬狀，每天黃昏還沒到，就急急地催促雇員關門，暫停交易。隨著交易量的減少，貨物出現積壓，都運不出去。英商十分著急，他們聯名給文翰寫去公函，揚言要英國政府承擔損失。

在文翰與徐廣縉的較量過程中，雙方都在不停地向各自政府進行彙報。與徐廣縉的奏摺相比，文翰的報告更細，連幾個月來購買了多少文具，都沒忘記向內閣報個帳，這個細節自然也不會漏掉。

他的上司、英國外交大臣巴麥尊開始打退堂鼓了。此前徐廣縉在交涉中一再強調，不是中國官方不願守約，而是廣州居民有強烈的反英傾向。「十萬鄉勇遊行示威」，毫無疑問給巴麥尊留下來深刻印象，讓他認為徐廣縉的警告並非空言恫嚇。

另一方面，正如徐廣縉所得到的情報所言，在國內矛盾、中東爭端等諸多問題的困擾下，英國政府不僅不可能像鴉片戰爭後期那樣從印度大規模抽調兵力，就連對在港軍隊進行動員都頗費躊躇。

在巴麥尊發給文翰的指令中，終於同意擱置進城問題。沒有上司相逼，文翰算是鬆了口氣，然而冒險的欲望也幾乎在他體內同時發酵：我為什麼不嘗試再逼一下中國人呢，假如成功，那就有得牛皮可吹了。

因為巴麥尊的擱置有一個前提，那就是中方不再發生明顯違約或出現重大外交破綻。假如有後面的情況發生，巴麥尊仍有把握說服內閣向廣州出兵。

於是，文翰也硬著頭皮死撐。

這是一個相互頂牛的過程，文翰等著徐廣縉露出破綻，徐廣縉則挖空心思，想著怎樣才能再將一軍，以將對手完全逼退。

一八四九年四月一日，徐廣縉通知文翰，朝廷諭旨已經到達。

一直以來，文翰都在苦等這道來自京城的聖旨。文翰清楚，如果中國皇帝決定打開城門，徐廣縉作為地方官員是不敢抗命的。

徐廣縉大打情報戰，文翰也在四處鑽營。商館的情報過於滯後，他又把手伸進總督衙門，發展出了一個新的情報網。

徐廣縉的保密工作做得很好，當時起草發出的奏報及皇帝的諭旨，的確無人能夠從中刺探，但是按照大清國公務員制度，所有這些文件過後都要抄錄副本存檔，時間一長，文翰就從中找到了漏洞。他派人收買衙門內負責保存檔案的低級文員，規定只要抄出副本，即給予重賞。

正是在這種情況下，道光先前同意英人入城的聖旨副本到了文翰手中，並已翻譯出來。只不過文翰看了半天，不敢相信這是真的，因為徐廣縉多次言之鑿鑿地告訴他，並沒有收到最新旨意，若沒有其他證據加以佐證，文翰很難排除「線人」為領賞而弄出假聖旨的嫌疑。

現在，徐廣縉說聖旨到了，讓他確證了自己的懷疑：如今的「線人」真不厚道啊，為了點錢，連聖旨都敢偽造。

可是這道真聖旨帶給文翰的，卻是一道晴天霹靂。

聖旨上說了一句很經典的話：「設城所以衛民，衛民方能保國。」建廣州城幹什麼？是用來保衛老百姓。為什麼要保衛老百姓？是為了保衛國家，所以老百姓的意願最重要，絕不能違背民意而順從外國。

結論是，既然廣東老百姓都不願外國人進城，那你（指徐廣縉）就不能強姦民意，硬性逼迫。

徐廣縉拿著聖旨，變得理直氣壯：「你看看，我早就說了吧，這種事得請旨才能奉行，要是我同意你入城，那就是欺君之罪，要吃不了兜著走的。」

等了這麼長時間，等到的竟是如此一個答覆，文翰可給鬱悶壞了。

他還不知道，他給人騙了，而騙他的人，正是徐廣縉。

從文翰此前追問聖旨的口吻中，徐廣縉已隱隱約約地察覺到，對方可能已探聽到了什麼，假如他再這樣一味拖延，一旦文翰發現真相，必然會為其大舉出兵留下口實。

眼看時限已到，徐廣縉決定咬牙作最後一搏。他給文翰的那份聖旨，才是真正的假聖旨，起草人即為徐廣縉自己。

這是徐廣縉在他的政治生涯中做出的最大膽也最冒險的一個決定。驚險之處在於，如果英國人不理睬假聖旨而執意要攻打廣州，最後不管廣州會不會被攻破，只要消息散布出去，他都要落下一個偽造聖旨兼抗旨不遵的罪名。

幸運的是，他冒險成功了。

文翰信以為真，他可憐巴巴地向徐廣縉發出質問：「你們這麼巨大一個帝國，難道還怕區區一座城市的老百姓嗎？難道這些老百姓不知道我們是在履行兩國之間的條約義務嗎？」

對文翰這些軟弱無力的質問，徐廣縉一律建議他再看一下假聖旨，以提高自己的理解能力。末了，文翰眼珠一轉，突然冒出一句：「大清皇帝的拒絕是否意味著正式拒絕履行條約？」

徐廣縉何等精明，馬上意識到對方想把話題繞到《南京條約》的履行上，那樣的話，就可以師出有名了。

你想得倒美。徐廣縉哼哼啊啊，巧妙地避開了這道陷阱。

假聖旨成了壓垮文翰的最後一根稻草。就在一八四九年四月六日，那個英國人本應高調入城的日子，他發表了一個被認為「溫和得可笑」的抗議：「我只能重申對進城要求未獲准許的遺憾。對這種無視條約的行為，我將向我的政府報告……」

報告的結果當然是不了了之，沒了下文。

一八四九年四月六日，道光才收到徐廣縉「進城一事萬不可行」的奏摺，並表示同意，但北京的回覆需要半個月後才能到達廣州。一八四九年四月二十九日，當徐廣縉展閱新諭旨的時候，發生在廣州的這場危機已經消弭於無形。

這是十九世紀中國取得的首次外交成功，道光心情之愉快亦可想而知。

屈指算來，從林則徐「虎門銷煙」開始，已有十年光景。這十年來，沿海被英國這個不速之客攪得不得安寧，他糜餉勞師，可是只落得一個戰敗的結局，把耆英換上去後，倒是消停了一段時間，老百姓卻又不高興了，道光甚至已經感受了內部不穩的跡象。

他道光不想跟英國人好好幹一仗嗎，想啊，問題是打不過，最後免不了還是要重蹈鴉片戰爭的覆轍，所以萬般無奈，只能隱忍。

忍的日子是不好過的，徐廣縉無疑讓道光眼前一亮。在英人入城這場危機中，徐廣縉「不折一兵，不發一矢」，令老百姓滿意，讓洋人無話可說，這樣的能吏才是真正的能吏！

在這一刻，道光或許還會想到十年前的林則徐，如果那時候坐鎮廣州的是徐廣縉，結局會有不同嗎？

道光對徐廣縉說，這麼棘手的事，你辦起來不動聲色，不戰而屈人之兵，較之戰爭中取得軍功，更加值得讚賞。

徐廣縉被加封一等子爵，賞戴雙眼花翎。廣州人給予他極高評價，將其奉為民族英雄，認為正是在他的激勵下，廣州才得以「眾志成城，固若金湯」。

第九章 星斗南

鴉片戰爭給予道光的打擊太大了，即使是廣州反入城的勝利，也不能扭轉他精神和身體上的迅速衰弱。

能騎能射的皇帝變得體弱多病，連上朝都不能堅持。以前對奉詔出任地方的官吏，他一般都要親自召見，現在也不可能了，只能見幾個軍機大臣，即使如此，見面場所還得放在圓明園，以便到實在支撐不住時，可以隨時躺下休息。

眼見得被埋半截，時日無多，在內憂外患如此嚴重的情況下，道光很早就想到必須為自己提早選定一個合適的繼承人，而不能像父親嘉慶那樣，人都死了，那個傳位密匣還不知道放在哪裏。

可是儘管有了堪稱偉大發明的密匣制度，但挑選繼承者仍是一個讓人備感頭疼的難題，因為這東西就像在賭博。

年輕的時候，道光曾經最喜歡大阿哥，一有空就親自找兒子談心，講一些自己的人生感悟。也許是太愛了，他對大阿哥的期望也就非常之高，然而事與願違，一場意外最終結束了所有期待。

那還是大阿哥在上書房攻讀的時候。師傅為了督促他背書，嘮嘮叨叨地說了一大通諸如「好好讀書，將來做個好皇帝」之類的話，大阿哥越聽越心煩。

這些屁話，天天講，月月講，年年講，耳朵都要聽出老趼來了，我偏不跟你摻和。

一時興起，大阿哥來了一句：「將來我要做皇帝，首先殺了你！」

事情讓道光知道了。所謂愛之深責之切，他一天到晚給臣子們講德德德，不料自己最鍾愛的兒子卻第一個不留口德，把他給氣得七竅生煙。

在召見大阿哥時，道光不由分說，上去便是一腳。道光那時才五十歲，身子骨還好得很，腳上勁夠大，又在氣頭上，這一腳踢過去，傷及大阿哥的重要部位，不久便不治而亡。

這是一個讓道光無比懊悔也無比傷痛的經歷。那個孩子只是年輕，說話一時不知輕重而已，召見時也認錯了，而他這個父親，竟然就此親手斷送了自己兒子花一樣待放的生命。

在此之前，二阿哥、三阿哥死得更早，一個只活了一百天，一個才五十多天。

人到五十而知天命，三個兒子的先後夭亡，讓道光苦澀難言，天命，何待我如此之薄？

直到皇四子奕詝的降生，才使道光緊皺的眉頭舒展開來。

選誰不選誰

奕詝的出世是一個不折不扣的吉兆。

此後道光喜事連連，隔兩年就添一個兒子，到他準備挑選皇儲時，一下子有了六個後備人選。

當然不是每個兒子都具備遴選資格，其中有三個是因年紀太小而被自動剔除，只有三個年紀大些的才得以進入道光的考察範圍。

在這三個阿哥裏面，五阿哥奕誴首先被剔出局外。閱了一輩子的人，道光的眼睛是很毒的，他很早就看出奕誴是個不著調的貨色，性格乖張，不學無術，就知道整天胡言亂語，別說當皇帝了，做他兒子都覺得不太夠格，於是後來索性把奕誴過繼給了自己弟弟，身分也降襲為惇郡王。

還剩倆：四阿哥奕詝和六阿哥奕訢。

從旁觀者的角度來看，奕詝明顯不及弟弟。奕詝身體瘦弱，武藝方面只有騎術算不錯，然而天有不測風雲，有一年在皇家獵場狩獵時，他不慎墜馬，摔傷了大腿，後經醫治，仍落下了終身行走不便的毛病。也就是說，奕詝其實是個跛子！

反觀奕訢，真的就是道光年輕時的翻版，不僅人長得帥，還能文能武。早在上書房讀書的時代，他就鼓搗出了兩套自創武術，名之曰：槍法二十八式和刀法十八式。

道光一度屬意奕訢，但是當他向奕訢的生母靜貴妃提起，想立奕訢為皇儲時，卻遭到了對方的婉拒。

宮廷之中，皆以子為貴，誰不願意自己兒子繼承皇位呢，靜貴妃的顧慮，恐怕還是她搞不清楚道光的真實態度——你要立奕訢，那就直接立好了，為什麼還要來問我，難道是在對我進行試探？

問題的微妙之處就在於，奕詝的生母在他九歲時就去世了，道光將其交由靜貴妃撫養，也就是說，奕詝、奕訢皆為靜貴妃一手帶大。

道光一向很計較妃子們的「賢德」。五阿哥奕誴的生母就是因為過於張狂，把兒子當成未來皇帝的不二人選，才由祥妃降為貴人，從此不得寵幸。

伴君如伴虎，靜貴妃不能不時時揣摸道光的心思。

皇帝會不會這麼想呢，我把奕詝託付給你，就是要你把他當親生骨肉一樣對待，不能偏心。兩個孩子，奕詝為長，奕訢為幼，你要是一聽到自己親生的小兒子得了皇位，便欣喜若狂，那也太俗了吧。

靜貴妃正在得寵的時候，她可不想落到祥妃那樣的命運。再說了，只要老皇帝活著一天，就可以隨時改變決定，包括對皇儲的選擇，當年康熙的二兒子胤礽被立太子數十年，說廢還不是就廢了。

靜貴妃的謙讓，是不想冒險。她要以退為進，盡量在道光面前表現得大度一些，讓道光知道她識大體，顧大局：反正最終裁決權都掌握在丈夫一人手中，只要他對我們母子的印象好，兒子奕訢的帝位還會沒有著落嗎？

事實上，道光也的確正處在猶豫之中。在他看來，奕詝和奕訢各有所長，也各有所短，奕詝老成持重，然而不夠機敏，奕訢才氣縱橫，又顯得不甚穩重，因此儘管奕訢所得分數可能更高一些，但道光的心中總是覺得不踏實。

靜貴的上佳表現，使道光心中的秤砣又向奕訢那邊移了一點點。據野史記載，道光甚至曾經拿起筆，在詔書上寫下了奕訢的名字。內侍在階下侍候，偷眼看去，覺得筆跡很像奕訢，這些內侍也挺八卦的，下來後你傳我，你傳我，就傳成了奕訢將是繼位者。

選誰不選誰，那是只有皇帝一個人才能掌握的祕密，道光聽到外面風吹草動，一生氣，又隨手擱置起來。

大家都認為，奕訢繼位不過是遲早的事，他那個一瘸一拐的哥哥奕詝注定沒戲，這已成為一個難以打破的定局。

看起來奕詝真是不幸，童年失去母愛，少年造成殘疾，等到長大成人，還遭到各種嫌棄和不認同。也許他只有一個幸運，那就是擁有一個好的師傅。

要做皇子們的師傅，那都得是讀書種子才行。奕詝的師傅杜受田的成績為殿試二甲第一，一甲就狀元、榜眼、探花這些，能二甲第一，也就相當於全國第四了，杜師傅學問之深，可想而知。

奕詝從六歲起受知於杜受田，杜受田也把他的全部精力都花費在了這個學生身上，師徒二人大部分時間都在書房中一起度過。杜受田書讀得多，也會講，他把孔孟哲理與幾千年前的三代故事結合起來，深入淺出，既不讓奕詝感到厭倦，又能使其得到啟迪，乃至「受益良多」。

對於喪母的奕詝來說，杜受田是博學多才的老師，也是貼心的親人，對方不會用「你要怎樣，才能怎樣」的句式來逼他，但是一步步都在把他往那個方向上引，而十多年的相處，也使杜受田對學生身上的優缺點了解得十分透徹——

有人說，你不聰明，講起時政來，不如「六爺」（指奕訢），這個我們不要跟人家比。你有你的優勢，你謙遜沉穩，寬容平和，這同樣是做一個未來君主所必備的素質。

只要揚長避短，我相信你一定能成就大器。

在老師孜孜不倦的教誨下，奕詝越來越具有雍容大度的氣質，也越來越引起道光的重視。

鴉片戰爭後，道光精力衰竭。當著皇子們的面，他歎息著說我老了，身體又經常生病，恐怕不久於位。幾個皇子聽了這話，都愣在那裏，不知道說什麼好，只有奕詝流著眼淚跪在地上，父子不捨之情溢於言表。

道光很高興，他說皇四子「仁孝」，懂得孝順，同時作為幾個皇子的兄長，也知道怎樣給弟弟們帶好頭。

又有一次，道光下令諸皇子們到皇家苑場去打獵。在圍獵過程中，奕詝只是坐看他人騎射，未發一槍一箭，同時他還約束隨從，讓這些隨從也不要去捕捉鳥獸。

最後檢點獵物，奕訢最多，其他皇子有的多，有的少，唯有奕詝一無所獲。道光感到很奇怪，奕詝的騎射固然不如奕訢，但也不是最爛的，起碼要超過那幾個年幼的小弟弟。於是，他把奕詝找來，問他為什麼這麼做。

奕詝說：「現在是春天，正值鳥獸生育的季節，這個時候不應該傷害生命，否則就不利於鳥獸生長，有違天道，而且我也真不想跟幾個弟弟競爭。」

奕詝的回答讓道光既吃驚又欣喜，因為奕詝所闡述的，正是孔孟之道的精髓之處，這說明奕詝已具備了一個君主應該具備的氣量和遠見。

在道光的反覆比較和考查中，奕詝逐漸佔據上風。

有人說，奕詝的這些言行，都是他的師傅杜受田所授，是鑽了道光的空子，言下之意，道光頗有上當受騙之嫌，但是實際上，自己的孩子只有自己最了解，道光從小看到大，有沒有表演，是不是真誠，他心裏應該有數。更何況，隨機應變本來也非奕詝所長，臨時傳授，往往還可能弄巧成拙。

或許換個角度更好理解，杜受田的言傳身教確實起到了作用，他成功地使自己的學生達到了中國傳統帝王所應具備的理想標準。

一八四六年八月，道光終於下定決心，寫下了立儲詔書。

與眾不同的是，這份詔書上面有兩個人的名字：一個是奕詝，立為皇太子；一個是奕訢，封為親王。

把非皇儲的皇子寫進立儲詔書，以前從來未有過，道光這麼做，是要提高奕訢的地位：我不立你為皇太子，不是因為你不夠優秀，而是你的兄長也許比你更適合這個位置。

鴉片戰爭讓道光感受到了時代的詭異。他很清楚，皇帝這個寶座意味著的將不再是享受和榮耀，而更可能是痛苦和憂慮，接班人需要足夠寬廣的胸襟才能有勇氣去面對和承受這一切。

我相信奕詝可以勝任，但是奕訢，你要盡可能地去幫助你哥哥渡過難關。

這正是道光想在立儲詔書中表達的全部意味。

一八五〇年一月，孝和皇太后去世，這使廣州反入城勝利後心情稍感愉悅的道光再受打擊。

道光的孝順是非常有名的。雖然孝和皇太后只是他的繼母，但在母子相處的半個多世紀裏，道光始終將她當自己的生母來侍奉，他每天早上起來做的第一件事，就是去向孝和皇太后請安。

道光由此病情加重，但他仍堅持著批閱公文。此後為了給孝和皇太后操辦喪事，道光又親力親為，還在旁人的攙扶下逐一行禮，如此一折騰一吃力，病情開始惡化，他本人也終於到了油盡燈枯的時候。

一八五〇年二月二十四日，道光完全躺倒在床。登基近三十年來，他沒有一天停止閱辦奏章，但這一次他連看一眼奏章的力氣都沒有了。

一八五〇年二月二十五日，道光穿戴整齊，在寢室內緊急召見顧命大臣和奕詝。

當著道光的面，大臣們打開了那個神祕的傳位密匣，確認奕詝為皇太子。道光又顫抖著手另外寫下一道朱諭，意思是要所有顧命大臣全力輔佐新的君主。

做完這些，道光從御座旁拿出一件褂子，交給奕詝：「這是我的御衣，你穿上它，可以盡快進入角色，辦理公務。」

奕詝捧著褂子哭了起來。道光百感交集，仍寬慰兒子：「你不要哭，這是喜事啊。」忘不了的還有那些待閱奏章。道光對奕詝說，我病重的這兩天，也看不了奏章，你去替我把它們給辦掉。

在交班的這一刻，道光仍以為自己能通過靜養再撐兩天，但當天中午就不行了。他給兒子留下的，除了皇位，還有一副無比沉重的擔子。

年輕工作狂

一八五〇年三月九日，奕詝正式登基，第二年改年號為「咸豐」。

師傅杜受田成為新皇帝除父親之外最值得感謝的人：是他，讓我鼓足了生活的勇氣；是他，讓我掌握了自己的命運；是他，讓我擁有了得以施展才能的廣闊舞臺。

咸豐親政時，還未滿十九歲，也特別需要杜受田這樣的忠心老臣從旁輔弼，所以他坐上御床後，即加杜受田為太子太傅，兼署吏部尚書，以後又調任刑部尚書，授協辦大學士。

從職務上看，杜受田並沒有進入象徵權力中樞的軍機處，但是這沒關係，軍機處聽誰的，還不是要聽皇帝的。凡是國家大政方針及大臣的任免，咸豐一定要諮詢師傅的意見才會施行，杜受田也實際成為了咸豐的首席顧問。

有了這麼好的師傅時常耳提面命，咸豐非常注意約束自己，在各方面都力求做到最好，以不辜負師長們的期望。

道光節儉，他更節儉。

上書房的門檻壞了，內務府提出要換一個，咸豐說你們淨整面子活，完全不值當，換不如修。內務府交給工部修理，搞了個招投標，修完了，報帳：費銀五千兩。咸豐勃然大怒：「你們忽悠得也太狠了，什麼門要值五千兩，馬上查，查了有問題治罪。」

從內務府到工部，自然都是收了回扣，見皇帝認了真，慌忙說數字報錯了，不是五千兩，是五十兩。

咸豐覺得這還算靠譜，這才甘休。

他有一條新的杭紗套褲，有一次不小心燒了個蠶豆瓣大小的窟窿，內侍們說：「丟了吧，沒法穿了。」咸豐再三惋惜：「物力艱難，棄之可惜，盡量給補補，要是可以穿，就不要扔掉。」過後，他也忘了這件事。

第二年，有人把這件補好的褲子送上來。咸豐看了看，雖然已經完好如初，但補綴的痕跡還是找得出來。一問，就補這麼一個洞，竟然足足耗去了數百兩銀子。

真是不著一點鋪墊，可你還怪不得下面的人。因為是高檔衣褲，必須用專門的工藝和匠人才能修補，所以它是由內務府發給蘇州織造府承辦的，先不說工錢，光來回運費就不是一個小數目。

咸豐慨然長歎，說：「你看看，做皇帝就是節儉著過日子都這麼費錢，何況驕奢淫逸呢？」

之後他再也不敢以此暗示內侍近臣，就唯恐這些人拿著雞毛當令箭，平白增加許多費用。

都是艱苦樸素，與父親道光有所不同的是，道光摳，對身邊人包括那些朝中大臣也很刻薄。相對而言，咸豐則較有人情味，不會拿自己的那一套去規範別人。

清末時的南書房為那些飽讀詩書、學問很高的翰林所入值，他們不參與政務，只是皇帝的學術顧問。陪皇上讀書是件非常辛苦的事，伴讀的時候你得垂手站立，時間一長會把十個指頭都站到腫，這叫「立得手痛」。此外還要替皇上抄書，抄的時候兩腿彎著，結束的時候都酸痛到站不起來，這叫「寫得腳痛」。

這麼辛苦，收入卻很少，所以咸豐很體恤這些人。據說他有一次經過南書房，看到一位入值翰林穿著很寒酸，第二天便送給他一件貂褂。

後來此君奉旨外放雲南做學政，也就是主持或參與雲南的科舉考試。能出京做主考或學政，對於苦哈哈的翰林們來說，不啻一項肥差，主要是能收到一筆可觀的「贄敬銀」——考生按貧富，多多少少湊份子送給考官的辛苦費，這不算灰色收入，在當時是光明正大的。

每個省的經濟情況不同，「贄敬銀」有時相差很懸殊。比如，在江南那些富裕的大省，期滿後可得三四萬兩銀子，再次一些的，可得萬兩，最苦的是雲南廣西貴州這些地方，只有區區幾百兩。

顯然，這趟差使對改善窮翰林的經濟狀況助益不大。咸豐覺得很過意不去，你說在北京窮一點也罷了，難得下一次基層吧，又是那麼一個沒多大油水的省份，怎麼著也應該意思一下。

於是在翰林從雲南期滿回京後，咸豐便特意讓他兼代順天府丞。

順天府丞放到現在，大致相當於北京區政府辦公室主任，頗有一些外快，咸豐召見時就明著告訴這位翰林：「你以後的收入會高一些，聊以補償你在雲南的清苦吧。」

咸豐的自我要求是一定要全面超越道光。從個人修身到待人接物，再到治國理政，他都希望能比自己的父親做得更好。

每天堆成山的幾萬字奏摺，咸豐都要一一閱讀、研究和批辦。這期間，連軍機大臣都插不上手，他就一個字：幹。表現出的完全是一個年輕工作狂才有的特質，如果評他是帝國第一勞模，也一點都不過分。

道光有一段時間曾廣開言路，後來就慢慢地銷聲匿跡，連大臣們上的一般奏摺都因工作量太大而弄出了「曲線刪減」的法子。到他去世前的五六年裏，道光更是懼怕聽到洋務或者災荒、盜賊之類的煩心事，一句話，耳邊只要清淨，那就比什麼都好，比什麼都強。

因為這個緣故，軍機處以穆彰阿為首的一班軍機大臣也就投其所好，常常報喜不報憂，拿道光當大觀園裏的賈母侍候著，一天到晚光講一些好聽的給他聽，導致言路閉塞，朝廷對很多外面的情況都不了解，積累了不少問題。

咸豐要從這裏開刀動手術。一八五〇年三月，他發布上諭，下詔虛心求言，聲明「凡用人行政一切事務」，均可據實上書。

皇帝有誠意，臣下們也就有了動力，進言奏摺如雪片一樣飛到「工作狂」的案頭。咸豐從中了解到了此前父皇了解不到，或不願了解的情況，比如各地官府的陋規弊政，盜賊草寇的蜂起雲湧，財政開支的捉襟見肘。除彙報實情外，進言者也往往會相應提出各種各樣的解決辦法。

這些都在很大程度上考驗著納諫者的水準和眼光，你如果自己腦袋裏就是一團糨糊，沒有主見和分析判斷能力，看不出問題診結所在和辦法的對錯，到最後仍然只會是一屁股糊塗帳，等於做無用功。比如鴉片戰爭時的那個揚威將軍奕經，說要人家獻計獻策，結果收到超過四百條「策」，卻沒一條「策」派上用場，完全成了一個大笑話。

經過杜受田長達十幾年的悉心教誨，咸豐已具備較強的理政能力。他可以從片言隻句中看出進言人的思路，從中吸收好的辦法，同時也能夠針對問題，拿出自己的解決之道，甚至還可以引經據典地對他認為不妥的建議進行駁斥，而被他據理駁斥的人中赫然就有造詣極深的理學大師。

最後，咸豐從所有進言中挑出十多篇上乘之作，其中最為他看重的是禮部侍郎曾國藩的奏摺，咸豐大加稱讚，特傳旨褒獎——從曾國藩日後的作為上，我們也可以想見咸豐當年的學識水準和功力。

求言之外還要求賢。咸豐下令從各部到各省，都要積極保舉德才兼備的有用之才。對於報來的推薦名單，咸豐一一推敲，從中篩選出他認為符合條件的人選，並傳旨接見和起用。

咸豐一手發起的求言求賢運動，一改道光末年政壇死氣沉沉的局面，他所推出的種種舉措雖說還難以從短時間內釐清弊政，但已經讓人看到了希望。

接下來，年輕皇帝馬不停蹄，又把矛頭指向了大清國的另一最大弊病——「模稜」。

道光時代有兩個最大的「模稜宰相」，前期是曹振鏞，後期便是穆彰阿。穆彰阿出任首輔十多年，基本以曹振鏞為榜樣，他每天被皇上召見，但是很少提出有建設性的意見，就是你問上幾句，他也一定要察言觀色，迎合著你的意思說，有問有答，還不傷人。

穆彰阿因為模稜得有水準，所以得以繼曹振鏞之後成為政壇不倒翁，道光就把他像曹振鏞那樣供在朝堂之上，然而到了咸豐一朝，吃不開了。

滑頭沒變，會看臉色沒變，多磕頭少說話的原則也沒變，主要是聽他說話的人變了。咸豐從師傅杜受田那裏聽到的是真知灼見，從穆彰阿這裏卻什麼也得不到，偶爾交談那麼幾句，對方也前言不搭後語，跟在念《三字經》一樣。

在求賢運動中，咸豐看到了一個熟悉的名字：林則徐。這個曾令他的父親恨恨不已的人，早已是名滿天下，咸豐在私下裏也幾乎就是林則徐的一個粉絲。

林則徐此前曾出任雲貴總督，不過已因病辭官返鄉。這次很多人都推薦和保舉他重新出山，其中也包括杜受田，咸豐決定順應民意，穆彰阿卻說林則徐身體很差，不堪一用。

此時朝廷契需用人，儘管穆彰阿屢次反對，咸豐仍授林則徐為欽差大臣，擇日起行。旨意都發了，穆彰阿猶在一邊絮絮叨叨，閃爍其詞，說也不知道林則徐究竟能不能動身。

正是這句話惹火了咸豐。

我還不知道林則徐健康狀況不佳嗎，可你倒是給我推薦一個好的呀，身為首席宰相，我需要人手時，你像個悶嘴葫蘆，什麼都不說，一心只想保你的榮華富貴，等我好不容易起用了一個，你又說三道四，這個也不行，那個也不濟。

「模稜宰相」混不下去了，咸豐將他評價為「遇事模稜，貽害國家」，當即予以革職，永不敘用。就這，還是看在對方是三朝老臣的份兒上，才沒有痛下殺手。

穆彰阿此前就有了相當於奸臣的惡劣聲譽，當咸豐的朱諭頒下，朝野為之轟動，一時「天下稱快」。

光榮的囚徒

咸豐如此急於起用林則徐，是因為廣西出事了。

《南京條約》中的一個重要條款便是「五口通商」，原先只有廣州這麼一個對外通商口岸，現在增加到五個，貨物運輸便不再僅限於一地。這直接導致兩廣地區的生活鏈發生變化，過去在這個鏈條上求生存的人們大量失業，就連山區通道上的苦力也因無處覓活，紛紛加入祕密社團，以另謀出路。

廣東因有徐廣縉坐鎮，管制較嚴，同時那裏又是中外矛盾的焦點，官民要協同對付洋人，所以有心造反或欲亂中謀利的人暫時沒有混頭，都一批批擁入廣西，並與當地的祕密社團連成一氣，使得廣西秩序混亂到了極嚴重的地步。

災禍要麼不來，要來都是順杆子往上爬。從一八四八年開始，廣西連續三年乾旱，進一步激化了社會矛盾，其間起義和暴動不斷，規模較大的便有十餘起之多，也就是說，在道光去世前的那兩年，廣西內亂已有預兆，可是這一切道光都不知道，他被蒙在鼓裏。

蒙他的便是穆彰阿。在穆彰阿的授意下，廣西地方一直隱瞞真相，道光到死還以為廣西很太平哩。為此就苦壞了他那兒子。被捂得緊緊的蓋子揭開後，情況之惡劣讓咸豐看得觸目驚心，直覺告訴他，廣西內亂將成為他當政後的第一個重大考驗。

廣西局面的不可收拾，與當地官員的敷衍塞責和得過且過有很大關聯。這些人即使看到危機，也睜一隻眼閉一隻眼，反正在我任內不出事就好，等下一任上來，好賴自然由他們擔著——其實就是一群豬一樣短視的庸吏而已，後來追究責任，除了已老死的以外，無一不受到嚴懲，想後悔都晚了。

廣西巡撫鄭祖琛就是這樣的迂腐之輩。他信佛，眼看火就要從地面上燒起來了，還念叨什麼「以不殺一人為功德」，到最後養癰遺患，弄得四周圍全是要殺他的人。

咸豐將原廣西巡撫、提督一抹到平，全部予以革職充軍，他要置換高手強將，重新來過。一開始，他想把徐廣縉調去廣西，但受廣西影響，廣東也正動盪不安，徐廣縉自顧不暇，難以脫身。這之後，咸豐便想到了林則徐。

如穆彰阿所言，林則徐確已虛弱不堪。

在鴉片戰爭之前，林則徐就已是官場數一數二的人物，歷任七省，政績方面，別人最多是不錯，他卻是兩個字：「卓越。」

即使被撤職貶斥之後，林則徐仍對戰爭失敗的教訓進行了深刻反思。

海戰打不過，陸戰也打不過，緣於「我炮不能及彼，彼炮先已及我」，這是武器上的巨大差距。原來「夷人」確實是有長技的，不承認不行，不學習更不行。

林則徐把他總結出來的這一理念，連同歷來翻譯研究西方的資料，都一併交給了自己的好友魏源。魏源後來據此編出了《海國圖志》一書，並提出了一個影響深遠的思想：「師夷長技以制夷。」

可是道光再也不會給林則徐「制夷」的機會了。那次黃河合龍，讓林則徐最感傷痛的還不是得不到赦免，而是道光選擇宣召的時機，皇帝擺明就是要在黃河合龍的這一天給他以沉重一擊。

歷來的愛恨情仇都是如此，你給我製造了傷口，我不僅要予以回擊，而且還要讓你的傷口流血，不僅流血，還要再在上面撒上把鹽。

當著王鼎的面，林則徐表情淡定。兩人分別時，為寬慰對方，還說了一些諸如「塞翁失馬，焉知非福」之類的話，可他的心其實已被完全攪碎，道光報復他的目的達到了。

剛到伊犁的那段日子裏，林則徐明顯變得消沉起來。在給友人的書信中，談到「制夷」，他的回答竟然是「得了且了」——能結束就快點結束吧。

這不應該是林則徐的風格，可是他能夠怎麼辦呢。伊犁將軍布彥泰久聞大名，很器重他，然而關照方式也無非是給安排一個相對輕省些的活，即派在糧餉處當差，此外就是「終日蕭閒，無所事事」。

林則徐有過獲赦的機會。民間士紳曾自發籌資，準備採取用錢贖罪的方式，把林則徐從新疆接回內地，但被林家父子婉言謝絕。

如果他願意，還可以變賣不多的家財，罄其所有，亦足以自贖，更不要說去花別人的錢了，後者是林則徐的道德品質所絕不允許的。

他不想這樣屈辱地回到內地，既然辜負了皇帝和國家的期望，也許就應該活活受罪，他不再冀望於「生入玉關」了。

一天天過去，邊塞「雪窖冰堂」的生活嚴重摧殘了林則徐的健康，以至於他幾乎沒有哪一天不生病，心情也時時處於抑鬱之中。

但是即使在他最困頓的日子裏，也沒有忘記要造福當地。一八四四年夏季，林則徐捐資承修了清代伊犁最大的水利灌溉工程阿齊烏蘇渠。這條水渠修成後，極大地改善了伊犁的農田灌溉狀況，當地人稱之為「林公渠」。

在伊犁，從伊犁將軍到小老百姓，沒有人不尊敬這個光榮的囚徒，並皆以能夠得到林則徐的書法題詠為榮。有一段時間，人們在伊犁街頭爭相購買用於寫字的絹紙，以便找林則徐求字，最後導致絹紙都斷了貨，而林則徐的手跡墨寶則傳遍「冰天雪海」。

好人有好報，「林公渠」誕生半年後，林則徐的人生轉機開始出現了。

一八四五年初，布彥泰鼓足勇氣，向道光保舉林則徐，沒想到道光破天荒地點了頭，允許讓林則徐負責查勘南疆的墾荒情況。

這是一個可虛可實的活，實際上可看作是道光寬赦林則徐的一個過渡，布彥泰特地徵求林則徐的意見：「你是想遠一些，還是近一些？」

林則徐回答是遠一些。

遠一些，無疑會艱苦一些，但可以更好地了解邊遠地區百姓的生活情況，解決他們的困難。

這一路上，林則徐一邊實地勘查地畝，一邊到農家訪貧問苦。他發現當地回族人生活艱難，就提議把三萬七千餘頃墾田全部交給回族人耕種。同時，他還發揮自己精於民生治理的長處，改進和修建了許多新型的坎兒井，又幫助棉花產區的老百姓製造紡車，後來被分別冠名為「林公井」和「林公車」。

林則徐行經兩萬餘里，幾乎踏遍了南疆的山山水水，使沿途百姓大獲其利，並對林則徐感激涕零，稱之為神人。

林則徐當然不是什麼神人，他只是凡人，但他是一個具有非凡的意志品質和人格的凡人。當他得以再次為這個國家服務時，所有的坎坷、無奈、委屈都成了過往。他只知道，他深愛著這個國家，所以無怨無悔——「苟利國家生死以，豈因禍福避趨之」。

接班人

重新出山後，林則徐歷任陝甘總督（代理）、陝西巡撫、雲貴總督，其政績仍像過往一樣顯著，被朝廷加以太子太保，賜花翎。

但是林則徐更多的心結，還在「制夷」上面。當時人們都以英吉利為慮，有後輩向林則徐請教方略，沒有想到林則徐出語驚人：「英吉利不難對付，會成為中國禍患的，是俄羅斯！」

大清國與俄羅斯的直接衝突，還要追溯到康熙年間的雅克薩之戰。那是有清一代，中國對外戰爭的一次重大勝利，之後俄羅斯就乖乖地縮了回去。這數十年來，從未聽說中俄邊境有過什麼衝突，所以聽者很是疑惑。

注意到對方驚訝的表情，林則徐歎了口氣：「我老了，可能看不到這一天了，但你們會見到的。」

林則徐的預言不是空穴來風，憂慮也不是無緣無故。

英吉利固然厲害，屬於最強之「夷」，但林則徐也看出來了，這個最強之「夷」距離遙遠，只能通過水路入侵，而且他們主要是想通商做生意，尚無領土上的直接訴求。

俄羅斯卻不一樣，這個陸上鄰國隨時可以呼嘯一聲，從邊境線上殺奔過來。特別是在充軍伊犁期間，林則徐得以對俄國進行就近觀察和研究，之後，他倒吸一口涼氣。

俄羅斯軍隊的實力絕非從前的張格爾叛軍或浩罕軍隊可比，也遠超康熙時代，最主要的是這個國家攫取領土的野心很大，而反觀己方，由於鴉片戰爭的影響，守備力量逐漸向沿海傾斜，已導致新疆守備趨於鬆弛。

這個時候，林則徐已注意到內亂的不斷爆發，他擔心，如果朝廷的主力再用於平定內亂，將不會有多餘力量防守西北邊陲，到時俄羅斯將會乘虛而入，打中國一個冷不防。

林則徐害怕這一天的到來，他多麼期望年輕後輩中能產生挽狂瀾於既倒的英才。

誰能繼老夫之志乎？

有人向他推薦，說有一個叫左宗棠的湖南人非常有潛力。林則徐經過湖南時，便讓當地縣令幫著尋找。

那天天色已經很晚了，縣吏尋尋覓覓，最後在江上的一條小舟中把左宗棠給拖了出來。彼時的左宗棠不過是一無名小輩，聽到說譽滿天下、如雷貫耳的林則徐要見他，腦袋都差點給震蒙了。在與縣吏一同登上林則徐的坐船時，他一時緊張，竟失足落水，把衣服鞋子全給打濕了。

人家林大人要找的是賢士，你這麼魯莽狼狽，哪有一點賢士的風度啊。左宗棠又尷尬又著急，靈機一動，他想到了一個「三熏三沐之禮」為自己掩蓋窘態。

所謂「三熏三沐之禮」，是說古代為表示對賢士的尊重，會給予多次沐浴並用香料塗身的禮遇。左宗棠就說，我今天已受過沐浴，就差用香料了。

林則徐笑得差點沒噴出來。

「年輕人，你別給我酸文假醋地死撐啦。快換衣服，免得著涼。」

林則徐的隨和，讓左宗棠再無拘束之感。換好衣服後，兩人在船上談了一晚上。林則徐越聽，越覺得這個年輕人靠譜。他發現左宗棠對地理和兵法非常熟悉，不管說到哪裏都能從容不迫，娓娓道來，實在後生可畏。尤其是談到新疆邊防時，左宗棠的思路和對策更是讓林則徐眼前一亮。

這一趟不虛此行，我找到了。

激動之中，林則徐一拍左宗棠的肩頭：「以後能夠繼承我志向的，非君不可！」

臨別時，林則徐在船上手書一聯相贈。

聯云：此地有崇山峻嶺，茂林修竹；是能讀三墳五典，八索九邱。

上款書：季高仁兄先生大人法正（左宗棠字季高）。

下款署：愚弟林則徐。

林則徐不管是年齡還是身分，都要超出左宗棠遠甚，他這麼寫，無非是表達出自己得才心喜的心情以及對左宗棠的無限期望。

左宗棠感動得不知如何才好，一直到他步入晚年，仍將林則徐送給他的這則對聯懸掛於書齋正壁之上，並經常對幕僚說，能夠得到林則徐的如此青睞和欣賞，是我一生的榮幸。

找到接班人，讓林則徐寬慰不少，但現實的困境，又逼得他不得不繼續掙扎著去為國家赴湯蹈火。

在咸豐發出諭旨，請林則徐出山時，他已經臥床不起，因此前兩次諭旨都被辭掉了。

一八五〇年十一月一日，咸豐再發諭旨，這使林則徐對年輕皇帝心急如焚的心情和南方形勢之緊張有了更深體會，遂不顧家人勸阻，躺在特製的臥轎裏，接旨起行。

可他實在太虛弱了，未等到達廣西，在路上就堅持不住了。彌留之際，林則徐用盡全身力氣，三次大呼：「星斗南……」

後世學者對林則徐的這句遺言有多種解讀，其中一種說法認為這與星象有關。

那一代很多士大夫對玄之又玄的古老學問都有興趣和研究，並試圖以此來占卜國運。鴉片戰爭結束後，林則徐在致友人的信件中，就透露他曾多次在野外觀察天象，觀察的結果使他憂心忡忡，因為他當時看到閩粵方向的星空中，「先有白氣，繼有赤星」。

在東方的星象學中，白氣是所謂兵氣，也是殺氣。赤星則標誌著流血、死亡甚至是戰敗，而且此星出現，戰事通常會持續很多年。

林則徐就此推斷，儘管鴉片戰爭已經告一段落，但沿海仍危機重重，另一場戰爭可能隨時爆發。

在前往廣西的路途中，林則徐早早晚晚躺在臥轎裏，會有更多時間用於仰觀。據記載，他是在黎明之前去世的，這個時候他可能正好看到了天空中星象發生的異常變化。

林則徐所說的「星斗南」應該是指星宿中的南斗星。在古代典籍中，與南斗星對應的是「百越」，廣西正在「百越」之內。

南斗星異常，說明包括廣西在內的百越之地可能出現一場罕見的大亂，林則徐由此驚駭不已，可對這一切，他已經無能為力了。

還有人研究認為，林則徐真正憂慮的不是南方，而是北方，具體來說就是他念念不忘的俄羅斯。

聯繫林則徐生前的一些言論，他對國家之患有輕重緩急的區分，即內亂患在一時，洋務患在後世，洋務之中，北方俄羅斯的潛在威脅又要超過西方列國。

林則徐曾預言海疆會再度發生戰爭，現在廣西又現大亂跡象，國家力量有限，必然難以再顧及西北邊防，也就相應給俄羅斯的入侵提供了可乘之機。臨終這一刻，林則徐的焦慮和憂悶可想而知。

林則徐的死訊一時震動朝野，正期盼他能平亂成功，給自己送來捷報的咸豐也痛心不已，在他為林則徐親手御制的輓聯中，有「六千里出師未捷，空教淚灑英雄」的句子，悲歎和惋惜之情溢於言表。

當時外傳林則徐死於中毒，甚至有人說「星斗南」乃福建話「新豆欄」的諧音，而新豆欄是通往廣州英國商館的一個必經區域，以此引證林則徐其實是中了洋人的招。

大概正是聽到了這個傳聞，咸豐曾專命御醫審看林則徐的臨終藥方，最後確認醫生用藥正確無誤。林則徐出發時體質本來就很虛弱，路上又著涼感冒，導致吐瀉不止，他的死亡並非出於什麼仇家報復或洋人陷害。

三個和尚

林則徐不在了，必須另擇平亂之才。

一八五〇年十二月十五日，咸豐委任兩江總督李星沅為欽差大臣，代替林則徐前往廣西。

能做到兩江總督，當然都非等閒之輩。在還沒有參加科舉考試之前，李星沅是陶澍的幕僚，陶澍很多有分量的奏章皆出自於此人手筆。同時，他還接受過大多數能吏必經的考驗，即執政於雲貴這些最難搞定的地方，其間更以有效地平定回族之亂，而被朝廷予以大力表彰。

廣西等著李星沅料理的叛亂有數十起之多，但李星沅還是一眼就看出，出自於桂平金田村的一支是「群盜之尤」，強盜中的魁首，非其他旁支可比。

李星沅真有眼光，後來的廣西大亂，正是由金田村的這幫人所掀起，領頭者為廣東籍的洪秀全。

洪秀全也曾經是個讀書人，他連續多年參加科舉考試，考到三十歲了，卻連個秀才都沒能考到，這讓他憤憤不平。

其實科舉場上相對公平，從洪秀全後來那些接近於幼稚園水準的打油詩來看，如果他這種水準也能被錄取，那些閱卷老師可就真瞎了眼。

可是洪秀全不會這麼想，他要造大清的反。

造反得有資本，在沒有資本之前，這個落榜生的謀生方式是遊蕩於廣東、湖南兩省。就在這期間，他加入了一個叫朱九疇的人所創立的拜上帝會，也即基督教會。

基督教的傳播在中國原先並不合法。嘉慶曾頒令對傳教者處以絞刑，鴉片戰爭前有多位外國傳教士因此被處死，那時候也沒幾個中國人信這個。

鴉片戰爭後情況開始不同，《中美望廈條約》、《中法黃埔條約》都先後寫入了允許傳教條款，道光也公開宣布對基督教馳禁，儘管他是被迫的，內心並不情願。

起初混在上帝會的，都是一些底層民眾，像洪秀全這樣還能識得幾個字，又有「江湖經驗」，很快便得以嶄露頭角。朱九疇死後，洪秀全被推為教主。

有一天洪教主病了，整整七天在床上不起來。七天後，洪秀全說我看到了，我看到上帝把我喊過去，告訴我未來人間將有大難，只有拜上帝的人才能得以豁免。

這時候洪秀全的身分也變了，不光是一個民間教會的教主，而且還是天上的皇族成員。

自此以後，洪教主就獨居一室，不准人看，也不准送進飲食。

幾天後，洪秀全走了出來，問他在屋裏幹什麼呢，答曰：跟耶和華談事呢，你們就算聽見也不懂，因為我們用的是天語。

屋外的人全都被鎮住了。洪秀全從此一炮打響，拜上帝會也跟著「洪福齊天」，歸附的教徒一天比一天多。

在民間社會的圈子裏，拜上帝會開始知名了，但它的真正走紅，還是拜「土來之爭」所賜。

所謂土來之爭，又稱土客之爭，即土著與客家的糾紛。客家人是因戰亂而從中原遷移來的外來戶，在文化上很難與土著相融，但生存意識卻使得他們比土著更加搏命，所謂「多野心，好出頭」，種田的想做士紳，當學徒的想做老闆，還有想當領袖，當皇帝的，不一而足。比如洪秀全和拜上帝會的領導成員幾乎清一色都是客家人。

對土著來說，客家人就是來搶他們飯碗的人。雙方經常發生各種規模的族群械鬥，這也使得兩廣民風更加剽悍難制。徐廣縉在調查廣東民情時就看到這一點，但他手腕高明，善於引導，而廣西的那些官員，從縣令到巡撫，不是明哲保身的「模稜官員」，就是毫無治理能力的庸吏，面對著土客雙方堆積如山的狀紙，只能束手無策，聽之任之。

政府不管，便只能自個解決。一開始，敢於拼命的客家人佔得上風，把土著打得夠嗆，但是很快土著就扳回了局面。

按照規定，客家人要在本地落籍二十年以上，才能參加科舉考試，所以一般士紳都是土著子弟，他們有條件建立和控制團練，而有組織的團練，顯然比零散的客家人更有力量。

客家人倉皇之餘，便紛紛尋求以客家人為主體的拜上帝會的庇護，拜上帝會在打敗土著團練後，反過來又增強了它的吸引力和凝聚力。

最明顯的例子就是韋昌輝和石達開，兩人最初都屬於廣西客家的富戶和大族，韋家還是開過典當鋪的，稱得上富甲一方，但僅僅依靠個人或家族力量，他們都不是土著人的對手。韋昌輝因跟洪秀全一樣考不上去，便花錢給他父親捐了個監生，門口掛了塊自個給自個長臉的匾額，意思是我老爸考中了進士。就這點可憐的面子活，還被人檢舉揭發，官府以「冒充進士」的罪名將韋父逮捕入獄，最後花了幾百兩銀子才保出來。石達開則更慘，因在「土來之爭」中吃了敗仗，房屋被焚燒一空，變得無家可歸。

韋石每天都想著要報仇，馮雲山一做工作，兩人馬上就加入了拜上帝會，當時像他們這種情況的人和家族還有很多。拜上帝會由此一炮而紅，為後來的不可遏制奠定了基礎。

所謂樹大招風，經過土著士紳們的不斷上訴，拜上帝會終於引起了官府的注意，桂平知縣將洪秀全等人予以誘捕，並搜出了一大批教徒名冊。

如果拜上帝會這個時刻就倒楣，也沒後來那麼多事了。可是廣西省府不重視，仍然以為是一般的民間糾紛，結果竟然把人全給放了，自然更談不上按照名冊對教徒進行搜捕。

這一放不要緊，猶如放虎歸山，遭此一劫，洪秀全等人下定了造反決心，隨後便發動金田起義。因以「太平」為號，民間稱之為「太平軍」，又因其一律蓄髮，所以老百姓也習慣叫他們「長毛」。

李星沅一到廣西，便認定洪秀全和他的太平軍是最大對手，應該集中優勢兵力，將其「聚而殲之」。

在任命李星沅的同時，咸豐還專門為他配備了兩位搭檔。

第一位，代理廣西巡撫周天爵。周天爵是王陽明的信徒，屬於那種有著強大內心的人，他執法特別嚴，而且從不在乎別人的閒言碎語，不喜歡的人說他是酷吏，喜歡的人則稱道他疾惡如仇，有古良吏之風。

第二位，新任廣西提督向榮。向榮給楊遇春當過前鋒，道光時期留下的武將，除了在鴉片戰爭中狼狽不堪的楊芳外，就數他的名氣最大，聲譽也最好。

咸豐從廣西發來的奏摺中，已看出當地的動盪規模，要遠超雲南的回族之亂，靠李星沅一人恐怕還有些困難。他構建的李、周、向三人組合，要文有文，要武有武，咸豐就是希望一個好漢三個幫，從而起到相當於林則徐那樣的作用和號召力。

可是實際效果讓人大跌眼鏡。李星沅一人在時，尚能明察秋毫，準確判明目標，等到三人聚齊，卻一下子亂了套。周天爵和向榮都以為老子天下第一，在部署軍事時，每每意見相左，互不買帳。李星沅想從中進行協調，但他又缺乏林則徐式的威望，周、向都不聽他的，李星沅說要齊頭並進或分進合擊，這兩人置若罔聞，仍然一個向東，一個向西，各打各的。

太平軍熟悉地形，官軍則大多是從鄰省臨時調集，再加上互相拆臺，導致李星沅發動的幾次圍追堵截都以失敗而告終，太平軍越打越起勁，在廣西境內如入無人之境。一個和尚挑水喝，三個和尚沒水喝，李星沅變得無計可施，他只得以事權不一為由，奏請咸豐再派「總統將軍」前來督剿。

我讓你擺平，你卻朝我要人，咸豐很生氣，罵李星沅是在故意推諉，此後便將其調往湖南。即使到湖南後，李星沅也一歇不能歇，為了防止太平軍進入湖南境內，他得繼續賣力氣防堵，幾個月後，便活活累死在了軍營之中，留下遺言：不能替朝廷平亂，謂之不忠；不能給父母送終，謂之不孝。我是個不忠不孝的人，下葬時不要換衣服，以懲罰我的過錯。

李星沅的這份遺囑令咸豐傷感不已，但他這時自己也陷入焦頭爛額之中，因為廣西局勢惡化的速度之快已大大出乎他的預料之外。

一八五一年三月，洪秀全登基稱「太平天王」，建國號「太平天國」，而咸豐也是在這一年正式建立了屬於自己的年號，兩人就像在互相較勁一樣。

把李星沅調走後，咸豐命令周天爵代理廣西軍務。畢竟等他重新物色人選，這個人選再到廣西，中間還有一段時間，需要有人先給撐著。

周天爵其時已年近八旬，然每戰必親臨一線，看到臨陣退卻的官兵，他上去一刀一個，盡顯酷吏之風。可他還是節制不了向榮，也照樣奈何不了太平軍。

兩個不齊心的和尚連抬水喝都做不到，那水灑得滿地都是。幸好利用這段時間，咸豐物色的那個人已經來了。

賽尚阿，出身於蒙古八旗。八旗共分三類，依次是滿洲八旗、蒙古八旗和漢八旗，到了後來，由於「鐵桿莊稼」的壓力太大，政府逐漸將部分漢八旗併入綠營，滿洲八旗和蒙古八旗成了八旗的主要成員。

賽尚阿以文華殿大學士兼軍機大臣的身分，被咸豐任命為欽差大臣，先赴湖南，然後再與廣西李星沅進行對調。

清代自軍機處設立後，內閣便失去了實權，但仍是一種地位的象徵，所以有人又把內閣學士稱為文宰相。文華殿大學士是學士之首，也可以說是第一文宰相。身為文華殿大學士的賽尚阿從沒有出任過省督之類的角色，以他這樣身分和地位督師地方，以往絕少先例。若往前追溯，只有道光時代征討張格爾時的長齡可算一例子，也足見咸豐對廣西平亂的重視程度。

「三個和尚」的故事讓咸豐心有餘悸。為了避免李星沅所說的事權不一狀況，在送別賽尚阿時，咸豐特賜遏必隆刀。

遏必隆是康熙時的跟鼇拜排一起的輔政大臣，遏必隆刀乃其平時所佩腰刀，不過這把刀真正出名並非他生前，而是生後。到乾隆時期，遏必隆的孫子奉命出征地方，打了敗仗，乾隆派人接替，當時就用此刀將其正法，爾後果然一戰得勝。

咸豐囑咐賽尚阿，你到了廣西後，誰要是不聽你的話或者畏縮不前，就用遏必隆刀砍下他的人頭！賽尚阿到廣西後，周天爵和向榮還在鬧彆扭，他便採取了各打五十大板的辦法，解除周天爵兵權，向榮也降三級留任。

但是這個處理又是有區別的，周天爵是真靠邊站了，向榮卻是明降暗升，成了賽尚阿倚重的大將。賽尚阿只是個文宰相，「文不知兵」，外界說他能文能武，那都是吹的。他自己對平定廣西之亂也並無多少把握，以至於出京時，面對來送別的同僚還流了眼淚。

不過文臣就不能指揮軍隊的說法也是靠不住的，南宋時候的虞允文還不是挺文弱，但他能把部將使用得當，於是采石一戰，便能成功地阻止金軍渡江南侵。

賽尚阿要走的正是虞允文路線。應該說他走對了，沒了周天爵這顆眼中釘，又得到上司的格外器重，向榮抖擻精神，開始使出渾身解數。

然而已經晚了，錯過了滅火的最佳時機。

賽尚阿無可奈何地看到，太平軍今天這裏，明天那裏，官兵節節失利，顧此失彼，他手裏握著一把遏必隆刀，卻不知道到底應該砍誰才好。

李星沅果然沒有看錯，源自金田的這支農民軍真的太難對付了。如果聽任他們一直鑽來鑽去，「久蔓將不可制」，以後地球都阻止不了太平軍的爆發了，必須「聚而殲之」才行。

熬煎了一段時間之後，賽尚阿終於等到了這樣的機會，實際也是他最後一次機會。

命中注定

一八五一年九月二十五日，太平軍攻佔永安州（今蒙山縣），這是自金田起義後太平軍攻佔的第一座城市。

太平軍的主力已聚齊於永安，客觀上為賽尚阿「聚而殲之」創造了條件，他嚴令各路軍隊全力進攻。在賽尚阿的督促下，其帳下的另一員大將烏蘭泰首先攻下要隘，從而對永安形成了合圍之勢。

此後，向榮從北，烏蘭泰從南，把永安圍得水洩不通，但讓賽尚阿感到困窘的是，幾個月過去了，仍然難以攻破這座小小的縣城。

城的大小不是關鍵，關鍵的是人，城裏的太平軍已今非昔比，正一步步走向它的鼎盛期。

在永安，洪秀全實行「永安建制」，分封諸王，同時發布「小天堂」詔告，宣布只要跟著他打江山的「老兄弟」，均可在進入「小天堂」後封官晉爵，最大可以做到「丞相」，最小也能落個「軍帥」當當，而且代代世襲。

活著的時候進「小天堂」，死了還能上大天堂，使得太平軍個個如狼似虎，守城和作戰時渾不知死亡為何物。

攻城不下，大家都急了。

咸豐拉下臉，將賽尚阿連降四級，並下達死命令：如果還不能迅速解決問題，拖延時日，唯你賽尚阿是問，如果是防堵不住，讓太平軍再次逃脫，則唯向榮、烏蘭泰是問。

責任分工明確，咸豐提醒賽尚阿，送給你的那把遏必隆刀不是給著玩玩的，得拿出來亮亮了——只要不遵軍紀的，你砍就是。

賽尚阿不敢懈怠，親自到永安督陣。經過前後長達半年的圍攻，他似乎已經看到了攻破城池的一線曙光。

這個時候，偏偏向榮要小聰明，他給賽尚阿獻計，說這些太平軍之所以拼死力戰，緣於沒有退路，現在不如將城北一隅空出來，三面圍堵，網開一面，然後「以追為剿」，在運動中將太平軍一舉殲滅。

賽尚阿依計而行，不料太平軍卻趁機從城北殺了出去，官軍白忙一場，前功盡棄，遏必隆刀再次成為擺設。

這一殺出去不要緊，此後的太平軍猶如蛟龍入海，一路摧枯拉朽，別說地球人，就連火星人見著都沒招了。

一八五二年六月，太平軍衝出廣西，進軍湖南。咸豐聞訊大驚失色，急召兩廣總督徐廣縉率師赴援。

徐廣縉是咸豐輕易捨不得使用的一張王牌，但事到如今，這張王牌也已失效，徐廣縉所主持的湖南戰場沒有絲毫起色，太平軍仍是指哪兒打哪兒，所向披靡。

一八五二年九月，太平軍圍攻長沙。

一年前，太平軍還被困在城裏，處於守勢，一年後，他們已能夠把官軍圍在城中，轉為攻勢。

咸豐親政後的所有步驟，都被這場突如其來的大亂給攪得亂七八糟。可是噩耗並沒有結束，就在太平軍圍攻長沙的前夕，他得到消息，奉旨北上賑糧的杜受田因勞累過度而病故。

還記得「十七年情懷」，還記得當年書房中親人般的懇談教誨，還記得師傅「贊襄帷幄」，出謀劃策的情景。

這一切，都化成了流水，抓不住，挽不回。

時局艱難，我卻永遠失去了你，在我最需要你的時候。咸豐感覺就像自己也死了一次一般——「嗚呼，卿之不幸，實朕之不幸也」。

置身於生命中最長的寒冬，年輕而孤獨的皇帝不寒而慄。

咸豐的傷心絲毫沒有能夠感動上天，南方的太平軍繼續挺進。在攻長沙不下的情況下，他們殺進湖北。

一八五三年一月，太平軍攻克武昌，隨後又放棄這座省城，沿江東下，直取其心目中的「小天堂」南京。

這個時候的太平軍就像滾雪球一樣，人越「滾」越多，進入湖南時有五萬兵力，到湖北增加一倍，達到十萬，離開武昌時已號稱五十萬，水陸齊全，且擁有水上部隊（「水營」）和工兵部隊（「土營」），稱得上兵多將廣，軍種齊全。與此同時，咸豐的能耐指數卻不斷下降，手中可打的牌更是所剩無幾。

新任欽差大臣陸建瀛擔任過兩江總督，頗富治政才幹，是一位有「名績」的官員，也能夠紙上談兵地給咸豐貢獻一些戰守之策，但實際上對軍事一竅不通。咸豐實在無人可用，便像拉壯丁一樣地把陸建瀛給拉到了戰場，結果一戰之後，陸欽差的膽就給打破了，嚇得帶頭逃竄，造成長江沿途防線連連崩潰。

一八五三年三月十九日，太平軍攻克南京，這裏從此被定為太平天國的首都，改名天京。

咸豐為了圍困天京，不得已等而下之，採取一些非常手段。他起用向榮和琦善，任命兩人為欽差大臣，分別負責組建江南、江北大營。

向榮和琦善，一個本來只是帥下面的將，而且廣西作戰時就多次受罰，一個是鴉片戰爭時的「投降派」，素為咸豐不屑，如果還有其他選擇，咸豐可能連正眼也不會瞧他們，如此破格重用，實在也是被逼急了的結果。

南方各省可調之兵，除潰散的以外，都集中到了向榮的江南大營，咸豐又從北方軍隊中撥出一部分給琦善的江北大營，滿心希望兩大營能夠攻克天京，但實際情況是，向榮和琦善連在天京周邊立住腳都不容易，更遑論其他。

南北對峙局面就此形成。洪秀全和他的將士們如願以償，終於步入「小天堂」，與此相應，他的對手咸豐則因此跌入了地獄。

咸豐出生於圓明園湛靜齋，這座房子後來改了名字，叫基福堂。基福堂掛著一塊匾額，上面寫著「洪範五福」，這四個字的出處來自於《尚書．洪範》，而「五福」則相當於五福臨門的意思。本來是再吉利不過的字眼，等太平軍興起，連這個也被蒙上了一層神祕而恐怖的陰影。

內侍們私下紛傳，基福堂就是洪福堂，乃洪秀全的先兆。這個災星簡直就是跟著皇帝一起出世，來故意與他為難的。你看，咸豐在北京即位，洪秀全也在金田起事，第二年，咸豐改年號，洪秀全建號「太平天國」……

咸豐自己也漸漸有了命中注定的悲歎。

他繼位時國庫存銀尚有八百萬兩，但還沒等他節衣縮食繼續往裏面攢，廣西就出了問題，那點存銀轉眼便不見蹤影。這還不算，在兩年不到的時間裏，僅僅為了與太平軍作戰，就花去了軍費近三千萬兩。

咸豐是人間皇帝，不是天上神仙，沒有點金術，他想到的辦法只能是跟道光學，從自己的內務府「挖潛」。可他老子即便在變成人人厭棄的鐵公雞之後，也只摳出了兩百萬，而咸豐面臨的缺口遠不止這兩百萬。

做鐵公雞已經不夠了，得做鐵掃帚。除了把私房錢全部掏出來外，咸豐又在內務府四處翻騰，就連宮廷園林中存放的銅瓶、銅爐、銅龜鶴這些小物件都一律沒放過，全部搬出來用作軍費開支。

要說咸豐不心疼，那是假的——試試看，若是為了還債，讓你把家裏的電視冰箱板凳桌椅全變賣了，你會真的不傷心不難過？可有什麼轍呢，該花得花啊。

直到後來，內務府不堪其苦，向咸豐報告，不能再往外抽血了，因為存銀一共只剩四萬兩，除了吃飯，再無法應付其他任何開支。

就是這樣，咸豐要人給人，要錢給錢，不惜傾家蕩產也要打贏一仗。可太平軍卻越打越多，最後竟取得了半壁江山。這不是命又是什麼？

期間，咸豐連發兩道「罪己詔」，劈劈啪啪地扇自個耳光，祈求上天和百姓能原諒自己的過失，祈求前線傳來好消息，但是無濟於事。

自從師傅也棄他而去後，咸豐身邊少了一位忠心耿耿且鞠躬盡瘁的老軍師，他變得更加忙亂，從此再也顧不得什麼求言求賢，釐清弊政，儘管花費的精力有多無少，但在外人看來，皇帝已經明顯沒原先那麼勤勉了。

第十章　江天忽報大星沉

咸豐的表現讓很多人感到失望，其中一個就是在求言求賢運動中上奏，還得到咸豐表揚的曾國藩。

曾國藩走的是正統的京官之路：先考中進士，然後在翰林院深造。翰林院堪稱朝廷的幹部學校，人才濟濟，要想從這麼多人裏面混出頭，也不是件容易的事。曾國藩算是混得特別好的，僅僅十年之間，他就升到了正二品的禮部侍郎，成了副部長級別的高官。

在野史記載中，曾國藩的走運，跟「奸臣」穆彰阿有極大關係。

不忠貞怎麼叫烈女

道光年間，穆彰阿多次在重大的科舉考試中出任考官。那個年代很注重考官與考生的關係，只要他擔任了你的考官，甭管有沒有見過面，都算是你的老師，主考官叫作座師，那個正好批你卷子的閱卷官叫作房師，而你就算是他們的門生。穆彰阿門生遍天下，也樂於拉攏和提拔年輕有才氣的低級別官員，因此還形成了一個很大的圈子，時人謂之：穆黨。

穆彰阿是曾國藩考中進士那年的主考官，據說他對曾國藩很是欣賞，認為這個門生以後一定會有前途，曾多次在道光面前進行保薦。道光說既是人才，那就見上一見吧。

曾國藩奉旨入宮，太監把他帶進一間屋子，然後就扔下他走了。苦等到中午，皇上也沒召見，只讓人傳旨：明天再來。

曾國藩一頭霧水，只好去穆府向恩師請教。穆彰阿想了想，問他可曾留意牆壁上懸掛的字畫，曾國藩傻傻地搖了搖頭。穆彰阿一拍手：「皇上要考察你是否細心，明天他肯定會問你牆上字畫的事。」

知道皇上得意什麼嗎，就得意這種腦殘式的考試方法。

給穆彰阿一說，曾國藩傻了，他捧著個腦袋拼命回憶，可當時既未留意，自然事後什麼都回憶不出來。

怎麼辦呢，穆彰阿眼珠轉了轉，不妨，我自有辦法。

這老油條派人偷偷地買通太監，連夜把室內字畫上的內容抄了過來。

第二天，道光接見曾國藩，不出所料，問的果然都是字畫上的東西。曾國藩對答如流，把個道光聽得連連點頭，自此曾國藩官運亨通，開始像火箭一樣地往上直躥。

按照類似故事，曾國藩是走了穆彰阿的後門才得以顯達，但這些都不過是世俗傳言。從曾國藩留下來的日記看，他跟穆彰阿之間並無任何特殊關係，按其品行，也絕不會為升官就去跑門子。再說了，道光用人向來都有定見，他說誰行誰就行，誰不行誰就不行，很少為身邊大臣所左右，哪怕是穆彰阿。

曾國藩的出息，應該說跟別人無關，純屬個人努力。在翰林院定期組織的考試中，每次曾國藩都在前六名之列，要知道，能進入翰林院的那幫人，無不是精英中的精英，尖子中的尖子，這樣一來，理所當然引起皇帝的關注，手上有了官帽自然也會優先考慮。

到了咸豐登基，穆彰阿靠邊站，曾國藩沒有受到絲毫影響，他以內閣學士先後兼代禮部、工部、兵部、刑部、吏部侍郎，每天都忙到天昏地暗。

你千萬不要以為這是好事，曾國藩雖擔任五個部的副部長，但他只能拿一個副部長的工資。清代官員工資微薄，地方督撫還好，尚有豐厚的養廉銀，京官沒有，即便到副部長這一級別，也只能靠一年四百兩銀子過活，而那時候又沒有公車私用、公款報銷的說法，什麼都要自己開銷，包括各種各樣的應酬。

曾國藩是一個標準的清官，基本沒有灰色收入，所以每到年終，他都必須靠借債才能度日。從這個角度上說，其實是皇帝虧欠曾國藩才對，出那麼低的薪俸，聘用如此高端的人才，還讓人免費打這麼多工，老闆真賺大發了。

曾國藩雖然並不是靠穆彰阿才得以升職，但作為自己的座師，他對穆彰阿還是很尊敬的，成名後曾多次拜訪穆府，只是老師歸老師，政見歸政見，那是兩碼事。

第一份建言的成功，對曾國藩是一個非常大的激勵。自此以後，他放開手腳，又上了第二、第三份建言。這時候他卻發現皇上已經變了，變得對這些批評和建議不再感興趣，而他的那些花了很多工夫捉摸出來的「治國良策」也從此石沉大海，無人問津。

曾國藩鬱悶了。他不明白咸豐到底怎麼了，不是說求賢若渴的嗎？

看到廣西局勢鬧得沸沸揚揚，不可收拾，曾國藩憋不住了，他認為是咸豐不肯採納他這個「忠臣」的直諫所致，性子一上來，便又寫了一份摺子。這一回非同小可，以前都是批評時政，不痛不癢，此番是舉起標槍，直接朝咸豐身上扔了，什麼捨本求末，剛愎自用，還有虛榮心強之類，反正都是一些讓人受不了的句子。

寫這樣的摺子，曾國藩頗有些死諫的決心，大抵是學著林則徐「豈因禍福避趨之」的路子去的。沒辦法，不忠貞怎麼叫烈女，我就等著你龍顏大怒，等著你把我打得不成人樣了。

收到曾國藩的奏摺，咸豐氣得臉色鐵青，就算我不是皇帝，是你的上級，甚至是同僚，也用不著你這麼損我吧？

這個時候的咸豐正是無比煩心的時候，他對曾國藩的建議棄而不問，一方面是廣西的那堆爛事已把他攪得心神不安，根本顧不上推行自己的新政，另一方面也是時事通行的法則：說總比做容易，曾國藩叨叨叨地講上一大通，咸豐落實起來卻沒那麼輕鬆。

咸豐把奏摺往地上一扔，軍機大臣在哪裏，給我擬旨，我要好好地辦一下這個不知天高地厚的傢伙。

軍機大臣們一聽趕緊上前解勸，說曾國藩固然不識好歹，但求言求賢是皇上您親自發起的，如果因此治罪，只怕會寒了大夥的心。

咸豐想了想也有道理，何況還指著這個高級打工仔幹活呢，於是強壓火氣，寫了一份口氣溫婉的諭旨，算是把曾國藩給打發掉了。他當時也許不會想到，就是這麼手下一留情，若干年後竟然會換得一個夢寐以求的大禮包。

已經做好殺頭進監獄準備的曾國藩逃得一劫，但那份諭旨卻沒有帶給他更大希望，眼瞅著皇上不治罪已經是高恩厚德，你再往槍口上撞那就是給臉不要臉了。

曾國藩只好停止進言，專心做他的學問。

當時的在京朝官，分為兩種，一種是左右時政的，一種是講求學問的。曾國藩倒也想左右時政，可事與願違，如今就只能跟學問死磕了。

在京期間，他曾拜名噪一時的理學大師倭仁為師。倭仁以操守著稱，他像穆彰阿一樣長期擔任科舉考試主考官，門生弟子多如牛毛，但從不藉此徇私。你要向他請教學問，老夫子會言無不盡，什麼都跟你說，就怕你聽不懂，如果你要想請他幫你走後門託關係，對不起，還是免開尊口為好。

倭仁的官不小，生活上卻是能節儉就節儉。一件冬天穿的狐裘，皮革已破損外露，他也不買新的，僅僅在外面打個補丁，能湊合就湊合。

他也從不收禮送禮。他有一個親戚在地方上做官，到北京來看他。估計這親戚撿到的是個肥缺，一出手便送給他一千兩銀子。倭仁說什麼也不肯要，他說，親戚里道的，禮尚往來本來應該，可你們現在都做著官呢，官有官德，別說一千兩，一兩也不能收。

親戚還要堅持。倭仁便說，你一定要送我的話，我就拿這些銀子以你的名義去開一個粥廠，也好給貧民提供食物，這樣倒是個兩全其美的好事。

一千兩銀子拿去做慈善，他親戚的思想境界還沒高到這個份兒上，只好紅著臉走了。

倭仁做這些，並非表面功夫，不帶有一點表演性質，是長期自我修養、自我要求的結果。

曾國藩對此佩服得五體投地。他覺得，身處末世，要改變世風日下的狀態，就得有這麼一股勁頭。

如何才能達到倭仁這樣的境界呢？原來倭仁有寫日記的習慣，他每天寫每天記，白天的每一件事甚至是一個念頭都不放過，然後再對照理學的道德標準進行自我批評，為的就是「狠抓自己活思想，狠鬥私字一閃念」。

曾國藩照這個方法苦修。可他也是個吃五穀雜糧的凡人，平時也會驕傲，也會衝動，包括看到漂亮女人，也免不了會偷著瞄上幾眼，而這些都是事後必須反省的罪過。

曾國藩把日記送交倭仁批閱，倭仁看過之後，用一種異樣的目光打量著他：「老弟，你要想上個境界，就得脫胎換骨，重換一個人啊。」

曾國藩「悚然汗下」，無地自容。

境界這東西確實要命，要達到高僧那樣的境界，幾乎就是在虐自己。與之相比，純知識性的學問就要好搞得多。

曾國藩既入翰林，四書五經當然沒問題，除此之外，他還是清末桐城派古文的泰斗級人物，跟著他學寫文章而一舉成名的都有好些。

學無止境，曾國藩又拜另一位以學問見長的理學大家唐鑒為師。唐鑒告訴他，為學有三個門徑，曰：義理、考核、文章。

那麼還有嗎？唐鑒說還有一個，那就是經濟之學，大致相當於陶澍、林則徐、魏源等人研究過的「實學」。它是被包括在義理裏面的，還算不上一個大門徑。

曾國藩的創新之處，在於把「經濟」單獨列了出來，使實學走向經世實學，這成了他繼理學精神之外，賴以開創事業的另一鎮山之寶。

他具備了能力，只等命運的召喚。

戚氏練兵法

一八五二年七月，四十二歲的曾國藩被欽點為江西鄉試正主考。自離家赴京，他已經十四年沒有回去了，所以一聽到消息，就趕緊向皇帝請假，請求在鄉試結束後能讓他順道回老家探望父母。

一八五二年九月，尚未歸家的曾國藩忽然聽到了母親病逝的噩耗，這個消息來得如此突然，讓他既吃驚又悲痛，急忙穿上孝服，乘小舟溯江西上。

在路上，曾國藩就知道了太平軍進入湖南境內，並圍攻省城長沙的消息，這讓他回家的心情更加迫切。一個月後，他終於風塵僕僕地回到老家湖南湘鄉，為母親舉辦了喪事。

這時整個湖南的氣氛都異常緊張。從大清國建國以來，包括兩湖地區的內地已保持了兩百多年的和平期，人們沒有看到過這樣兵荒馬亂的景象，一時謠言四起，恐怖情緒到處蔓延。儘管太平軍還未能攻破長沙，湘鄉周圍也未見到過太平軍的影子，但扶老攜幼以逃兵災的人家仍隨處可見。

曾國藩哪裏也不想去，他要在家好好地給母親守上一年孝再說（母親死在父親前面，守孝期為一年）。同時堅持不懈的理學修練功夫，也使他得以在外界一片紛擾的情況下，仍能做到鎮靜從容，處變不驚。

能在亂世中沉得住氣，自然是條漢子，加之曾國藩又是朝中大吏，僅憑聲望就能壓得住陣腳，正值湘鄉成立團練，當地縣令和曾國藩的一些師友皆盛邀其出來主持，但被曾國藩婉言謝絕。除了一心守孝外，曾國藩對能不能辦好團練也沒把握。畢竟紙上談兵和真正的行軍作戰不是一碼事，萬一弄砸就不好玩了。

可是團練這件事似乎盯上了他，第二年，咸豐親自來招呼了。一八五三年一月二十一日，曾國藩接到咸豐諭旨，咸豐任命他為湖南幫練大臣，要求曾國藩到長沙協助督辦團練，以便「搜查土匪」。

皇帝的諭旨讓曾國藩很為難，因為這意味著他必須離家。當初在聽到母親病逝時，他就自怨自艾，認為是自己修養不夠，有虛名而無實學，所以才沒能給母親帶來應有的福祉，守孝一年，起碼能給內心帶來一絲慰藉。現在才兩三個月便要脫去孝服，離家遠去，於人於己都無法交代。

其時太平軍已經離開長沙，曾國藩以為，太平軍既然拿不下長沙，要攻打其他城市自然也不容易，或許過不了多久，便能被官軍一舉「剿滅」。他曾國藩只是一個文臣，未習兵事，就不要去出洋相了。

儘管在諭旨上，咸豐希望曾國藩一定要盡力，「不負委任」，曾國藩還是寫了封上疏，懇請讓他繼續在家守孝。

上疏寫好尚未發出，一個驚人的消息傳來，太平軍攻破了武昌！

原來守住長沙不過是個偶然，太平軍已經強大到了可以攻城拔寨，見誰滅誰的程度了。

曾國藩一下子猶豫起來，守孝當然重要，可如果哪一天讓太平軍奪得天下，還會讓他這個前禮部侍郎優哉遊哉地在家裏待著嗎，到時候，恐怕連給他自己守孝的人都找不到了。

曾國藩躊躇不決，把很多人都給急壞了，其中也包括他的一些至交好友，這些人紛紛上門來對曾國藩進行規勸。

曾國藩囁嚅著說守孝不出是古法，好友們皆不以為然。

「古法，那也不必拘泥，而且你素來有澄清天下之志，現在不乘時而出，對得起皇帝的託付嗎？」

到底都是讀書人，為了打消曾國藩關於不孝的顧慮，他們還翻出典故，指出春秋戰國時就有先例：遇到戰事危急，人家照樣穿著喪服行軍打仗，要說古法，這也是古法。

經過整整四天的痛苦取捨，曾國藩終於決定邁出家門，踏出他人生中最重要的一步。

一八五三年一月二十五日，曾國藩來到長沙。不去不知道，去了之後才發現不得了，太平軍雖然走了，卻把湖南的火給點了起來。在太平軍的影響下，長沙周圍全是揭竿而起的會黨，什麼串子、紅黑、邊錢、香會，名目繁多，數不勝數，且隱隱然已有燎原之勢。

在咸豐的諭旨中，團練的用途只是用來「搜查土匪」，放個哨啊，報個信啊什麼的，真正「剿匪」的主力是駐長沙的綠營官軍，可是這些官軍根本就不中用。

在太平軍撤圍北上後，綠營中的精銳已去追擊太平軍，剩下來的都是一些成事不足，敗事有餘的老兵油子。他們去「剿匪」，動不動就說打了勝仗，擒斬多少多少人，實質見了對方就跑，或最多端端花架子，用火炮、鳥槍遠遠地放那麼幾下，意思意思，打得著打不著全沒人管。

曾國藩調查了一下，在這麼多「剿匪」戰事中，竟然從沒有短兵相接的例子，也就是說兵勇們根本不敢進行白刃肉搏。

除了缺乏勇氣，當然也與兵痞們平時不訓練有關，所謂「無膽無藝」。這在綠營中還不是個別現象，周天爵曾經如此描述，說我從廣西省城帶兩百名兵勇去和太平軍作戰，其中一百好像到了馬嵬坡，賴在地上不肯走，另外一百則如同石壕吏的現實版，路上就哇哇大哭起來，恨不得給自己製造一殘疾，以便可以免戰。

周天爵以為到了真正的戰場上會好一些，不料更讓他哭笑不得。一百人有如見到禿鷹的小麻雀，一百人彷彿裹足之羊，反正都被孫行者施了定身法，就沒一個敢上去拼殺的。已近八十高齡的周天爵氣炸胸膛，上去用刀砍了倆，又用箭射了倆，還是無人敢跟著他衝。

老將軍當時無可奈何，說了一句：「你們這些熊兵可真厲害，算是讓我知道了什麼叫『撼山易，撼岳家軍難』。」

顯然，靠老爺兵們難以成事，曾國藩改弦更張，他要獨闢蹊徑，用團練來「剿匪」。團練本來是不離家的，曾國藩將其一分為二，「搜查土匪」的任務由當地的「團」負責，「剿滅土匪」的活則由「練」來承擔，作為固定的機動部隊離鄉作戰。

曾國藩的這一做法，是看出並彌補了清末兵制的一大弊端。

在沒有員警之前，官軍就是員警，不打仗，需負責維持地方秩序，打仗了才由各地臨時抽調，造成的問題，就是匆匆趕來的兵跟臨時指揮他們的將不熟悉，而這裏來的兵跟那裏來的兵也不認識，大家都是陌生人，不僅談不上配合，還會爭搶戰功，甚至是敗不相救。

從鴉片戰爭到鎮壓太平天國，如此的惡性循環上演了不知多少輪。

曾國藩要建立的「練」，實際就是一支擺脫了員警任務的雇傭軍。官兵們大多來自同一個地方，既有鄉誼故交，又知根知底，以此便能起到一種打仗親兄弟，上陣父子兵般的功效。

經徵得咸豐同意，曾國藩從包括湘鄉在內的各地團練中雇募勇丁，在長沙城進行集中訓練和管理。至一八五三年七月下旬，人數已達四千多人，這就是日後名震天下的湘軍（「湘勇」）。

從小到大，曾國藩沒有當過一天兵，他之所以能練出一支不同凡響的軍隊，是因為拜了一個好老師——前朝名將戚繼光。

戚繼光當然不可能活過來重新授徒，但讀書人就這點好，見不到人，可以看書，連授課費都能省下來。

戚繼光生前留下兩本兵書，一為《紀效新書》，一為《練兵實紀》，其中詳細記錄了他的「戚氏練兵法」。

戚老師很實在，他說我不會講空洞而玄乎的大道理，能做的，就是真金白銀，把方法原原本本地教給你們，所以叫「實紀」。

至於以前那些兵法，戚老師認為都顯得有些老套，他教的是新的，讓你看了以後絕對物超所值，所以稱為「新書」。

戚繼光戎馬一生，不是那種光說不練的專家或股評家，用不著多宣傳，曾國藩就自動歸於門下。

讓曾國藩激動不已的是，當年的戚繼光也遇到了和他一樣的麻煩，說是要統兵打仗，可手下全是一群扶不起的阿斗。他只好自己重新選兵，而有了前面的那些爛兵做榜樣，他也有了一個獨特的選兵標準。

概括起來，就是一切反著來。比如，爛兵們很多是城市裏的遊手好閒之輩，那你就得用農村那些老實巴交的，爛兵們平時有型，打仗時卻沒形，得出的教訓是戰場之上，膽量比臉蛋更重要，只要夠膽，敢往刀槍劍戟中衝，你管他長什麼模樣呢。

這種標準太對曾國藩的胃口了，他照單全收。

戚老師跟別的老師不同，他不喜歡太聰明的學生，當然也不能太笨了，簡單來說，就是你得服從命令聽指揮，他說前，你就前，他說後，你就後，只准老老實實，不許亂說亂動。

曾國藩還從書上看到，當年戚繼光練就的「戚家軍」開赴邊關，曾在入城前遇到一次突如其來的大暴雨。在沒有接到入城命令之前，所有官兵全都站在城外，而且就那樣筆挺地站了一天！

好，兵就得練成這種樣子。

戚繼光的實在一以貫之，他最煩表演花架子。

「打仗，是殺人的勾當，不是供別人欣賞的。你那刀劍舞得天花亂墜，陣形擺得光怪陸離，有什麼用呢，不過是戲劇套路罷了。」

照這種說法，諸葛亮的八卦陣都得挨批，戚繼光也的確不練這個。他講究的是兵種配合：動作敏捷的拿藤牌，性格穩重的拿大毛竹製成的狼筅，以上兩種都是膽子不算大的，屬於防守兵，緊隨其後的就是膽子大的，有持長槍，有揮短刀，屬於進攻兵。誰幹什麼活，就專練那個，哪怕你只會一招兩式，也把它發揮到極致。

這點讓曾國藩深受啟發，他從此非常注重軍隊中冷熱兵器的搭配比例，盡量使火炮、鳥槍和大刀長矛都能發揮各自的長處。

除了作戰兵外，曾國藩還專門設立了一種被稱作「長夫」的輜重兵，一方面提高了部隊的供應效率，另一方面也在最大程度上避免了拉伕等擾民現象。

曾剃頭

戚老師的課程，也有讓曾國藩犯難的地方，不是看不懂，而是難操作。

既要馬兒好，就不能不讓馬兒去吃草。大家都是人生父母養的，沒有回報，憑什麼要別人把腦袋拴褲腰帶上，嗷嗷地跟著你去拼命？

明朝一般官軍的工資很低，因此有理由不拼命，「戚家軍」獎金很高，就沒有理由不拼命。

同理，清末的官軍，無論綠營還是八旗，薪俸都很低，有的拖家帶口的士兵實在維持不了生計，只能兼點小生意，有的甚至業餘去打短工，從這個方面來說，你還真不能對他們要求太高。

曾國藩不是一個書呆子，他照著戚繼光的辦法，在湘軍裏實行了厚餉制度。湘軍勇丁大多來自於青壯農民，沒有家室之累，而他們拿到的餉銀則是在家種田的三四倍，生活上自然沒有什麼問題。

曾國藩犯難的地方在於，湘軍作為團練武裝，並非正規軍，政府不提供軍餉，只能由士紳捐募。捐募這玩意，就跟和尚化緣一樣，有一搭沒一搭，遇到一時化不到可怎麼辦？

曾國藩絞盡腦汁，設計了一招：餉銀發一半，到被遣散或請假回家時再一起發，當然了，你要是自己跑掉的，那一半就沒有了。

此招一出，除非出手趕，誰也不甘心留下一半餉銀就走人。

對「戚氏練兵法」，曾國藩是既有繼承又有創新，其中一個重要方面就是加入了精神訓練。

在綠營八旗中，武官們的收入比士兵高，但又遠遠比不上文官，於是靠山吃水，靠水吃水，在軍隊裏面吃空額、克扣兵餉，在社會上則直接進行勒索和受賄。這一點，就連關天培指揮下的廣東水師都概莫能外，鴉片戰爭前照樣接受鴉片商私下送給他們的「陋規」，所以林則徐曾為此再三歎息，說「雖諸葛武侯來，亦只是束手無策」。

在曾國藩數年以來所觀察過的軍營之中，自守備以上的軍官，幾乎沒有一個是清白的，皆「喪盡天良」。

曾國藩對此痛恨無比，為了轉變這種風氣，他搬出了倭仁老師的法寶。

在湘軍營官中，有一半以上都是富有「忠義血性」的湘籍儒生。理學中忠君報國的思想和精神，使得這些人們印象中手無縛雞之力的讀書人爆發出了超常的勇氣，在打仗時他們能夠奮不顧身，捨生忘死，不打仗時還能在軍營中探討鑽研學問，甚至著書立說，讓你不佩服都不行。

一般士兵當然搞不了這麼深奧的東西。曾國藩的辦法是將為人處世的道理和軍隊紀律淺顯化，編成大白話一樣的韻文，讓士兵們背誦和遵守。

經過「戚氏訓練法」和精神教育雙重武裝的湘軍逐漸成形，對付長沙周邊的「土匪」已綽綽有餘。

曾國藩在打算組建湘軍的同時，就認識到，湖南治安如此惡化，社會如此混亂，在於太平軍起到了示範作用。

都知道造反要殺頭，誰不怕殺頭呢，但是現在看到造反的太平軍不僅沒有被殺頭，相反還差點攻下長沙，一些蠢蠢欲動的人膽子也就跟著大了起來。

另一方面，自從太平軍衝擊長沙後，從前威風八面的官吏們個個像霜打了的茄子一樣，平時多一事不如少一事，就怕在亂世之中惹禍上身，性命不保，因為他們的不作為，法紀逐漸變得廢弛不堪。

曾國藩擔心的是，一旦省城的「無賴之民」與周邊的會黨裏應外合，將對長沙形成致命威脅。他從書中找到了一句話：「亂世用重典。」——面對亂局亂世，要麼忍，要麼殘忍，沒有第三條道路。

曾國藩隨後在長沙城設立審案局，不管你是會黨還是盜賊，也不管是想造反還是要劫財，一見就抓，抓住就審，審定就殺，一點沒客氣的。

從一八五三年七月算起，僅僅幾個月時間裏，曾國藩所主持的長沙審案局就處死了一百多人，曾國藩也因此被贈送了一頂酷吏的帽子，「曾剃頭」、「曾屠戶」的名號不脛而走。

曾國藩的大開殺戒，對於那些老實本分的平頭百姓來講，未嘗不是件好事，至少以後出門不用再膽戰心驚了。加上湘軍的反覆「剿匪」，不僅已經發動的各類起義被一一撲滅，即便是正在醞釀的也胎死腹中，湖南由此「欣欣鄉治」，社會秩序重新趨於穩定。

曾國藩真正得罪的，恰恰是長沙的各級官吏。

審案斷案甚至處決人犯，那是按察使的職責，人家才是負責「刑名」的副省長。不管之前他如何明哲保身，睜一隻眼閉一隻眼，但屬於他的盤子，別人就是動也動不得。

現在朝廷還沒說撤我職呢，倒讓你給架得空空的，算怎麼一回事？

這法院也是一條食物鏈，而且向來比別的食物鏈更見不得陽光，裏面不光是按察使，大小胥吏全指著它收取陋規哩。曾國藩完全不顧「起碼規矩」的做法，自然惹得罵聲一片。

本來出面傳達咸豐旨意，同時也向曾國藩發出邀請函的，是湖南巡撫張亮基。他跟曾國藩雖是初次相識，但關係十分融洽，若是他在，不管什麼情況都會幫著上前擋上一把，可惜好景不長，張亮基調任湖廣總督，去湖北收拾殘局了。

駱秉章接替湖南巡撫一職，這駱巡撫跟曾國藩沒有交情，又是個頗富官場經驗的老油條。他剛剛到任，會為了一個曾國藩，而不顧及其他官員的情緒嗎？再說了，這湖南官場到底誰作主，是你姓曾的，還是我姓駱的？

糟糕的是，曾國藩似乎還沒有意識到危險所在，他仍在繼續得罪人。

當初太平軍圍攻長沙，朝廷從各省調集數萬兵勇，以後除了大部分尾追太平軍而去外，尚留了部分散勇下來。這些兵痞經常三五成群，在湘江上攔截民船，以勒索財物，從來沒人敢管，使得湘江之上幾乎斷了交通。

曾國藩聞訊之後，立即出令抓捕，審訊後將其中的三名四川兵斬首示眾，一時風紀肅然，江上交通暢行無阻。

散勇屬於綠營，這回把丘八也給惹翻了，此類爺爺豈是能隨便碰的，雙方由此結下了樑子。

一個人順風順水慣了，就很可能忘了自己是誰。我說的是曾大人。曾國藩的自我感覺好著呢，練湘軍的同時還想練綠營。

倒不是他對綠營又有了好感，而是想通過這種方式，改變綠營軍紀廢弛、四處擾民的狀態——

你們就算不能打，也不要拖後腿。

可這無異於踩了別人的尾巴。如何訓練和指揮綠營，該操心的是提督，連巡撫都不予過問，就算綠營再差勁，又礙著你曾某什麼了，你狗拿耗子多管閒事，那手也伸得太長了吧。

湘軍每天都要進行長達八個小時的軍事訓練，每個月還要組織兩次會操兼精神訓話，曾國藩傳令綠營在這兩天與湘軍一起出操。

湘軍天天如此，可懶散慣了的綠營兵哪受得了。他們平時的所謂出操，不過是隨隨便便地比劃幾下，走個過場而已。更有甚者連這都覺得煩，寧願花錢找個人頂替，自己去睡大覺、下館子、逛妓院。

那兩天烈日炎炎，天不亮就要出操，一天下來汗流浹背，綠營官兵們全都叫苦不迭。對他們來說，陪著練幾下也就算了，最討厭的是還要聆聽訓話。曾國藩在上面講要吃苦耐勞，要遵守軍紀，要精忠報國，底下的綠營官兵都恨不得衝上去扇他兩耳光：「老子們當兵是為了吃糧賺錢，什麼國不國的，盡胡說八道。」

副將清德帶頭搞自由主義。會操那天正值他小妾過生日，清德大發請柬，還命令五十多個士兵給他操辦酒席。

大家心領神會，會操時，都以病假為由拒絕露面。正待大發闊論的曾國藩往底下一瞧，綠營那邊稀稀落落，問明緣由，才知道是清德從中作祟，不由得大怒。

小樣，還敢跟我較量，不把你這股歪風打下去，我的「曾」字就得倒過來寫了。

曾國藩的好處是有直接給皇帝上摺子的特權。他一查清德的檔案，原來這哥兒們的一大嗜好是養花，出去打仗，軍備事務一概不知，如同泥塑木偶一般，倒是有件事一定忘不了，那就是買花運回去。長沙被圍時，別人都上了前線，唯有清德換了便裝，躲在民房裏連大氣也不敢出一口。

證據確鑿，曾國藩以「性耽安逸、不理營務」之罪，狠狠參了清德一本。

曾國藩要參劾他的事很快傳到清德耳朵裏，這廝又急又恨，趕緊跑到剛剛回省的提督鮑起豹那裏喊冤告狀。

「天氣這麼熱，坐家裏都能出一身汗，何況頂著毒辣辣的太陽出操，這是在虐待士卒，不把我們綠營當人看啊。」

鮑起豹哼了一聲。

清德發現有門，再敲邊鼓：「縱使我體恤士卒有錯，我是大人您的副將，他曾剃頭有什麼權利說參就參呢？」

提督的臉色漸漸變了。清德的一句話讓他再也按捺不住：「長沙居民只知有幫練大臣曾國藩，不知有提督鮑起豹。」

你不過是個搞搞團練的文官，懂得什麼軍事，現在竟然廟小妖風大，公然欺負到老爺我鼻子上來了。

鮑起豹當下發布命令：「盛夏操練，實為虐待士兵，不僅不參加會操無罪，今後誰要膽敢私自參加，還要軍棍伺候！」

做好自己

鮑起豹的這道命令原本荒謬絕倫，但卻在湖南官場贏得一片掌聲和喝采。

這裏面當然少不了按察使和他的那些大小胥吏。他們正愁沒人給他們出頭，現在鮑起豹站了出來，雙方立即王八看綠豆——對上了眼。

你需要托嗎？我們來托你。

輿論完全站到了鮑起豹一邊，與曾國藩成為對立面，說他凶狠殘暴，殺人如麻，說他酷愛耍牛，憑著一點老資格，就愛管東管西，隨便插手。

有了輿論支持，綠營官兵變得有恃無恐，會操自然是不去了，不僅如此，他們還常常在街上對碰到的湘軍兵勇進行襲擊辱罵，連曾國藩的弟弟都無緣無故挨了打。

湘軍也看不慣這些老爺兵，一次看到幾個提標兵在喝酒賭博打架，就上前秉公說了幾句。所謂提標兵，就是提督鮑起豹的親兵，一向目空一切，別說訓他了，就是多看他幾眼，沒準也能給你舞拳頭。

雙方發生械鬥，提標兵吃了虧，回去搬了一大群救兵，要找和他們打架的湘軍算帳。找不到，就圍住曾國藩，讓他交出「打人凶手」。

綠營內鬥的熱情讓曾國藩很是吃驚，有這股勁頭，你們為什麼不拿去「剿匪」或追擊太平軍？

想到這樣鬥來鬥去將沒完沒了，而且綠營的軍紀敗壞也將影響省城治安，曾國藩就給鮑起豹寫了封信，請他抓一抓綠營的軍紀。

按照曾國藩的意思，是要鮑起豹在軍營內對違紀者進行懲治，鮑起豹卻來了個絕的：「行，你既然那麼惦記他們，我這就給你送過來。」

鮑起豹把那幾個提標兵繩捆索綁，捆送曾國藩的公館。

這招可太毒了，不僅讓曾國藩下不來台，也因而激怒了綠營士兵。後面這些雜碎向來勇於私鬥，怯於外戰，一聽還有這事，都衝動起來。

太能幹了這個曾剃頭，我們問他要人，他居然還把我們的兄弟給捆了去，幹掉他！

這邊曾國藩正不知道拿捆來的提標兵怎麼辦才好，正在猶豫不決之時，他的公館便遭到了綠營的圍攻。

當綠營滿城鼓譟時，長沙的文武百官其實都聽到了，但他們一個個緊閉大門，裝聾作啞。曾國藩在長沙的公館，原先是巡撫官署的一部分，新任湖南巡撫駱秉章的住所與曾公館不過一牆之隔。沒有不透風的牆，這麼大的動靜他哪裏會聽不見，可人家就是鑽在裏面不出來，更不要說制止了。

事到如今，曾國藩也不能裝孫子，想想綠營士兵膽子再大，也不敢衝進公館，他便走到堂前，欲派人與包圍者進行交涉。可是他想錯了，綠營的一大特色就是無組織無紀律，以下犯上之風盛行，這些士兵一衝動起來，哪管你是不是朝廷大員，這裏老子說了算。

沒等曾國藩開口，兵勇們已經衝了進來，並且二話不說就動起刀槍。

曾國藩的一個親兵被刺傷，他自己也險些中招，眼見事態已不可收拾，他不得不向鄰近的湖南巡撫求救。

聽見曾國藩在門外喊救命，駱秉章才裝出一臉驚訝的表情，走出門來替曾國藩解圍。

巡撫親自給那幾個被捆的提標兵鬆綁，又說了一大堆賠禮道歉的話。綠營不僅沒有受到怪罪或處罰，還得了這麼大面子，自然得意洋洋地撤兵回營，只苦了一個曾國藩，因為從頭到尾，駱秉章沒有上前安慰一句，似乎他曾國藩才是肇事的元凶。

接下來事態的發展，說明這駱巡撫真是個人精：得知消息後的長沙官員，從大到小，沒有一個同情曾國藩，全都幸災樂禍，認為他咎由自取。

長沙官場的態度，連曾國藩的部下和幕僚們都看不下去了，紛紛勸他上摺告御狀。

曾國藩歎了口氣：「時勢危急，我們這些做臣子的不能平定內亂，怎麼還敢拿這種事去讓皇上煩心呢。」

他終於想明白了，因為他破壞了官場的遊戲規則，所以早已成為眾矢之的。長沙城裏的所有官員都和他成了敵人，只要他待在這裏一天，就得鬥上一天。

當然可以給皇帝寫信，可是其他官員難道就不會，起碼新巡撫總是有上奏權的，所謂眾口鑠金，積毀銷骨，真的打起筆墨官司來，你未必會贏。

惹不起，還躲得起。一八五三年九月二十九日，曾國藩率湘軍轉駐衡陽。

衡陽是曾國藩的祖籍，也是他夫人的故鄉，此地人文鼎盛，風景不殊。常言說得好，心隨境轉，對於煩惱而言，遠離也許是最好的辦法。

曾國藩完全拋開了長沙城裏那種鬱悶而憋屈的情緒——你們腐敗也罷，庸碌也罷，妒才也罷，都將與我無關。人生短暫，時間有限，重要的是做好自己。

在衡陽，除繼續加強陸師訓練外，曾國藩開始重點籌建湘軍水師。

「剿匪」已經結束，湘軍必須和真正的對手太平軍進行硬碰硬的較量。太平軍的陸師固然狠辣，但這時最讓各省官軍叫苦不迭的還是太平軍的「水營」。

「水營」係太平軍自廣西攻入湖南後所創建，前後擁有萬艘由民船改造的戰船，所到之處「帆幔蔽江，銜尾數千里」，黑鴉鴉都看不到頭。

有了水營，太平軍得以完全控制長江水面。長江沿岸官軍所控制的城池成了太平軍的自助餐，想吃哪一塊就吃哪一塊，而守軍則猝不及防，毫無抵禦的辦法。

顯然，曾國藩今後要想與太平軍分個高下，「肅清東南」，擁有足以與其抗衡的水師是基本條件，但是這個活起初著實難倒了曾國藩。

以前說建立陸師不容易，現在看來還算簡單的。只要像戚繼光書裏講的那樣，招一批不怕死的人，再發上鳥槍和刀矛，訓練一下就能湊合了。

水師不行，那完全是一項龐大的再建工程，涉及技術瓶頸、經費籌措、水勇募練，可以說任何一項都沒有先例可循，而任何一項也都足以使主持者煩惱到生不如死，其艱難程度，可以用曾國藩自己的比喻來形容——像蚊子去背起大山，如蟲子去渡過大河。

可是他沒有退路，哪怕是「精衛填海、杜鵑泣山」，也得一樁樁、一件件予以解決。

首先得有戰船。真正的戰船什麼樣，沒人見過，在兩湖地區，就從來沒有戰船的影子，也沒有一兵一卒曾服役於水師。翻書，書裏也沒現成答案，自古以來，中國人打仗大多在陸地，除了難得一見的赤壁大戰，有關戰船的記述很少。

曾國藩的腦子裏沒有戰船的準確概念，一開始他甚至想用木排來予以代替。按照他的想法，木排容易，伐一排木頭編一起就行了，而且這東西又輕便又靈巧。太平軍的戰船高，看不到木排，船炮只能仰射，又打不著木排，多好啊。

可是一試驗，發現完全不是這麼回事。人家船隻根本就不用打炮，光擠就能把你給擠沒了，更撓頭的是，木排很難逆水而上，以後去天京可怎麼整？

戰船這個環節沒法省略，曾國藩日思夜想，突然找到了靈感。

兩湖地區有龍舟比賽，節日的時候飛舟競渡，煞是快捷好看，能不能仿造龍舟製造戰船呢？

為了編練水師，曾國藩此前特地向廣東地區發出了專家徵集令。「龍舟版戰船」正要動工，專家們到了，一聽就笑了起來，說真正的戰船哪是這種樣子的。

在廣東，共有兩類三種戰船樣式。

第一類，叫長龍、快蟹，此為大船類型。它們像「長龍」那樣擁有龐大的船身，往水面一放，威風凜凜，但「快蟹」二字卻得拆開來講：有「蟹」一樣的慢慢騰騰，唯獨少一個「快」字。

第二類，叫小舢板，此為小船類型。就是鴉片戰爭時期，英軍兵臨南京城下所用的那種登陸舟。其特點是個頭雖小，卻移動靈活，行動迅速。

戚繼光說過，打仗非同兒戲，不是你殺人，就是人殺你，玩花樣最後很可能先玩死的就是自個。曾國藩馬上放棄了他的「龍舟計畫」，讓造船工匠按照專家的指導進行集體攻關。

皇天不負苦心人，最後終於如願試造成功。鑒於兩類戰船一快一慢，在實際演練和作戰中，曾國藩將它們的優點予以互補，配合起來使用。

有船，沒有炮不行。中國是能自行製造火炮的，只是一個鴉片戰爭，把自產火炮的老底完全揭穿。曾國藩要炮，但他不能要這類「笨炮」，得要好炮。當時廣東可進口西洋炮，曾國藩就花大價錢託葉名琛在廣東購買。

既然仿造不了洋槍洋炮，聰明的士大夫們便直接「師夷長技」，先買過來，用著再說。

截止到一八五四年二月，湘軍共打造出三百六十一艘戰船，其中既有長龍、快蟹和小舢板，也有購買並改造為戰船的民船，但令人稱羨的是都裝配了大量洋炮，其火力不容小覷。

炮船齊了，還得有人。

衡陽靠近湘江，會水的人很多，要招水勇那是一大把，可曾國藩不敢就近招納。因為衡陽當地會黨的勢力很大，曾國藩最不喜歡這些類似於黑社會組織的會黨。要是招來招去，一個不小心讓會黨混進來，關鍵時候對你反戈一擊，那可就慘了。

湘軍水師的水勇還是從曾國藩的老家湘鄉召來的。湘鄉山區多，好多是旱鴨子，熟悉水性的人很少，要做水勇，還得先從游泳抓起。不過曾國藩認為這個不難，一天不會，那就一周，一周不會，就一月，人可靠才是關鍵。

最難的還是錢。

湘軍陸師的糧餉，主要靠勸募士紳來維持，但比之於陸師，水師簡直是一隻吞錢的老虎，僅籌備炮船，招募水勇，就需要十餘萬兩銀子。

為了找錢，曾國藩到處打聽，只要哪裏有銀子的氣味，覥著臉也得湊上去聞上一聞。

當時的南方各省，尚被政府控制在手裏，且有財源的，只有一個地方，那就是廣東。曾國藩得知廣東解往江南大營的十餘萬兩餉銀，將經過長沙，趕緊向咸豐打報告，要求截留四萬兩，作為組建水師專用。

咸豐也知道長江上沒有水師之弊，所以馬上予以批准，此後又下令湖南藩庫，也就是湖南地方財政掏三萬出來給曾國藩。

有了這七萬銀子打底，曾國藩再東挪西湊，總算解了燃眉之急。

到一八五四年二月，經過近半年的操練，湘軍從體量和能力上都完成了一個升級，擁有水陸兩師共二十個營，一萬七千人。

回過頭來，曾國藩禁不住要慶幸那次離開長沙的選擇，甚至要感謝那些什麼正經事都做不了，又不肯讓別人做正經事的庸官俗吏。正是他們的排擠，成就了一支更高水準的軍隊。

有時候，主動放棄未必就意味著損失，它很可能是一個嶄新的開始和獲取。

俠義儒生

在曾國藩演練湘軍的那一年，外面的世界一天也沒有平靜過。

咸豐好不容易促成的江南江北兩大營，並未能困死甚至攻破天京，反倒是太平天國組織的新一輪進攻，讓他再次陷入困境。

一八五三年五月八日，太平軍從揚州出發，發動北伐，矛頭直指大清國的心腹之地。

咸豐對此當然不敢掉以輕心，趕快把北方各省所能調動的綠營八旗都拿出來，用於堵截北伐的太平軍，但還沒等他完全部署好，一八五三年六月三日，另一股太平軍從天京出發，以保障供給為目的，舉行了西征。

咸豐顧此失彼，倉促之下再撥不出多餘力量去應付，只得命令南方各省盡力自保。太平軍自廣西出發，到定都天京，長江沿途省份差不多都已被掃過一遍，所駐官軍少得可憐，哪有什麼自保能力。僅僅一周之後，太平軍便攻克了長江北岸重鎮安慶，隨後又繼續溯江西上。一八五三年六月二十四日，太平軍兵臨南昌城下。

此前幾天，駐守南昌的江西巡撫張芾正在焦急地等待一個人，他相信只有這個人才可以挽救自己，挽救這座城池。

讓張巡撫如此期盼的是一個湖南人，叫江忠源。

江忠源的相貌跟三國時的劉備有得一拼，都是身材很高，且「手垂至膝」，不過早期的江忠源不像劉備，更像劉邦，「黃賭毒」裏面，他佔了倆，除了不吸鴉片，其餘都沒少幹過。

雖然行為不檢，然而此人卻有一股難得的豪俠之氣。中舉後他赴京會試，對身體不好的同學非常照顧，常常為之尋醫問藥，同學病故了，他還買來棺木，當自己親人一樣幫助處理後事。江忠源在北京三次參加會試，三次負責護送友人靈柩回原籍，不畏千里跋涉，不怕誤過考期，沒有錢了，就典當衣物，徒步當車。其古道熱腸，可謂前無古人，後無來者。在湖南學子中，江忠源遂有俠義儒生之美稱。

曾國藩也愛扶困濟弱，尤其樂於為人撰寫輓聯。他與江忠源因此被譽為當時京城中最為難得的兩個湖南人。人們說，只要京城裏死了人，江忠源必會幫忙買棺材，曾國藩則必送輓聯（「代送靈柩江岷樵，包寫輓聯曾滌生」，岷樵、滌生各為兩人的字）。

同為湖南老鄉，江忠源有心拜謁曾國藩，可是江忠源既有「黃賭」的惡名，曾國藩這個道學先生就不想接見——俠義雖可貴，清白價更高。

他對門衛交代，來找我的那人「素無賴」，以前是個很流氓的傢伙，你替我編兩句好話給打發了吧。門衛似乎也沾了一點曾國藩的道德氣味，在門口便毫不客氣地把主人的原話給江忠源照說了一遍。

聽完後，江忠源老實承認自己確實有過「黃賭」的嗜好，也知道今天要拜訪的是個講究人，但是他讓門衛給曾國藩捎去一句話：「天下豈有拒人改過之曾國藩邪？」

這話讓曾國藩很是震驚，出言不俗啊，快讓他進來。

見到已為京官的曾國藩，江忠源毫不怯場，天下大事，侃侃而談，而且說話時聲如洪鐘，指手畫腳處，把茶杯都給弄翻了。

遇到這種事，左宗棠還要巧言掩飾一下，江忠源沒有那麼酸，他就像沒看到一樣，仍然談笑風生，全不當作一回事。

自此兩人結為至交。當時大清國仍在承平之際，即便鬧騰過一段時間的鴉片戰爭，也像所有的邊境衝突一樣，只影響到沿海的幾個省份。長期的和平生活足以使人昏昏，江忠源對此則有先見之明，在交往中，他將自己的想法如實告訴曾國藩：「天下可能將有大亂，有勇氣的讀書人絕不能袖手旁觀，應為平定大亂建功立業。」

那時候凡是出名的士大夫，若不會點旁門左道，似乎都會讓人看不起。林則徐鑽研過星象，曾國藩則是對相面術情有獨鐘。他後來對別人說，我這輩子從沒見過像江忠源這樣的人，太牛了，以後一定會揚名天下。

曾國藩也預言了對方的結局：江忠源性格剛直豪爽，如果真像他所說的那樣去平定大亂，「終以節烈死」——會死得很壯烈。

江忠源的心思完全不在那些老套的道德文章之中，他攻讀四書五經，也純粹是為了應付考試，對書裏的教化語言絲毫不感興趣。大概也因為這個原因，他在京城八年，卻沒能更上一層樓，三次會試都落了榜，失去了成為進士的可能。

當不了進士，還有最後一次機會。按照清末的科舉制度，每六年會從會試不中的舉人中再進行一次選拔。成績一等的分發各地做知縣，成績二等的授予教職，俗稱「大挑」。

這次江忠源總算擠上了末班車，名列二等，可以到教育局混碗飯吃了。不過就算這碗飯也不是你想吃就能馬上吃的，得先在吏部掛號。「大挑」嘛，顧名思義，等到若干年後，有教育局的官位騰出來，才可以把你們這些備選的拿出來大大地挑選一下。至於哪一年挑，以及你能不能被挑中，就是未知數了。

江忠源不是靠死讀書吃飯的，他靠本事吃飯。回鄉後，江忠源便招納子弟，組織鄉勇「剿匪」，並通過戰功被破格錄用為知縣，在湖南學界首開書生從軍的先例。

不過七品芝麻官的運氣不好，江忠源赴任的地方是浙江秀水，當時正在發大水，隨後還爆發了搶米風潮。

搶米就是搶劫，一般官員的做法，都是把搶米的人抓起來，按律定罪，但江忠源與眾不同。他把全縣士紳找來，讓大家捐資賑災，並親自寫匾贈送。

捐得多的，門口掛一匾，曰「樂善好施」，另外牆上張貼一張告示作為護身符：看準了，這是好人家，不能搶，搶了一律處死。

不肯捐或捐得太少的，也有匾相贈，叫作「為富不仁」。掛上去後，江忠源派專人巡視，不許隨便摘下。

至於有沒有人會搶你，你自己看著辦吧，我不管。

如此一來，江忠源「樂善好施」的匾就成了搶手貨，士紳們誰也不願意捧一塊「為富不仁」回來。

士紳樂於捐款，還在於不會有人從中揩油，江忠源將災民造冊，讓捐款人按冊子直接進行捐助和救濟，官府只是履行監督的義務。

等人心安定後，江忠源再對搶米風潮中抓獲的人犯進行處理，除將作惡多端的搶劫慣犯予以處決外，其餘人一律釋放。江忠源因此被秀水的老百姓稱為「江青天」。

太平天國運動爆發後，賽尚阿督師廣西，有「剿匪」經驗的江忠源隨軍效力。他從當年曾經跟著自己「剿匪」的鄉勇中選出五百人，號為「楚勇」，因均來自於江忠源的家鄉湖南新寧，所以又稱新寧勇，這就是湖南楚軍的最早起源。

在官軍序列裏，江忠源屬烏蘭泰指揮，烏蘭泰很賞識江忠源，把他作為自己的左右手，但烏蘭泰本人和向榮不和，兩人經常鬧矛盾，當然也談不上什麼密切配合。

江忠源為此不知勸了烏蘭泰多少次：「別再跟同僚慪氣了，大敵當前，這樣只會壞事。」

烏蘭泰卻無論如何轉不過這個彎，認為他功勞比向榮大，賽尚阿應更重用自己，為什麼反而要去偏袒向榮，不公平。

江忠源調解不成，頓感前景不妙。

跟太平軍作戰，本來就沒絕對優勢，你們再窩裏鬥，還能不打敗仗嗎？

於是江忠源便以母親生病為由告退回家了。

包圍永安時，江忠源聽說向榮要「以追為剿」，意識到這是個餿得不能再餿的點子，趕緊派人送信給向榮：喝酒就要捏著鼻子猛灌，只要繼續深溝高壘，等到太平軍一旦糧盡援絕，便可以將其困死在城裏。

向榮卻偏要擺噱頭給賽尚阿和烏蘭泰看：瞧哥今天得瑟一下，如何妙計殲敵。

戰場態勢正如江忠源所言，烏蘭泰和向榮的不和，給被困在永安的太平軍提供了突圍的機會。衝出去的太平軍勢不可當，由守轉攻，反過來包圍了廣西省城桂林。

聽到消息，江忠源坐不住了，他又擴招了千名鄉勇，率部火速赴援。這時烏蘭泰已受傷死於軍中，江忠源遂得以獨立指揮楚軍。

江忠源治軍，可以看到他當學子時古道熱腸的一面，作為統兵將領，他關心和體恤士兵，能夠同甘共苦，當兵的吃什麼他也吃什麼，從不搞特殊待遇。

另一方面，「江青天」時代的機敏務實也隨處可見。每次作戰前，江忠源都要深入前線，對地理形勢進行一番認真觀察，然後舉著馬鞭，告訴部下們，哪裏可以誘敵，哪裏便於設伏。

在後來的很多次戰役中，江忠源的楚軍都並非主力，但由於他善用地形，往往就能起到出奇制勝的效果。

桂林一戰，江忠源沒有到城裏去協防，而是大膽地駐軍城外，結果三戰三捷，迫使太平軍撤圍而去，令人嘆服不已。

但是真正讓江忠源揚名江湖的，還是蓑衣渡之戰。

蓑衣渡是湘江上的渡口，位於湘桂兩省交界處，過了蓑衣渡，很快就可進入湖南。江忠源料定太平軍要入湖南，則必經蓑衣渡，因此向他的上級提出要在蓑衣渡伏擊太平軍。

江忠源的這些上級早就被太平軍打成了驚弓之鳥，正面擋都怕擋不住，哪裏還敢搞什麼伏擊，江忠源的方案被一口回絕。

江忠源不甘心，他親自到蓑衣渡查看地形，發現此時江水暴漲，水流湍急，若不在這裏伏擊一下，那真是傻到家了。

跟這幫人說話咋這麼費勁呢，你們不來，我自己幹這一票。

江忠源獨自率楚軍趕到蓑衣渡，砍伐湘江沿岸樹木製作木樁，然後釘入河底，以阻斷水路。唯一麻煩的是人不夠，湘江兩岸，楚軍只能埋伏在西岸，無法顧及東岸。

幾天後，太平軍乘坐數百條船到達蓑衣渡，當即被木樁攔住去路。楚軍乘機以火炮和火箭攻襲，將太平軍壓於江中。雙方激戰兩晝夜，太平軍最終找到東岸的空隙，才登岸衝了出去。

蓑衣渡之戰，是清軍與太平軍作戰以來所取得的第一個大勝仗。太平軍在這一戰中損失了全部輜重糧草，數千精銳的廣西老兵戰死，最慘的當然還是此前已經受傷的南王馮雲山中炮身亡。

在拜上帝會的領導人中，馮雲山算是天父的三阿哥，也就是說，洪秀全以下就輪到他了。更重要的是，早期教徒大多是由馮雲山發展出來的，「教主」洪秀全不過因人成事而已。有論者甚至認為，他的死直接關乎後來太平天國的興衰。

雖然太平軍逃離了蓑衣渡，但這一戰對士氣打擊是如此之大，若不是東王楊秀清堅持己見，洪秀全等人當時就想散夥回家或者轉返廣西了。

楊秀清說，我們都已經騎上虎背了，還能下得來嗎，唯今之計，就是專攻南京，以後即使不能完全打下天下，起碼據其半總還是有的。

聽他一說，眾人覺得有道理，遂鼓起勇氣，繼續向湖南挺進。這麼一衝，果然又像滾雪球一樣，隊伍越滾越大，並且轉眼之間就殺到了長沙城下。

救火隊長

告急，請援，這時候，曾國藩還在家鄉湘鄉守孝，儘管表面強作鎮定，但內心大約也在忐忑不安，而他當年認為前途無量的江忠源已經像個救火隊長一樣，再次趕到長沙。

此時長沙的攻守戰甚是激烈，但江忠源不看這個，他觀察長沙城外的地形。一看，糟了，作為制高點的天心閣被太平軍佔領了。

鴉片戰爭以來，那種據高建立火炮陣地的打法已漸為人知，當然也有無師自通的。按照江忠源素來的軍事理論，地利為第一重要，須寸土必爭，桂林之戰為什麼要駐紮城外，就是要搶一個好地形，而蓑衣渡一戰也完全是藉了地勢的光，否則幾千人哪裏是幾萬人的對手。

江忠源立即組織敢死隊，與太平軍爭奪天心閣，雖曾奪得一面大旗，但終究沒有能夠攻克對方營壘。

既然已認準天心閣是固守長沙的關鍵，江忠源哪裏肯捨，他索性挨著太平軍紮營。兩軍大營相距僅數十米，咳嗽一聲都聽得見，而且還同飲一口水井——大家都很自覺，沒有敢朝井裏下毒或吐口唾沫什麼的。

靠這種人貼人戰術，江忠源一步步擠，終於把太平軍的防區擠得越來越小，逐漸變成了背水臨城的不利態勢。

長沙之戰，楊秀清、石達開都參與了指揮。作為太平軍前期最出色的將領，他們都很年輕，楊秀清三十一歲，石達開才二十一歲，正是創造力噴發的時候，與賽尚阿、向榮這些六七十歲的老頭形成一個明顯反差。

戰場上的淘汰率是最高的，老頭們已經或正在退出舞臺，在長沙城外與楊秀清、石達開角逐的是四十歲的江忠源。四十歲，那更是一個男人的黃金年齡，經驗、能力、動力都近於完美。

面對面，青春的一代並沒有能夠戰勝成熟的一代。經過三個月的圍攻，太平軍不僅沒有找到入城的空隙，還蒙受了較大傷亡，位於太平天國領導層第四把交椅的西王蕭朝貴被火炮炸死。

固守長沙的把握越來越大，但是城中文武百官仍然不敢鬆懈，只有江忠源語出驚人：「太平軍銳氣已挫，可能要撤退了。」

這麼說是有依據的。根據江忠源的觀察，長沙四面布滿官軍，只有湘江西岸空虛，現在一部分太平軍已經渡江到了西岸，為的就是收割岸上的稻穀，以便補充軍糧。

這說明什麼，說明太平軍所攜糧草將盡，倘若再攻不下長沙，就一定會撤退。

江忠源的想法是，乘太平軍撤退，在他們必經的回龍塘水道設伏，再次複製一個蓑衣渡之戰，但鑒於太平軍力量大大增強，楚軍不可能獨當其任，江忠源希望大家一齊上，他當先鋒，全軍設伏。

方案一拿出來，除了湖南巡撫表示贊同外，底下諸將都變成了縮頭烏龜，誰也不敢到城外去與太平軍一決雌雄。

巡撫官不小，可聚集長沙的大多為外省軍隊，人家不願意去，他也沒辦法。江忠源見狀，決定親自去湘潭找接替賽尚阿的欽差大臣徐廣縉。

徐廣縉初來乍到，對前線的情況不了解，何況他也是個文臣，缺少江忠源那樣的名將眼光，看不到這一步，認為長沙駐軍的主力若是出城設伏，風險太大。

這也不行，那也不行，戰機全給浪費得一乾二淨，江忠源急得直跺腳，卻又無可奈何。

對戰場上的風雲變幻，江忠源一向算得很準。太平軍撤了，而且一絲不差地是沿回龍塘撤走的。

長沙諸將聞之愕然，沒有敢鼓掌相慶的，他們都被那個官職不大但料事如神的江忠源給比了下去，當戰機失去，只有懊悔和沉默的份。

事後有人還懷疑這些將領是收了太平軍的賄賂，所以故意縱敵，有一哥兒們紅著臉說了一句：「太平軍都不怕我們，他們憑什麼要出錢賄賂？」

照例，太平軍走，官軍是要跟著追的，江忠源意冷心灰，打死也不肯再與那些笨蛋同僚為伍，而寧願留在湖南「剿匪」。

只有赫赫戰功和過人的軍事才華是遮掩不住的，短短幾年時間裏，江忠源由知縣升知府，由知府升巡撫，成為湖南士子中投筆從戎並崛起於官場的第一人。

江西巡撫張芾久聞其名，對於他來說，只有江忠源把守南昌，才是最讓他放心的。江忠源正奉旨到江南大營報到，途經九江，就接到了張芾的告急文書，立刻星夜兼程往南昌趕。一八五三年六月二十三日，江忠源率領千餘楚軍到達南昌，只比太平軍早了一天。看到江忠源這個有名的救火隊長趕到，張芾差點哭出聲來。他親手把「王命旗牌」交給江忠源，表示在守衛南昌期間，包括他本人在內，全都服從命令聽從江忠源的指揮。王命旗牌是朝廷頒給地方大員，用於便宜行事的權杖。這個東西一交出來，就等於把自己的身家性命交了出來。

但是這麼一交真是值得，因為江忠源名不虛傳。

按照防守長沙的經驗，江忠源一到南昌，便將城外的民房盡行焚毀，從而使太平軍失去前線隱蔽所。

太平軍還沒現身，民房就給燒了，南昌的老百姓起初怨言四起，第二天發現還真的非燒不可。太平軍從江上登陸後，找不到靠近城牆的堡壘或制高點，只好順著較遠一些的文孝廟修建堡壘，然後用火炮轟擊城池，就這樣也殺傷了很多守城官兵，要靠得再近一些，無疑對守城是一個莫大威脅。

距離夠不著，火炮作用不大，太平軍只好提前投入「土營」。

「土營」是太平軍繼水營之外組建的第二支特種部隊，以加入太平軍的煤礦工人為骨幹，實際是一支工程兵部隊。其任務是實施「穴地攻城法」，即先進行土工作業，挖掘通往對方要塞之下的地道，然後用炸藥進行爆破，從而為攻堅創造條件。太平軍能夠攻克武昌、南京，土營居功至偉，可以這麼說，在冷熱兵器混雜的近代戰爭中，土營幾乎就是突破高大城牆的唯一金剛鑽。

如何對付土營，江忠源當然早有研究。他採用的是「甕聽法」——預先在城內緊靠城牆地方埋一座大甕，派人坐在裏面，專門偵聽來自地下的動靜。如果有掘土的聲音，立刻循聲向下對挖，從而破壞對方的地道。

大家都很努力，但總有防不勝防的時候。土營終於得以挖通一座地道，並引爆了炸藥，城牆被炸開數十丈的缺口，太平軍蜂擁而上。

江忠源親自率部上前格殺，將太平軍擊退後，再用裝滿泥土的布袋填塞缺口。如是者三，才保得城池不失。

楚軍軍紀嚴明，沒人敢臨陣溜號，但楚軍一共也才一千多號人，怕的是與之配合的綠營掉鏈子。江忠源便用楚軍來監督綠營，每隔四五個城堞，就有一名楚軍士兵，由這名士兵來監督其他綠營士兵，如果有人棄城而逃，可以立即斬首。江忠源自己也以身作則，在最易被攻破的一面日夜巡防督戰。

遠在天京的東王楊秀清始終關注著南昌的攻守。這是自從圍攻長沙後，他與江忠源在戰場上的第二次激烈碰撞。按照楊秀清的原定計劃，在攻取南昌後，太平軍將進入湖南。

但是戰役的結果卻與長沙那次沒有什麼不同，也是三個月，也是蒙受了較大傷亡，仍不得其門而入。楊秀清唯有下令從南昌撤軍，並將西征主將賴漢英予以革職問罪。

這一次對峙，江忠源又贏了，他不僅保住了南昌，還保住了湖南，但是一如長沙之戰，楊秀清很快就將轉敗為勝。

撤下一個不太能打的，為的是換上一個特別能打的。一八五三年九月二十五日，翼王石達開到達安慶，主持安徽方面的西征軍務。

在早期親臨前線的太平軍將領中，很多是李逵似的黑旋風，智勇兼備的較少。石達開是一個例外，他在戰場上薰陶和鍛鍊出了不一般的軍事修養，有著極深的謀略。在圍攻長沙之戰中，就是他率先想到乘虛而入，控制湘江西岸的稻田，從而維持了太平軍的軍糧補給。

翼王上陣，局面馬上不一樣了。他不是專攻一城，而是全面開花，並依靠水營的靈活機動和工營的善於攻堅，一步步把對手逼上絕路。

關鍵時候，江忠源所統率的楚軍又出現了問題。由於軍餉有困難，士兵開始鬧餉，有人甚至對江忠源也兵戈相向。之後，不是未戰先潰，就是嘩散還鄉，昔日以打仗賣力，以一當十而聞名的「新寧勇」一崩如斯。

江忠源對此痛心不已。他自己總結教訓，認為原因「不在勇而在帶勇之人」，是營官沒配好，不像湘軍那樣，營官大多是「不愛錢，不怕死」的讀書人。

癥結是找到了，但長江沿岸的形勢，根本容不得他這個救火隊長再坐下來從容練兵。他只能把希望寄託在曾國藩身上，然後繼續跑東跑西，累到吐血。

一八五三年十一月中旬，太平軍逼近安徽省會廬州（今合肥）。廬州知府胡元煒向江忠源求救，但是此時江忠源正病倒在床，跟著他的殘餘楚軍由於長期得不到休整補充，也越打越少且戰鬥力銳減。

不得不說，胡元煒是個很自私的傢伙，為了能讓江忠源捨命撈自己，他在信中扯了個謊，說廬州兵力和糧餉充足，光鄉勇就有萬人。

反正是兵強馬又壯，您老人家來了指定開心，只要動動嘴，想想招，太平軍的那幾頭爛蒜都不夠咱爺倆搗的。

江忠源信以為真，遂強撐病體，讓人用擔架抬著上了路。

一八五三年十二月十日，已被任命為安徽巡撫的江忠源進入廬州。去了之後才發現，他竟然被自己的部下給忽悠了。

把他帶去的楚軍加一塊，全城兵勇一共才三千人，而且廬州城牆低矮，物資也很缺乏，與胡元煒所說的相去甚遠。

胡元煒是個肥嘟嘟的胖子，江忠源氣恨恨地對他說，你小子既然肚子裏有這麼多鬼心眼，應該是用腦過度的瘦猴形象才對，怎麼會長一身肥肉出來？

罵歸罵，既然來了，守還是要守。

未等江忠源部署完成，大批太平軍已經趕到廬州城下。江忠源帶病指揮，他明白此一時彼一時，廬州守軍勢單力薄，必然難以長久支持，因此急忙寫信對外請援。

可是太平軍早就為他準備了圍點打援的戰術，赴援的兵馬來多少被打掉多少，剩下的噤若寒蟬，紛紛裹足不敢向前。

陷於孤城中的江忠源不得不帶病指揮，用守南昌的辦法來守廬州，如此艱苦忍耐，又堅持了月餘。

在攻城過程中，太平軍嗅到了城內的緊張空氣，接著他們又派人入城打探動靜。令人吃驚的是，那個厚著臉皮把江忠源拖下水的知府胡元煒，竟然在這關鍵時刻產生動搖，他背叛江忠源，把城內的情況跟太平軍一五一十地做了交代。太平軍由此了解到城中食物將盡，軍火也所剩無幾，於是攻勢變得更為猛烈。

對付「穴地攻城」，江忠源用的是老辦法，太平軍土營卻通過改進，創造了新技術。

你不是會破壞地道嗎，好，我這次給你來個雙黃蛋。

土營掘的是雙層地道，破壞了上層，還有下層，而且彎彎曲曲，讓你捉摸不透。

一八五四年一月十四日晚上，上層地道的炸藥炸塌了城牆，江忠源派兵搶堵，但是下層地道又發生爆炸，守城兵勇們非死即傷，亂作一團。太平軍乘勢如潮湧入。

眼見大勢已去，江忠源欲抽刀自刎，被左右攔下。此時天還沒亮，又起了大霧，有忠心的部下將已負重傷的江忠源背在肩上，欲藏機衝出包圍。江忠源不願拖累別人，勸止不住，突然咬住部下的耳朵，趁對方一鬆勁，他掙扎出來，逕直跳進一口水塘自殺而亡。

江忠源守城時，曾給咸豐上疏，言「誓與此城共存亡」。咸豐尋尋覓覓，好不容易找到這麼一個將才兼救火隊長，哪裏捨得丟棄，因此破天荒地在奏疏上批示：「不必與城共存亡。」

當咸豐的聖旨寄到，廬州已城破兩天了。

江忠源死後，他的部下冒著巨大風險，重新派人潛入廬州打探，最後從水塘的橋下找到了江忠源的屍體。到運回楚軍軍營，距其身亡已經二十二天，竟仍面目如生。楚軍部卒見之，無不痛哭失聲。

曾國藩又要寫輓聯了，這回是給他曾預言會「節烈死」的江忠源：「百戰守三城，章貢尤應千世祀；兩年躋八座，江天忽報大星沉。」

三戰，指江忠源死守過的三座重要城池，即長沙、南昌、廬州。八座，指江忠源按軍功所得的官銜，從知縣到巡撫依次為八級。

大星江沉，曾國藩失去了一位至交，不久之後，他還將失去一位老師。

悲催搭檔

曾國藩參加過的考試多，當然老師就多，在那些出名的座師中，除了穆彰阿，尚有吳文鎔。更為巧合的是，吳文鎔還曾是「江青天」的上司。那時吳文鎔剛剛出任浙江巡撫，一圈巡視下來，發現一省之內就沒幾個好官，不是貪污受賄，便是無能瀆職。吳文鎔一口氣彈劾了五個不稱職的縣令，但仍解決不了問題，新的換舊的，不過是釘鋼錘，石頭剪刀布，大哥與二哥的差距而已。

秀水縣令江忠源的出現，讓吳文鎔眼前一亮。他從沒見過這麼優秀的官員，又清廉，又能幹，簡直無可挑剔。

一個小小縣令，吳文鎔卻待之如國士，浙江境內凡賑災、治盜和水利等一干大事，皆依賴於江忠源在秀水所取得的經驗，只是推廣開來而已。

後來江忠源的父親去世，江忠源請辭歸家。臨行時，吳文鎔親自送行，見他兩袖清風，便歎息著說，像江縣令這樣賢明的人，怎麼可以兩手空空地回去給父親辦喪事呢，豈不寒了志士之心？

吳文鎔從自己的養廉銀中拿出五百兩送給江忠源，同時還在賑災有功人員名單中，將江忠源列入第一。

吳文鎔與江忠源一直有書信往來，清軍在永安圍住太平軍那一仗，吳文鎔就曾表示，這一戰若不能成功，就會放虎歸山，進入湖南的太平軍將不可制。

吳文鎔有長遠眼光，江忠源有戰場謀略，可惜他們都無法讓時局的車輪跟著自己轉。當吳文鎔臨時調任湖廣總督時，長江沿線戰場已經風雨飄搖，太平軍更是進逼武昌。

這個時候就如何守城，吳文鎔卻和湖北巡撫崇綸產生了分歧。

清代的督撫制是一個很讓人糾結的制度。從名義上來看，總督的權力要大過巡撫，但他們之間又沒有直接的隸屬關係，巡撫並非總督的下屬，大家都只對皇帝一人負責。

這樣一來，一把手和二把手的關係就很微妙。合得來當然沒問題，可以做到齊心協力，優勢互補，比如廣州反入城鬥爭時的徐廣縉和葉名琛，可若是合不來，那就只有互相扯皮個沒完沒了。

吳文鎔和崇綸便是一對很悲催的搭檔。崇綸以武昌缺乏軍餉且兵力單薄，無法固守為由，主張移營城外進行野戰，實際上是隨時想找機會開溜。吳文鎔則堅持死守待援，與武昌共存亡。

就在兩人爭執不下時，太平軍已經逼近，想出去也不可能了。吳文鎔指揮守城，武昌居然守住了，太平軍撤圍而去。

這對崇綸來說可真不是什麼好消息。他和廬州知府胡元煒是一樣的小人，基本表現為有禍事就要躲，有功勞就要搶，有能人就要妒，吳文鎔的成功毫無疑問意味著他崇綸的失敗。

雞蛋裏挑骨頭是小人常用的招數，崇綸也精通這一招。他到咸豐那裏告了吳文鎔一狀，說吳文鎔閉城固守的戰術屬於守株待兔，不僅沒功勞，還因此放跑了太平軍。

給崇綸嘴呱呱地這麼一扯淡，吳文鎔的守城功績大為失色，反倒是崇綸似乎有先見之明——要早點照我說的去做，野戰於武昌之外，太平軍怎麼能說溜就溜，肯定能一舉殲滅啊。

看了崇綸的奏摺，咸豐也糊塗了，不知道誰說的對。他只知道一樣，這兩督撫在一起，不僅不和衷共濟，還在相互拆臺，那就一拆兩半吧：崇綸守城，吳文鎔負責去野戰。

收到咸豐的旨意，崇綸幸災樂禍，天天催著吳文鎔出城，但吳文鎔一直不肯動身。

他已經發出信件，陸上徵調胡林翼的黔勇，水上邀約曾國藩的水師，請這兩路人馬趕來助戰，到時他再率軍從武昌殺出，野戰才有勝利的把握。

吳文鎔遲遲不動身，就是想抓緊戰場上寶貴的暫停時間，繼續選拔和訓練官兵，同時等待其他水陸兩軍聚齊。

可是他的舉動在崇綸看來，就是怯懦。

哈哈，不敢去了吧，就知道你會整這死齣，說我無能無膽，你倒是表現一下你的英勇氣概出來呀。

崇綸一步不落，對吳文鎔極盡冷嘲熱諷，貶損挖苦之能事，甚至還用「抗旨不遵」來進行威脅和逼迫。

吳文鎔氣憤不已，他說我受到國家厚恩，難道還會怕死嗎，我是在等待一個夾擊太平軍的最佳時機啊，現在你既然這樣說我，「今不及待矣」，我不能再等下去了。

吳文鎔隨即親率數千清軍進駐武昌周邊的黃州，與太平軍相抗。

從出城的那一刻，吳文鎔就知道黃州一行意味著失敗和死亡，但他只能如此。

彷彿是兩千多年的那個天下第一刺客荊軻，他本來可以帶他的朋友一起去，那樣刺殺秦王將更有把握，可是心胸狹窄的太子丹卻一再逼他起身，結果功敗垂成，空令英雄暮路。

看來不管哪朝哪代，那句名詩永遠適用：高尚是高尚者的墓誌銘，卑鄙是卑鄙者的通行證！

自吳文鎔出發後，崇綸便暗自掣肘，甚至不按時向黃州運發糧草。加上天氣嚴寒，士氣低落，黃州戰敗不可避免，吳文鎔所建十一座兵營被全部燒毀。最後時刻，他選擇了和老部下江忠源一樣的道路，即投水自盡。消息傳來，崇綸還落井下石，報稱吳文鎔失蹤，意思就是並非戰死，而更可能是逃路或投降了。

幾個月之後，曾國藩進兵黃州，訪問當地老百姓，都說吳文鎔死得很壯烈，很多人還流了眼淚。為了給老師洗清不白之冤，曾國藩據實上奏，咸豐了解實情後十分震怒，立即要下詔將崇綸逮捕治罪。崇綸聞風服毒自盡，也算給了死者一個交代。

江忠源和吳文鎔的戰敗自殺，對曾國藩造成了極大刺激。

江忠源與曾國藩不僅有十多年的交情，他還利用自己不斷躍升的政治地位，在咸豐面前為曾國藩擴充水師鼓與呼。可是當太平軍包圍廬州，江忠源向曾國藩求救時，曾國藩僅派了一千陸師赴援，而沒有派出至關重要的湘軍水師前來解困。

吳文鎔身為曾國藩的座師，也一直是曾國藩背後的有力支持者。早在他第一次固守武昌時，就向曾國藩發出了急速援救的信函。曾國藩不願意，只是部下踴躍，才勉強答應，但一接到太平軍撤圍的通報，就馬上取消了出發的命令。

第二次吳文鎔奉旨與太平軍決戰，又接連寫信給曾國藩，要其盡速派水師赴鄂，可曾國藩仍然沒有在第一時間出現於黃州。

不論是依據世俗人情，還是對照理學標準，曾國藩都該被打屁股，可他又不得不這麼做，原因就是他沒有準備好，尤其水師還處在雛形階段，其中快蟹船隻有十艘，連油漆都沒乾，從廣東採購的洋炮還在路上，至於水勇，才剛剛開始招募訓練。可想而知，若以這樣的水準倉促出戰，難免會輸得落花流水。

自出走長沙後，曾國藩再次發揮了他咬牙忍耐的硬功夫。以他這樣一個把儒家倫理道德奉之如圭臬的人，在沒有把握取勝的情況下，竟然寧願頂著辜負師友的巨大心理壓力，死也不肯拿水師去冒險。

當然更應該讓人感到佩服的是他的老師。

吳文鎔被曾國藩說服了，認為曾國藩做得對，反過來一再告誡對方在水師完成訓練之前，千萬不能輕易出兵。

戰死前兩天，吳文鎔給曾國藩寫去一封信。在信中，他說我是被逼才來到黃州前線的，沒有勝利的希望，所以必死無疑，今後只有靠你在衡陽訓練的那支部隊，才有能力跟太平軍作戰。

吳文鎔怕曾國藩念及師生之情，不顧一切地前來援救，因此一再叮囑曾國藩非有把握不得出戰。二者存一，他要保全一個人，不是從人倫的角度，而是從國家利益的角度。

按照人倫，學生不救老師乃大逆不道，可按照國家利益，學生比老師更重要，因為以後的東南大局全要靠這個學生來支撐了，倘若曾國藩再有不測，他吳文鎔縱使能僥倖活下來，也難以找到一個類似的繼承者。

吳文鎔生前留下的這些話讓曾國藩痛徹於心，「深憂之」，很長時間都難以自拔。

他要麼不出戰，出戰就必須做到最好，否則他將一無是處。

第十一章 當亡不當亡

當南方戰事混沌一片時，咸豐正在北方面臨一場更猛烈的衝擊——較之於西征，北伐無疑更讓他心驚肉跳。

北伐軍統兵將領為林鳳祥和李開芳。兩人都是廣西武鳴人，也都有一身硬功夫，從拳術到騎馬射箭無不擅長，號稱「武鳴雙雄」，皆為「軍鋒之冠」，乃太平軍中一等一的悍將。

北伐軍共有兩萬之眾，論人數遠不及西征軍，但從廣西到南京，這兩萬人一直都是先鋒部隊。什麼樣的部隊才能做先鋒，當然得是精銳，尤其兩萬人裏面還有三千是廣西「老兄弟」，也就是所謂的「老長毛」，這些人大多是拜上帝教的信徒，且身經百戰，算得上是精銳中的精銳。有一種說法，認為正是由於他們資格太老，洪秀全和楊秀清怕控制不住，才索性全部派往北方前線。

將為一流，兵為一流，可以想像北伐軍有多猛。出征前，林李二人得到的指示是不貪圖攻城奪地，要速戰速決，以便「疾趨燕都」，第一時間到北京給咸豐好看。

咸豐自然不能等閒視之，他不斷地下旨，從北方各省調集軍隊，關外關內，內蒙陝甘，能摳出來的都被他派往前線。

在南京談判時，張喜對英國人說，大清國的北方軍隊加起來可達幾百萬，那純粹是拿來蒙老外的。要能養得起這麼多軍隊，道光咸豐父子就用不著天天苦著個臉了。事實是，即使在鴉片戰爭前，綠營八旗加一塊也只有八十萬，這八十萬人又分散駐紮，平時其實就是治安警察，每次要集中起來打仗，都只能幾萬幾萬地湊。

好不容易湊足了人頭，咸豐任命訥爾經額為欽差大臣，沿黃河防線對太平軍進行堵截。

都是一座坑

訥爾經額出身於滿洲八旗，此前為直隸總督兼文華殿大學士。咸豐派他出馬，實際也是延續了大清建國以來的一個慣例，即遇到重大軍事活動，即以八旗重臣督師，一如之前南下的賽尚阿。

應該說這沒什麼錯。比如乾隆時期的阿桂和福康安，那都是腹有韜略、戰功赫赫的名將。無奈時年不利，一方面是遇到的對手越來越強，另一方面則是八旗中湧現的軍政人才越來越弱，到道光時，只有一個平定張格爾叛亂的長齡夠格，其他如奕山、奕經，都快把督師重臣的臉給丟光了。

咸豐不甘心，繼續舉著旗子上。先殘了一個賽尚阿，輪到訥爾經額，其實也好不了多少，賽尚阿是「文不知兵」，訥爾經額是「素不知兵」，碰上打仗跟玩似的太平軍，都一樣被耍得團團亂轉。

林鳳祥和李開芳先準備在黃河下游渡河，訥爾經額急急忙忙地趕到那裏防堵，誰知太平軍虛晃一槍，又改從黃河中游搶渡，結果在渡過黃河後，包圍了懷慶府（今河南沁陽）。

太平軍看中懷慶府，是因為他們通過情報得知懷慶城內居民殷實，而且出產火藥兵器，所以志在必取。不料懷慶知府余炳燾也是個非常厲害的角色，此人雖是文官，但極具膽略。

當時駐懷慶的官軍只有三百人，余炳燾另外組織了三千團練兵勇上陣助守，同時藉助於城內現成的火藥兵器庫，在太平軍三次轟塌城牆的情況下，又三次將其擊退。

除固守外，余炳燾還先後採用了敢死隊出城衝營、水裏投毒等各種能想得出的招數，對太平軍進行不停頓的襲擾，反正就是死不投降。

最驚險的一次，太平軍集中炮火進行轟擊，因此燃起大火，然而就在這時，風向突變，太平軍反而被燒死了好些人，在危急時刻這座古城又逃過一劫。

如此強悍的太平軍主力，包圍懷慶五十六天竟不能克，稱得上是太平軍自北伐以來遇到的最大挫折。在將近兩個月的時間裏，城中糧食已盡，「人多餓斃」，但余知府因素得民心，所以仍能保證人心不渙散。

林鳳祥無奈之下，只能改流動速決為持久攻堅，他率部沿城牆挖掘深溝，並環城築壘，建成木城和土城，準備繼續圍困懷慶。

對訥爾經額來說，這無疑是一個殲滅對手的天賜良機。就好像當初賽尚阿跟在太平軍後面，總也找不到，追不上，直到後來太平軍進佔永安，才給他提供了「聚而殲之」的條件。

增援的各路官軍，反過來包圍了攻城的太平軍，但是條件歸條件，有沒有能力則又是另外一回事。訥爾經額與賽尚阿不同的是，賽尚阿還有大局觀，訥爾經額則連這個也沒有，他記掛的只是自己任職的直隸省，怕太平軍跑到那邊去，所以圍也只圍三面，即南、東、北。

賽尚阿是上了向榮的當，訥爾經額帳下沒有那樣自作聰明的，有人就提醒訥爾經額，應在西面布控，以防太平軍漏網。

訥爾經額才不管那一套呢，他的想法倒跟賽尚阿、向榮等人類似：若是四面都圍得密不透風，把太平軍給弄急了，還不得和我死磕啊。

訥爾經額的怯懦和自私，讓太平軍的突圍變得無比順利。撤退前，林鳳祥下達密令，讓各軍營把捉來的山羊倒懸於鼓邊，山羊要掙扎，自然會不停地用腳去踢皮鼓，同時又在火灶裏焚燒乾草，做出鼓聲陣陣、炊煙嫋嫋的假象。

等官軍聞訊趕過來，早已是人去營空。直到此時，這訥爾經額仍然是頭腦昏昏，他給咸豐發了個捷報，說是「賊大潰」，完全沒有賽尚阿的那種自悔意識。

又有人告訴他，太平軍往西，必然是要翻越太行，進入山西，所幸太行山上尚有險隘，建議立即調兵駐守。

訥爾經額倒也乾脆：「山西，那是山西巡撫的事，我是直隸總督，管的是直隸。」

他給山西巡撫寫信，讓後者自行派人去防守。

信還沒送到，「欽差大臣」已經到了險隘關口，嚷嚷著要進來。寨門一開，太平軍一擁而入——原來是假冒的！

猶如當年永安突圍，自翻過八百里太行後，北伐部隊開足馬力，二十天破十餘城，所向披靡。

一八五三年九月二十九日，太平軍進入直隸境內，火燒到了訥爾經額的家門口。這位真正的欽差大臣驚慌失措，暈頭轉向，帶著隨從狼狽逃命，身後關防印信、令箭軍書丟得滿地都是。

訥爾經額的下場與賽尚阿如出一轍：革職逮捕，判處斬監候，後出獄當苦差。

想當初，賽尚阿被從牢裏放出來時，起初就是先發往直隸，交訥爾經額差遣。一眨眼工夫，他竟然就掉進了同一座坑裏，不知又該交給誰管束了，如果借用《紅樓夢》裏的話，便是：今日葬花人笑癡，明日葬汝知是誰。

咸豐撤下訥爾經額，換上了勝保。

勝保跟訥爾經額一樣，都是滿洲八旗，也做過內閣學士。不過在太平軍發起北伐之前，兩人的境遇卻是一上一下，訥爾經額官運亨通，勝保一路下墜。

勝保的毛病在於他管不住自己的嘴，而且膽子比曾國藩還大。曾國藩敢說的他說了，說咸豐勵精圖治之心不如從前。這還罷了，讓人受不了的是，他還喜歡拿新老皇帝作對比，口口聲聲稱咸豐的勤儉之德比不上道光，證據之一是內務府正在採辦唱戲用的服飾。

這時候的咸豐沒有哪一刻神經不繃得緊緊的，身上要承擔的壓力和要消耗的腦細胞絕非一張呱呱的大臣們所能想像——我不是人，就不能有課間十分鐘，聽聽小曲，放鬆一下什麼的嗎？

咸豐恨不得把說他風涼話的人腦袋擰下來當夜壺使，但有曾國藩這麼一個先例在，就得顧及輿論和欣然納諫的形象，不能輕易治罪。

不管皇帝也好，老百姓也罷，被人指著鼻子罵的滋味總是不好受的，咸豐治不了罪，就親自寫諭旨，針對勝保的指責逐一為自己辯護。

如果勝保就此繼續強下去，咸豐拿他一點折沒有，關鍵時候這廝卻又膽小起來，他自個把奏摺撤了回去。

這下好，說明你虧心，平白無故誣賴皇上，咸豐順勢把他由從二品的內閣學士降為四品京堂。

受了處分的勝保倒並沒有因此氣餒，仍然一如既往地保持著高調。之後太平軍第一次攻克武昌，他又給咸豐獻策了，告訴皇帝該做什麼怎麼做。

咸豐早已心煩意亂，哪吃得消這麼鬧騰，於是乾脆下旨將勝保下放，讓他幫著琦善去營建江北大營。

應該說，勝保不像有些光說不練的大臣，去了江北後很是賣力，也多次取得過戰功。只是他的秉性到哪兒都改不了，包括琦善在內，沒人不煩他那張嘴，到哪兒都不願帶著他玩。

你們嫌我，我偏做給你們看。在北方戰場，調來與太平軍作戰的各路部隊大多畏敵如虎，勝保所部是其中最特殊也最為搶眼的一支。作戰時，他本人總是一馬當先，身先士卒，而其統率的部隊裏面，也是勇敢者多，畏縮者少。

在懷慶對太平軍實施包圍時，極力勸諫訥爾經額阻住西面的，正是這個勝保，他防守的南面，也對太平軍構成了很大壓力。太平軍由此對勝保的印象極深，撤退前專門在寨營前掛上一塊大木牌，謂之：「小妖（指勝保）免送。」

接著在山西追擊太平軍，其他部隊也是能拖則拖，能推則推，獨有勝保率四千兵勇在後面窮追不捨。

不管追的效果如何，總是肯追敢追的。咸豐覺得又有了盼頭，在處罰拖延不前的將領及訥爾經額的同時，他又改授勝保為欽差大臣，可節制北方各路兵馬。

怕勝保的權威不夠，咸豐特賜其神雀刀。

與賜給賽尚阿的那把遏必隆刀一樣，這把神雀刀也很有講究，追根溯源，其歷史比遏必隆刀還要久遠。神雀刀原為安親王岳樂所佩，這個岳樂可不得了，順治時擊潰過張獻忠，康熙時又平定了吳三桂和耿精忠發起的叛亂，是一位戰功卓著的名將，他的神雀刀也不知砍下過多少敵手的腦袋。

咸豐把神雀刀交到勝保手裏：「凡貽誤軍情者，副將以下，你可以先取他們的人頭。」天生麗質難自棄，皇帝終於肯定自己了，勝保激動得像打了興奮劑一樣，發著狠在太平軍屁股後面拼命追。

可是遏必隆刀做不成的事，神雀刀也做不成。太平軍行動之飄忽，速度之快，戰力之強悍，都遠遠超出了勝保的能力所控制範圍。一天天過去，他離太平軍不是越來越近，而是越來越遠了。

一樣的心境

一八五三年十月十日，咸豐聽到了一個讓他震驚不已的消息：太平軍已攻佔定州（今河北定縣）。

北京與定州相隔僅三百多里，也就是說太平軍兩三天工夫就可以殺到北京了。

這一消息後來被證明是誤傳，但是依照太平軍的進軍速度，這只是遲早的事，再看後面那個氣喘吁吁的勝保，都不知道被人家甩幾條街了，壓根就趕不上來。

實際上，太平軍也作好了攻打北京的準備。在北京附近，官軍緝拿到一個十五人小組，這十五人皆為太平軍探馬，他們扮成官兵，戴官帽穿袍褂，前有長轎，後有大馬，其任務就是探聽北京城防的虛實。

當時的形勢，外界都認為太平軍指日可至北京城下，北京城亦將成為北方的「小天堂」。太平天國在給英國駐上海領事的信件中，就很篤定地說，「滅盡妖清」已沒有什麼問題。

西方國家同樣作如是觀，正在倫敦著書立說的馬克思得到了一則來自東方的電報，上面言之鑿鑿，稱中國皇帝預料北京即將淪陷，日前發下詔諭，要將皇室財物緊急運往熱河。

幾乎所有人都感受到了來自北京城的緊張空氣。在北京，城內居民特別是大戶人家紛紛出逃，短時間內就有三萬多戶共十幾萬人，攜家帶口逃出城去。

在前門大街，也就是道光曾點名要喝片兒湯的那個地方，原先是京城最繁華的商業區，如今竟然跟荒郊一樣，看不到一個人。最繁忙的所在是車馬行，顧客把門檻都擠爛了，人人都想雇到出逃的車馬，車資馬費也隨之一路上揚，是平時的好幾倍。

眼前儼然已是一副城破國滅的景象。

這一年，咸豐二十二歲，才登基三年，正式擁有自己的年號也才兩年時間，可他已經遇到了古往今來，任何皇帝都會為之發怵的危機和挑戰。

年輕人的承受能力因此到達了極限，這個時候他再次想起了那個不是親人但勝似親人的智慧長者。

自杜受田走後，咸豐經常思念自己的老師，而且隨著局勢越趨緊張，那種感念之情越是深刻——如果老師還能長在左右，面對艱難時事，必然能「多有補救」，就用不著他一個人咬著牙在這裏硬撐了。

你回來吧，哪怕你什麼都不說，只是一個鼓勵的眼神，也能讓我好受一些。

看不到老師，看到與老師有關的人也是好的。杜受田死後沒幾個月，他的大兒子杜翰便由湖北學政擢升為工部侍郎。

湖北學政只是個地方上的五品官，工部侍郎則是正二品中央大員。不僅如此，杜翰還奉命入值軍機處，成為軍機大臣，其躍升速度之快，沒有第二人可以相比。

杜翰成了杜受田的化身，咸豐會對著他，說出自己不便向外界透露的心聲。自太平軍發起北伐以來，一路縱橫，五個月之內跨越五省，從江蘇攻入直隸，現在又即將打到皇城根下，從這個勢頭看，「明代事行見矣」，明朝的故事就要重現了。

咸豐所說的明代故事，是指崇禎皇帝上吊煤山的亡國舊事。

在談到這段歷史的時候，咸豐感慨良多。他倒不是說明朝不該亡，明如果不亡，哪會有他們清的興。咸豐的意思是，明不應該亡於崇禎。

崇禎是從他的哥哥天啟那裏接過皇位的。天啟是位有名的「木匠皇帝」，大明朝的根基就是給這位仁兄一口氣全部挖空的，明史上說，天啟雖然在位僅七年，但已經把國家弄到不可收拾的地步，「雖欲不亡，何可得哉」。

崇禎繼位後，就如同道光、咸豐這些清朝皇帝一樣勤懇盡力。他雞鳴即起，起早貪黑，沒日沒夜地處理政務，據說在他執政期間，皇宮裏面從來不搞宴樂這類事。

可是大明朝偏偏不亡於天啟，而亡於崇禎手中，也就是說天啟欠下的債要讓崇禎來還。那債務委實太多太沉重，崇禎還不了，結果被債主逼進家門，只得自殺殉國。

「天啟當亡國而弗亡，崇禎不當亡而亡」。歷史的不近人情處，足以使所有的勵志聖經失去其存在的意義和價值。

咸豐對此傷感不已，他說的是崇禎，其實歎的是自己。自即位以來，他豈不也一樣拼命，一樣夙興夜寐？可是到頭來，竟然就要像崇禎一樣「不當亡而亡」了。更令人悲哀的是，崇禎起碼還可以怨他的哥哥，怨前面幾任皇帝的不著調，他咸豐該怨誰呢，從他父親道光往上數，可沒有哪一個皇帝稱得上是昏君。

處於從未有過的時代大變遷，咸豐能夠得到的，不可能是答案，只會是一個接一個的痛苦和無奈。只有在四周無人時，咸豐才會向杜翰這個老師的化身歎苦經，一旦回到朝堂之上，他又必須硬著頭皮撐起大局。

馬克思得到的那份東方電報，其實也是一個誤傳。咸豐從來沒有下詔搬運財物，他只是緊急召集了王公大臣會議。

會上，眾人都被局勢給嚇壞了，連那些六七十歲，見多識廣的大臣們也驚恐失色，在朝廷之上就哭起來，因為一連哭了好幾天，哭的時間太長，一個個把眼睛都哭得像櫻桃一樣又紅又腫。

看著眼前這些怯懦的人們，咸豐忽然覺得自己比他們更有勇氣和擔當，他大喝一聲：「哭不足濟事，要準備長策。」

隨著皇帝一聲斷喝，小女子一樣的抽泣聲立刻止住了，大傢伙七嘴八舌地出主意，想辦法。

有人主張逃，或者回關外東北，或者遷都西安。

有人主張戰，或者死守北京，或者下詔讓各省興師勤王。

意見很多很雜，最後都等咸豐定調。咸豐思考了一會，作出了評判：「不管逃到哪裏，都是恥辱的行為。讓各省興師勤王，倒是不錯，可是來不及，沒準那些軍隊還沒到，北京已經被攻破了。」

要不還是把城門關起來，待在北京城裏坐井觀天，守得一日算一日？

咸豐對王公大臣們說：「國君死社稷，禮也。」皇帝為國家社稷而死，那是分內之事，就像崇禎一樣，他咸豐也作好了這個準備。

可是，「與其坐而待亡，不若出而剿賊」。

咸豐作出了一生中最為果斷也最為明智的決定：做殊死一搏！他要升壇拜將，繼續派人督戰出征，打贏了最好，打不贏，再深溝高壘，等待勤王之師來援救。在作這個決定的時候，咸豐的心境跟「國君死社稷」其實差不多。因為這個決定，崇禎也作過。

李自成攻破北京之前，崇禎曾拜大學士李建泰為將，出京抵禦。一個月後，李建泰就回信：「賊勢大，不可敵矣。」已經失去了抵抗能力。兩個月後，李自成兵臨城下，一舉攻破北京。

都是一樣的決策，有沒有效，能不能避免崇禎當年的遭遇，早就不取決於決策者的智慧和能力，而只能寄望於難以預測的天命了。

來自草原的少年

升壇拜將，都不知是哪年頭的事了。朝廷之上，沒一個知道相關禮儀，只好派人到皇家圖書館去翻尋查找。

禮儀終究是個形式，尚在其次，關鍵還是拜誰為將。

已經到危急存亡的最後一刻，在賽尚阿、訥爾經額這些宰相級的重臣都一一讓他失望之後，咸豐想到了那些血濃於水的叔伯兄弟。

第一個人選是他的親叔叔惠親王綿愉。到咸豐做皇帝時，幾個叔叔伯伯都已辭世，綿愉是咸豐唯一的叔叔。咸豐對這個叔叔很是尊重，除在各種召對宴席活動中，免叩拜之禮外，還特許其在紫禁城內乘轎。

第二個人選是他的親弟弟恭親王奕訢。

由於係同一個母親撫養，又年齡相仿，所以在諸兄弟中，咸豐和奕訢的關係一直都很好。兩人在上書房讀書的時候，就常常湊在一起假模假式地操練武藝。奕訢研究了一套槍法和刀法，做哥哥的很是欣賞：太有範了。來了情緒之後，咸豐給弟弟的刀槍各起了個好名字，槍叫「棣華協力」，刀叫「寶鍔宣威」。起完名字，咸豐又送給奕訢一把被稱為白虹刀的寶刀，那時的這對哥倆，簡直好到能合穿一條褲子。

在未公布皇儲名單之前，奕訢的呼聲曾經蓋過咸豐，但咸豐並沒有像外界猜測的那樣對奕訢生出什麼罅隙。換句話來說，如果咸豐是這樣的人，道光恐怕就不會選他繼任皇位了。

在道光的立儲詔書裏，明確將奕訢封為親王，這一缺乏先例的舉措，實際表明了奕訢今後的地位以及他可以在咸豐身邊起到的作用。

兩人關係絲毫沒有受到影響。登基之後，咸豐即正式冊封奕訢為恭親王，此後又讓奕訢在內廷行走。內廷相對於外廷而言，指皇帝自己家的院子裏面。行走不是一個正式官銜，恰如其名，就是這裏跑跑，那裏走走，傳個文件，送份命令的意思。咸豐給奕訢這個職位，也就是讓他四處看看，多長點見識，以便以後好出來做事。

現在終於到了需要你們搭把手的時候。對自己的叔叔和弟弟，咸豐都有一個基本設計，那就是讓綿愉在外掌軍，奕訢在內掌政。

一八五三年十月十一日，咸豐在紫禁城乾清門外舉行拜將儀式，拜綿愉為奉命大將軍，僧格林沁為參贊大臣。第二天，任命奕訢署理領侍衛內大臣，參與辦理京城巡防事宜，一個月後，又讓奕訢正式入值軍機處，接觸各種軍務政要。不過，那天的拜將儀式卻很不熱鬧。原因不是儀式不夠到位，而是參與度不足。

即便咸豐親自下旨讓官員們盡可能到儀式上來捧個場，人也到不齊。不來的人都請假出京了，給出的請假條理由十足：「我父母年紀大，需要照料。」

當然還有沒溜號的，而這些人裏面，有很多是翰林之類的窮酸官員，他們沒錢雇「高價馬車」，只能留在京城裏陪著皇帝聽天由命。

皇帝還留在京城，官員們卻「無不如鳥獸散」，時人遂作一喻，把溜號的那些人叫作「國亂出孝子」，把窮得逃不去的叫作「家貧出忠臣」。

此情此景，讓咸豐看了著實心涼。

在明亡前夕，崇禎親自在前殿鳴鐘召集百官，可是任他再怎麼敲，也沒能喚來一個大臣。臨死前那一刻，他在衣襟上憤然寫道：「皆諸臣誤朕。」

人的短視和愚蠢有時可以達到驚人的地步。北京城陷後，那些投降或躲藏的大臣太監，或被砍頭，或被訛詐，下場都沒有比被他們拋棄的皇帝好上多少。時間在運轉，朝代在更替，人間世情百態卻永不會改變。咸豐真真切切地體會到了明朝那位亡國之君的處境和心態。幾百年後，他也會去敲響喪鐘，也會在樹倒猢猻散的淒涼中，孤孤單單地去「死社稷」嗎？

皇叔，只有你能救我了。

論能力和魄力，綿愉遠不及咸豐的老爸道光，這位皇叔能被拜為奉命大將軍，靠的只是資歷。真正可以救咸豐一命的，是參贊大臣僧格林沁。僧格林沁出生於蒙古科爾沁草原，他的遠祖為成吉思汗的同母兄弟哈薩爾。

史書記載哈薩爾少年英俊，長大後則身材高大，膂力過人，不僅刀槍棍棒無一不精，而且箭法異常出眾，能做到百發百中，乃一位不可多得的神射手。

這些特徵都可以原封不動地被放到僧格林沁身上，他很早就像自己的老祖宗那樣，顯露出一個草原「巴特爾」的潛質——巴特爾是蒙古語，意即英雄。

僧格林沁的經歷也非常神奇。在科爾沁草原上有一個傳說，說中原的道光皇帝做了一個夢，夢見金鑾殿上的柱子直晃悠，眼看就要倒下來了，此時一隻山羊把柱子撐住了。醒來後，皇帝傳旨挑選屬羊的滿蒙子弟，最後就選到了僧格林沁。

草原的傳說在內地也能找到，不過做夢的人由道光換成了他的母親孝和皇太后。孝和有一天做夢，夢見東南方風雲突變，烏雲籠罩整座京城，正在驚恐不安之時，忽見東北方出現亮光一道，立刻驅散了烏雲。

孝和高興啊，便跟著亮光走，走著走著，從亮光上面掉下一個東西，定睛一看，乃是一隻玉石綿羊，再細看，突然就驚醒過來。

道光天天要給孝和請安，孝和把自己的夢一說，道光就把欽天監大臣叫來，讓他給解一下母親的夢境。

欽天監在古代中國是一個很神祕的機構。它的主業應是觀察天文天象，此外裏面的人也經常應皇帝的要求，連蒙帶猜地預測一些人世興衰之類的東西，其中最知名的就數《推背圖》的作者李淳風和袁天罡那哥倆了。

欽天監大臣聽道光說完這個稀奇古怪的夢，便說這是大吉之夢：「東南方起烏雲，是說東南方恐怕有人造反鬧事，東北方現亮光，是說東北方將有貴人來保大清天下。玉石綿羊則顯示這位貴人生肖應屬羊。」

做夢解夢的當口，正趕上道光要為死去的科爾沁郡王選嗣。按照滿蒙聯姻的傳統，科爾沁郡王娶的是道光的姐姐，郡王生前沒有兒子，他一死，就留下了一個誰來繼承郡王的問題。

從方位上看，科爾沁就在北京的東北方，道光於是留了個心眼，決定把郡王家族的一班子弟都召到北京，他親自來挑選外甥。

僧格林沁時年十五歲，雖然也在備選之列，但他只是科爾沁郡王的族侄，屬於非常遠的親戚，一開始誰都沒想到他會有入選機會，也就是湊個數而已。

道光注意到僧格林沁，是因為這個來自草原的少年「儀表非常」，極有氣質，再問，屬羊的，還念過兩年書，能識漢字說漢語。

就是他了！

不知道是不是母親的夢起了作用，自僧格林沁入宮後，道光對這位選來的外甥始終愛護提攜有加。僧格林沁自十九歲起就被任命為御前大臣、蒙古八旗都統，且「出入禁闈，最被恩眷」。到道光臨死前，僧格林沁又被列為顧命大臣之一，托孤之意盡顯。

那個玄妙無比的夢終於露出了端倪，「玉石綿羊」的使命，是幫道光的兒子，亦即他的表弟去撐起搖搖欲墜的大廈。

強弩之末

僧格林沁領命後，立即率師出征。

研究蒙古史的專家說，蒙古軍隊當初之所以能縱橫南北，靠的不是人多勢眾，而是其擅打聰明仗，戰術戰法非常靈活。

僧格林沁從祖先那裏繼承了這一傳統，在戰場上，他兼凶猛剽悍與狡黠靈活於一身，林鳳祥和李開芳遇到了真正的對手。

從京師出發後，僧格林沁沒有像勝保那樣急於尋找和追趕太平軍，而是駐兵於北京西南的涿州，改攻為守。

他不追，自然有人會追，那就是勝保。這哥兒們因為追趕不及，已被連降兩級，咸豐還給他下了死命令：「你要是再怠忽職守，我一定拿你的身家性命相抵！」

勝保急到恨不得上房揭瓦，有他在南面趕，僧格林沁要做的，也只需在北面堵。

不過太平軍的閃轉騰挪仍令僧格林沁和勝保有顧此失彼之感。一八五四年十月二十七日，太平軍攻克天津西南的靜海，兵鋒直指天津。

在此之前，太平軍在滄州遇到了抵抗，進城後即實行屠城，「一時官紳士庶遇害者萬餘人」。

如果天津學滄州，它極有可能被列入屠城的下一個名單，但天津還是進行了抵抗，領頭者是天津知縣謝子澄。

謝子澄是四川人，「為政有聲」，是個難得的好官。他到天津後，發現了這裏的一個特產：天津混混。

天津混混們玩打架潑皮個個都是把好手，對地方治安當然就不是什麼好事，所以歷任地方官都為之頭疼不已。謝子澄上任那天，到牢裏面轉了一圈，發現關的全是混混，都快人滿為患了。他歎了口氣說：「難道這些人真的不可教化嗎？」

謝子澄把混混們的名字登記造冊，然後全部予以釋放。過不多久，放出來的混混們又到街上鬧事，完全不把知縣大人的苦心當一回事。

這次謝子澄按名捕拿，他不抓小混混，只拿大混混，而且手段超辣——我牢裏不管飯，先借你的人頭使使。

大混混一死，中小混混們都給嚇壞了，地方上這才安靜下來。

太平軍過黃河，別人都不以為然，認為還遠著呢，獨有謝子澄憂心忡忡，認為不可不防，他又按照名冊，把當初釋放的混混們叫到了公堂之上。

混混們摸不著頭腦：「最近我們很消停，沒犯什麼事啊。」

謝子澄不是要砍他們的頭，而是要他們加入團練。這位知縣還引經據典，講了番道理。

他說，你們知不知道以前有個叫周處的人，這人也跟你們一樣，年輕時是個混混，被父老鄉親視為地方上的一大禍害，可是他後來悔改了，造福鄉里，結果成了人人稱頌的英雄。

「現在天津隨時可能被太平軍攻下，諸位應該向周處學習，肩負起保衛地方的責任。」

混混們比一般老百姓好的地方，就在於他們膽子大，喜歡也敢於來事，給謝子澄這麼一鼓動，全都熱鬧沸騰，「眾皆為用」。

與滄州相比，天津的守備要落後得多，除了由混混們組成的團練，就只有幾百正規官軍，但是謝子澄的運氣不錯，那幾天，天津下起暴雨，小路都被淹沒了，太平軍要進攻天津，只能走唯一的大道。這使得防守天津變得相對容易，只要集中力量守一個方向就可以了。

天津城的另一個好處是有錢的鹽商多，由他們出資，在大道上修築戰壕，從而為守軍提供了較為堅固的陣地工事。

當天負責進攻天津的是太平軍的前鋒部隊，先鋒官人稱「開山王」。他發現正面進攻比較困難，就轉而計畫從水路發動繞襲。

水路需要船，正好看到遠處有民船，太平軍便招手讓民船靠岸。

民船越駛越近，距離太平軍百米遠時，忽聽號鑼一聲，船上排槍齊發，岸上太平軍紛紛倒地。這也是民船，不過是一種特殊的民船，即白洋淀上的雁戶，乃後來大名鼎鼎的雁翎隊的前身。

謝子澄早就招募了五百雁戶。他們把排槍放在船上，用竹席覆蓋，外面根本看不出來，為的就是從側面打太平軍一個冷不防。

雁戶們祖祖輩輩在白洋淀上打鳥，槍法準得不行，驟然發作，使太平軍死傷慘重。

先鋒官開山王見狀急忙揮舞令旗，調整部署，被擔任正面防守的團練們看到，想用鳥槍點他，但這開山王作戰經驗十分豐富，身手也異常矯健，你打上面他臥倒，你打下面他跳起，射了半天，仍然無可奈何。

和團練在一起的官軍裏面，有一些是老兵，老兵遇老兵，都能瞧出對方的花花招。有一個老兵便與團練進行配合，一上一下，同時射擊，開山王躲閃不及，中招被打死了。

這一天，謝子澄依靠混混團練加上雁戶，守住了天津城。第二天，當太平軍主力壓上時，僧格林沁和勝保一前一後已經趕到，攻佔天津的最佳機會擦肩而過。

自懷慶撤圍，太平軍所過之處，「席捲無堅城」，沒有哪一座城池可以擋住他們，天津受挫還是第一次，而天津素來被稱為北京的門戶和衛城，從這個意義上說，謝子澄的功勞又要超過防守懷慶府的余炳燾。

到進攻天津時，北伐的太平軍其實已是強弩之末，已經快飛不動了。

雖然沿途有天地會等加入，使得北伐軍最多時達到四萬之眾，然而他們畢竟以南方人為主體，大部分人習慣於吃稻米，對北方的飲食不適應，麥粟、玉米、高粱，全都難以下嚥。尤其進入冬季後，氣溫下降，太平軍缺少禦寒衣物，那真是裏面吃不飽，外面穿不暖，就算不打仗，光是行軍都會增加很多病號，以往的靈動活躍也漸漸被凝滯沉重所取代。

如果能攻下天津，以天津城之富庶，即可藉以補充，喘口氣後還能再打北京，但這一戰失敗後，太平軍便失去了繼續攻堅的勇氣和能力。

只能先就地紮營。林鳳祥和李開芳分別佔據運河的兩岸，一面準備接應天京派來的後續援兵，一面對付包圍上來的僧格林沁和勝保。

和以前一樣，僧格林沁始終守著不動，攻打太平軍最起勁的是勝保。

儘管總也追不上太平軍，但勝保真的是用上了吃奶的勁。為了做到輕裝追擊，他甚至放棄了後勤輜重，能扔的全扔了。

太平軍在前，打下一座城即掠奪一空，跟在後面的勝保什麼都撈不著。到在靜海城外駐紮時，附近村莊不是被水淹沒，就是被太平軍掃蕩，十室九空，就算勝保想打劫都不可能，因此人馬整整斷了三天糧。

但是勝保並不甘心像僧格林沁那樣守著不動，他要立功。已經被降了兩級，得表現啊，要不然，咸豐隨時可能把他一腳踢掉，將戰場的指揮權完全委任於僧格林沁。

這位皇親國戚不動彈，十有八九是膽小怕死，對我而言正是機會，你不上，我上。

勝保頻頻實施圍攻，並從天津搬來巨型大炮對太平軍所據木城進行轟擊，卻始終無法取得進取。一不留神，他還被太平軍打了一次反擊，隨營效力的謝子澄即死於此役。

謝子澄之死，已令勝保「仰天跌足，痛憤填胸」，但最讓他無法接受的，還是滿洲騎兵的拙劣表現。

這些滿洲騎兵都是剛剛從黑龍江和吉林調來的。在歷史上，滿洲騎兵相當厲害，明末時更有「滿萬不可敵」的說法，當時明軍能與之勉強較量一下的，也只有吳三桂的關寧鐵騎。

可是現在的滿洲騎兵卻讓同為滿洲旗人的勝保都生出了目不忍睹之感。所謂的關外精銳們，在見到太平軍時，全都抖得跟只見到貓的老鼠一樣，不是一觸即潰，就是望風而逃，身上全無一點戰士應有的血性之氣。

就在謝子澄戰死的那天，他的身後本有數百滿洲騎兵，但一直觀望不前，也不上來配合作戰，而當太平軍衝過來時，這幫人竟轟的一聲，散了個乾淨。

這裏面，有來不及逃掉，然後乖乖下馬，跪著挨太平軍刀的。有跑得把戰馬、兵器、鞋子、衣服都丟掉，只得沿路討飯做乞丐的。總之，窮形盡相，要多難看有多難看。

勝保憤恨不已，他拔出咸豐賜的神雀刀，一連砍翻了好些畏縮不前的士兵，但這仍不能改變滿洲騎兵的萎靡不振，面對著敵人，他們自己就像待宰的羔羊一樣。

勝保發出悲歎之聲，他實在想不到曾經聲名赫赫的滿洲八旗軍隊，竟會如此「氣懦膽怯」。仗又打輸了，勝保連降四級，窩囊到了家。

看誰先著急

要說老練，還得說是僧格林沁。他的固守不出，不是毫無作為，而是出於既定戰略。

僧格林沁已經意識到，太平軍的最大特長，在於其流動性和靈活性非常強，一旦動起來，你跟在後面是玩不過的，只有把它圍堵在一個固定地方，才會有戰而勝之的機會和希望。

來到天津附近後，僧格林沁沒有像勝保那樣急於求戰，而是埋首建造營壘，盡可能堵死太平軍向外突圍的每一條通道。

與此同時，他一直派出探馬對太平軍的動靜進行偵察。探馬回來報告，稱不時有太平軍化妝成難民、乞丐甚至是官軍，偷偷地潛出木城，而且這些人隨身都有一隻小布袋，裏面裝的是做乾糧的麵餅，看樣子「急思他竄」，是想藉機突圍了。

僧格林沁看出了林鳳祥和李開芳用兵的真實用意。他們的堅守木城並無長遠打算，只是為了讓進攻一方露出破綻，從而找到「伺隙方出」的機會罷了，也就是說，在等不到天京援兵的情況下，木城內的太平軍隨時可能進行全軍突圍。

高手對陣，輸贏不在誰的氣勢大，樣子凶，而在於誰露出的破綻多，誰多誰必輸！

太平軍「詭譎異常」，讓僧格林沁更加堅定了自己的想法，你不攻，我也不攻，你不急，我也不急。

僧格林沁不急，皇帝急。咸豐原先只想能保住京師就不錯了，如今則有了消滅北伐軍的念頭——夜長夢多啊，說不定這幫人什麼時候再殺到京城呢？

再看派出去的那兩員將，勝保雖說吃了敗仗，但總在賣力氣進攻，這僧格林沁像個木樁一樣地往那裏一豎，遲遲沒有動靜，算怎麼一回事。咸豐連發上諭，催促僧格林沁盡快啟動，得到的回覆總是：「時候還沒到，現在進攻沒有效果。」

雖然僧格林沁沒有發動進攻，但並不是毫無作為，事實上，他每天都在忙，忙於建營，其戰術可歸結為八個字：步步為營，密集靠近。

在營盤逼近太平軍陣地後，他仍舊不肯硬攻，而是在木城對面搭起土山，修築炮臺，用大炮進行反覆轟擊，使得太平軍輕易不敢出營。

僧格林沁給勝保送去密函，原樣傳授了自己的打法祕訣。勝保原先對僧格林沁還不以為然，吃了虧後不得不心悅誠服，老老實實地照著做。

如此一南一北，包圍圈一天天緊縮，勝保開始在距離木城僅一里遠的地方建造營壘和炮臺。林鳳祥和李開芳對此都很緊張，白天因為有炮火威脅，他們只能晚上派人對勝保的工事進行破壞，同時也在土城外擴建自己的防禦營壘。

太平軍的舉動，恰如其分地顯示出步步為營戰術的極端重要性，勝保如獲至寶，當然不肯相讓，於是晚上常常大打出手，打完了再各回各家，爭分奪秒地搶著修築工事。

太平軍要對官軍進行夜襲，自然不會點火把，而勝保為了不暴露目標，也不讓軍隊點火，大家都是摸著黑打鬥，猶如京劇中的《三岔口》，有時打完了，因為搞不清方向，雙方還弄錯位置，鬧出了我給你修營寨，你給我築炮臺這樣的大笑話。

勝保的新炮臺終於建成了，炮彈可以直接打進木城，太平軍因此被炸死了很多人，連林鳳祥自己也險些中炮，那些廣西老兄弟雖然久歷戰陣，然而也心膽俱寒。

軟磨硬泡之下，太平軍一方率先露出破綻。林鳳祥忍受不了這種苦苦相逼，他開始棄守為攻，試圖從勝保這邊打開缺口，但勝保對此早已有備，所以始終無法突圍成功。

在逐步逼近木城的情況下，勝保又採用心理戰，用投降不殺來進行陣前煽動。太平軍沿路吸收了很多新兵，這些新兵本身沒有很強的作戰意志，戰事順利自然不用說，一旦出現難以克服的困難，則最易動搖，因此逃跑的人很多。

人一得意，就容易鬆懈，勝保想不到太平軍會再出絕招。

一八五四年二月五日，林鳳祥、李開芳決開運河大堤，用水來對付勝保。勝保忙不迭地搶堵分流，一分神，太平軍便從木城衝了出去。

勝保的疏漏，讓僧格林沁企圖在天津近郊殲滅太平軍的計畫完全破產，如果照從前的情景，太平軍又得像魚入大海，誰也抓不住，找不到了。

可是現在不一樣了，因為太平軍背後有一個僧格林沁，他擁有一支蒙古騎兵。

在中世紀，蒙古騎兵曾是無敵的標誌，當他們揚名立萬的時候，還沒滿洲騎兵什麼事。更為重要是，滿洲騎兵衰弱了，蒙古騎兵則還保留著一股雄風。

一定程度上，這跟生活環境的改變有很大關係。滿人入關後，除八旗駐防兵等個別特例外，各旗都逐漸脫離了過去的游牧生活，從鄉下人變成城裏人。要知道，游牧生活某種程度上也是一種不間斷的軍事演練，當打獵的鐵弓逐漸變成逛園子的鳥籠，滿洲騎兵也就成了籠中之鳥。相比之下，蒙古人可以說是「禍兮福所倚」，自元末被趕下臺後，他們就又退回草原，恢復了馬上民族的本色。

僧格林沁雖極少主動進攻，但他一直虎視眈眈地緊盯著木城和太平軍，太平軍一出木城，他馬上率蒙古騎兵追了過去。

蒙古騎兵的特色之一就是騎兵們胯下的蒙古馬。乍一看，蒙古馬其貌不揚，跟人們印象中的千里赤兔、汗血寶馬之類相去甚遠，但其耐力和速度均非常驚人。據說，在世界上任何一種馬都生活不下去的環境裏，蒙古馬照樣可能活蹦亂跳。當年成吉思汗的蒙古大軍能稱雄歐亞，蒙古馬是立了大功的。這是一種最適於長途奔襲的戰馬，即使在北方嚴寒的氣候下，仍能保持高速奔跑，且毫髮無傷。

蒙古騎兵的追擊給太平軍帶來了極大困擾。

那幾天連降大雪，在往南突圍的路上，到處泥濘一片。林鳳祥、李開芳這些高級將領坐在馬車裏，抱著被子睡覺，嘗不到行軍之艱苦，那些來自南方的士兵則不一樣，他們很多人還赤著腳，冰天雪地之中，「凍死相望」。那些活下來的，連腳趾頭都變黑了，手腳不能自由彎曲。

連走兩天後，天氣漸暖，但是冰雪消融後的積水反而增加了行軍的困難，腳凍傷的士兵們根本就走不快。這時偏偏僧格林沁的蒙古騎兵又趕了上來，而且越來越近。太平軍的將官們怕耽誤行軍速度，情急之下，只能抽刀砍殺那些不能行走的人，以至於「哭號之聲，盈於道路」，其狀慘不忍睹。

按照林鳳祥和李開芳的原計劃，是想撤往保定，這樣還可以再換個方向後，再度對北京發起攻擊，但由於僧格林沁追得急，只得改道繼續南奔。

一八五四年二月七日，太平軍經過河間府，發現這裏的束城鎮周圍樹木茂密，村莊密集，比較適於防守，便趕緊就地據為營壘，以憑險對抗始終無法擺脫的蒙古騎兵。

剛剛紮好營，僧格林沁便尾隨而至，但只能遠遠包圍，不敢貿然進行攻堅。

勝保開始還稀里糊塗，搞不清楚突圍的太平軍究竟到哪兒去了，等接到通知後，才氣喘吁吁地率領騎兵趕到束城。來了之後，也唯有乾看著，原因跟僧格林沁一樣，沒有帶上大炮。

時間變得對固守一方有利起來，太平軍加緊修築營壘。雖然在蒙古騎兵的追襲下，太平軍死亡兩千餘人，逃亡掉隊的也不計其數，但撤到束城的部隊仍有兩萬人，加上穩住了陣腳，其防守能力又得以回升。

一八五四年二月二十三日，各路官軍全部到達，天津的大炮也運來了，這才發起大規模進攻，然而接下來互有勝負，這些進攻並未能起到一錘定音的效果。

京城的危機暫時解除了，可是僧格林沁、勝保及其統率的北方官軍，都被牽制在束城，無法回援南方戰場，這讓咸豐陷入了新的焦慮。

第十二章　華麗轉身

咸豐能做的，只有下旨催曾國藩盡快出省作戰。

下這樣的旨意早已不是第一次。吳文鎔在武昌告急時，咸豐就曾接連三次下旨，命令曾國藩派湘軍赴鄂。咸豐當時並不像吳文鎔、江忠源那樣看重湘軍，純粹是拉一個算一個，撥到碗裏便是菜，有總比沒有好，而湘軍也並非擔當主力，只是給同樣被徵調的湖南綠營當個下手而已。

那一次，因太平軍撤圍，讓曾國藩得到了自動豁免的機會，曾國藩事後對自己逡巡不進的解釋也得到了咸豐的諒解。

曾國藩說，我的水師還沒練成，暫時沒辦法跟太平軍較量，等我把這個難題給攻克了，一定親自率部出擊。

「長江水師」這個新名詞讓咸豐眼睛一亮，他已經意識到沿江戰場正因為缺乏水師，才導致局面如此被動，所以建立水師是第一要務，的確比配合綠營都來得緊急。

可是接下來咸豐就沒辦法保持冷靜了。

有教無類

兩個月後，太平軍水營頻頻出擊，「千里長江，任其橫行」，沿岸官軍就是看見太平軍的戰船也不敢主動交戰，只能祈求對方不是奔自己來的。

唯一有希望遏制這一趨勢的就是湘軍水師。於是咸豐再次把目光投向曾國藩，這次不是當下手，而是作為救命稻草一樣的主力。他催促曾國藩盡快率水師與江忠源會合，以對來勢洶洶的太平軍進行水陸夾擊。

人的身價不一樣，跟他說話的口氣都得變。咸豐很少誇人，此番則破例給曾國藩送來了高帽子：「我知道你向來為人忠誠，且有膽有識，相信你一定能夠顧全大局，不辜負我的重託。」

讓咸豐沒想到的是，帽子白送了，曾國藩從始至終也不肯露一面。

問他為什麼不肯出兵，回答翻來覆去還是那句話：我這支水師太重要了，與太平軍作戰，「非水師莫能致其死命」，不練好是絕不能輕易出征的。

咸豐差點給氣樂了。

以為你是誰啊，這麼人五人六的，好像南方諸省離了你都不行似的，你覺得以你的才力配嗎？

咸豐有理由懷疑曾國藩背後的實際能力，認為他之所以推三阻四，很可能是臨場怯懦所找出的藉口。

忘記你做禮部侍郎時寫的諫議書了吧，說這個不行，那個不妥，「以為無出己之右者」，什麼都不放在你眼裏，可輪到自己，還不就是一副「畏葸」的熊樣。

關鍵還是要用人，而不是罵人，因此在結結實實給了一棒之後，咸豐又用上了幼稚園阿姨哄小朋友的口吻。

「我想，你既然能自擔重任，創建水師，肯定非膽小之輩可比，趕緊設法赴援吧，能早一步，就可以得到早一步的好處。」

然而曾國藩似乎鐵了心，他軟硬不吃，無論大棒還是胡蘿蔔。

一句話，反正我的水師沒有練成，出去也是白給，你說我「畏葸」就「畏葸」，膽小就膽小。

他找到了一條理由，彙報說衡陽一帶尚有一股起義會黨未撲滅，而這股會黨乃「湖南巨患」——你硬要調我走也是可以的，只要你能另外找到替代部隊。

這條理由狠狠將了咸豐一軍，讓他頓時傻眼。

本來指著湘軍出省打仗，結果拔出蘿蔔空出坑，還得再找支部隊去擦屁股，那倒還不如讓他們一手一腳料理完算了。

咸豐閉起嘴，不再瞎叨叨了。

自吳文鎔在黃州戰敗自殺後，武昌告急，咸豐第三次給曾國藩下達「克日開行」的聖旨。

由於前面連續遭到回絕，讓咸豐都有了一種強烈的挫敗感，他不知道這回捧到懷裏的會是什麼，難道又是一大堆無法拒絕也無法反駁的理由？

「時間過去了這麼久，我想你的水師該早就建成了吧，戰船、水勇、洋炮也諒已齊備。」

在時間這個潛臺詞裏面，當然還得包括「湖南巨患」應該已經解決了。咸豐想像曾國藩會給他什麼藉口，預先就給你堵住。

皇帝多慮了。就在他發出諭旨的同一天，對方已經傾巢開拔，在戰船剛剛趕造下水的情況下。這仍然是一支倉促成軍的部隊，但江忠源、吳文鎔的接連戰死，前線形勢的日趨惡化，以及朝廷急如星火的催促，都不會再給曾國藩留下繼續打磨的時間，他必須出發了。

一八五四年二月二十五日，曾國藩率湘軍離開衡陽，水陸並進，浩浩蕩蕩向北進發。此前，他親自撰寫和發布了一篇著名的檄文，即《討粵匪檄》。

「粵匪」，即太平軍和太平天國，所以這篇檄文也可以看作是湘軍出師前，雙方在思想上的一次提前交鋒。

縱觀整個太平天國運動，新興政權從起事起，對旗人採取的就是一種極端政策。在武昌、南京等重要城市，只要具備上述身分，皆一個不留，殺光完事，無論官兵還是老弱婦幼，為此還遭遇了激烈反抗，一如鴉片戰爭後期的乍浦和鎮江。

在曾國藩的時代，雖然這種以滿為敵的思潮在主流社會還缺少市場，但作為一支純漢人武裝的領袖，曾國藩也自知有駁斥的必要，否則湘軍就會師出無名，還沒開打，腰桿子就硬不起來。

古書早就為他找到了依據，那是孔夫子的經典語錄：有教無類。

套用現代語言，就是大家不管出自哪個民族，哪個種群，必須有同一價值觀。價值觀相同，咱們就可以走到一起，成為同志，相反就只能刀兵相見，成為死敵。

林則徐出任雲貴總督，在解決漢族和回族械鬥糾紛時，所奉行的正是這一思維——「只分良莠，不分漢回」，只看你是好人還是壞人，不看你是漢族還是回族。

在中國歷史上，蒙古族人的元滅了宋，滿族人的清滅了明，但是滿族人與蒙古族人不同的是，自他們入主中原後，就實際成為了本土文化的歸附者，原有的傳統文化也相應得到了延續。

曾國藩在檄文中要表達的意思是，作為漢族士大夫，他不光要保大清國，更主要的是要保傳統文化的血脈。

當論題轉移，曾國藩成功地抓住了洪秀全和太平天國的軟肋。

自金田起義以來，太平軍是走到哪裏掃到哪裏，文昌、岳飛、關帝等國人的精神偶像被——推倒，文廟、寺廟、道觀無一存留，可以說千百年積累下來的儒釋道文化全被掃地以淨，他們只准人們信奉他們所謂的「上帝」。

另一方面，太平軍並不能完全做到秋毫無犯，不管從正史還是野史來看，當時的老百姓對所看到的「長毛」並沒有留下太多好印象。

曾國藩在檄文中指責太平天國要消滅「中國數千年禮義人倫詩書典則」，以及「荼毒生靈」，「殘忍殘酷」，並非沒有根據，同時他將湘軍與太平軍之間的戰爭，定位為保衛傳統文化之戰的提法，也在民眾特別是兩湖學界得到了極大認同。

寫文章是曾國藩的長項，那是筆走龍蛇，瀟灑得不行，領兵打仗就未必了。

曾國藩並非沒有自知之明。他對江忠源期望很大，本來是打算在練兵結束後，將湘軍全部交由江忠源指揮的，他自己只充當後勤部長，辦理練兵和籌餉等幕後事宜。可惜他沒能等到這一天，江忠源一死，猶如砍去了他的左膀右臂，現在只有硬著頭皮親自上戰場了。

誰是誰的菜

咸豐最初交給曾國藩的任務，是要進入湖北援救武昌，但是形勢變化是如此之快，轉眼之間，太平天國的西征軍已經攻入湖南，並佔領了湘北重鎮岳州（今岳陽）。

湘軍陸師久經訓練，此前也曾四處「剿匪」，不過彼「匪」非此「匪」，那些中小股的會黨或盜匪，無論規模和戰鬥力都沒法與太平軍相提並論，而曾國藩和他的那些書生營官們又不像江忠源那樣經歷過大陣仗，所以每個人心裏都多少有些忐忑，不知道考下來究竟能拿幾分。

分數公布：一百分！

還沒怎麼接仗，太平軍就早早跑路了，岳州等於是空城一座，拿下它未費吹灰之力。

給這些人興奮的，就差開香檳慶祝了。

都說太平軍如何如何厲害，原來不是我們的菜啊。曾國藩紮營岳州，而且當即點出一千人馬，作為前鋒繼續向武昌進發。

連走兩日，沿途還是不見太平軍的蹤跡。在湘軍軍營，原先的緊張情緒由此一掃而空，到了晚上都懶得派人巡邏，大傢伙睡得那叫一個香。

當天半夜時分，營帳外忽然傳來一陣陣類似於松濤般的聲音，有人睡眼惺忪地把頭探出去一看，差點嚇傻在那裏。

只見四周到處都是燈籠火把，不知從哪裏鑽出來的「長毛」成千上萬，舞刀開槍，直奔他們而來。

與久經戰陣的太平軍相比，剛剛出道的湘軍還是太嫩了。組織這次伏擊戰的太平軍將領叫石祥禎，乃翼王洪秀全的族兄。其人作戰以勇猛著稱，喜歡一對一跟人較量，基本上沒有輸的紀錄，因此綽號「鐵公雞」。

應該說石祥禎不算一個智將，但這要分跟誰比，與初出茅廬且兩眼一抹黑的湘軍比，人家就可稱得上是第一智將了。

經過偵察，他發現湘軍軍容整齊，與其他綠營八旗迥然不同，顯見得是一支經過嚴格訓練的部隊，若是硬碰硬的話，並沒有必勝把握。於是他故意製造出怯戰的假象，以便誘敵深入，將湘軍引入伏擊圈。

當設伏的太平軍衝殺過來時，完全沒有心理準備的湘軍驚慌失措，在作戰經驗極其豐富的太平軍將士面前，他們被打得稀里嘩啦，好端端一支部隊愣是變成了薄皮餡兒十八個褶。

石祥禎乘勢掩殺，一直窮追到岳州城下，把曾國藩及湘軍包圍在了岳州城裏。

曾國藩的心情一下子從雲端跌入谷底，他這才知道太平軍有多能打，自己從古代兵書上偷來的那幾招實在太小兒科了。

現在想什麼都太晚了，眼瞧著太平軍「撲城甚急」，是要甕中捉鼈。

幸好還有水師。曾國藩趕緊將一營水師調到岳州城外，朝岸上的太平軍進行連續轟擊，這才打開缺口，脫困而去。

雖然依靠水師化險為夷，但湘軍這回丟臉丟得夠大，共戰死和逃散五百多人，光小頭目就死了十幾個，此外，岳州不僅得而復失，連同長沙周圍的靖港、湘潭也被太平軍給捎帶拿下，從而對長沙形成了鉗形攻勢。

退到長沙城下，曾國藩都沒好意思進去，只得駐紮城外。連打聽都不需要，就能猜到城裏那些人的嘴臉，無非是冷嘲熱諷和跺腳大罵兩種，這些曾國藩都無所謂，反正過去難聽話聽多了，現在再來一遭，也不見得會有多傷心。讓人感到格外憋屈的是，千辛萬苦訓練出來的這支部隊，應該是狂揍別人的黑帶，怎麼會眼睜睜地淪落成被人痛扁的沙袋呢？

總結一下，恐怕還是輸在「虛驕輕敵，冒進貪功」這八個字上，那是兵家之大忌啊。就當花錢買個教訓吧，在衡陽都忍了那麼長時間，絕不能驟遇挫折就自暴自棄，甚至是破罐子破摔——要以事實告訴世人，湘軍可不是一隻破罐子。

當務之急，是要收復靖港和湘潭，但是湘軍在新敗之後實力有限，不可能既攻靖港，又攻湘潭，兩項只能任選其一。同樣，石祥禎需要分兵駐守，也不可能人數一般多。從探馬得到的線索來看，他是將靖港作為後方，湘潭作為前線，其主力均在湘潭。

曾國藩召集軍事會議，他選的是先攻靖港，依據是這樣可以出其不意，一舉端掉石祥禎的大本營，太平軍後路一斷，自然就垮了。

可是其他營官選的卻全是先攻湘潭，而且理由更加充足：只要在湘潭殲滅太平軍主力，石祥禎將失去留駐靖港的意義，相反，縱然你佔領靖港，但並不能讓對方傷筋動骨，太平軍仍有戰鬥到底的資本和能力。

在湘軍裏，曾國藩資格最老，身分最高，但他很懂得發揚民主。會議最後敲定了水陸並進，全力進攻湘潭。

這是一個少數服從多數的結論，曾國藩對此並無多大把握，首戰失利把他給打怕了，一想到湘潭集中的是太平軍主力，就覺得成功的機率不會太大。

可是也只能試試看了。在送走首批出發的水師後，曾國藩準備第二天再派餘下的後續部隊接力，這時他收到了一份情報。

這份情報是靖港當地團練送來的，說駐紮靖港的太平軍實在太少，才不過幾百人，而且戒備不嚴，只要湘軍前去發動襲擊，必然馬到成功。

靖港位於湘江西岸，與長江之間有江相隔。不過靖港團練表示，他們已經做好了浮橋，如果湘軍同意出擊，到時可以通過浮橋過江。

收到情報，曾國藩糾結起來。

浮橋不浮橋倒不是問題，問題是大部隊已經去了湘潭，不可能再召回來，而且團練的情報也不知到底是真是假。

猶豫良久，他突然想到這很可能是一個跟著屁股追過來的機會。

大部隊雖走，但最有價值的水師還留下一半，共五營，一營五百人，也就是有兩千五百人，再加上部分陸師兵勇，去打那幾百人，肯定是三個指頭捏田螺，十拿九穩。退一步說，縱然一時取不了靖港，也可以打草驚蛇，使其「首尾不能相顧」，到那時，太平軍在湘潭的主力必然得回援，從而增加湘潭之戰勝利的可能性，這不比直接增援湘潭更有效嗎？

主意已定，曾國藩決定親率部隊襲擊靖港。

聽到這個新計畫之後，幕僚們都覺得過於冒險，勸他還是老實一點為好，在家裏守著，坐等湘潭那邊傳來好消息。

好消息你不去爭取，它能從天下掉下來？別人越勸，曾國藩越覺得有豁出去大幹一把的必要。機不可失，時不再來，這口麻辣火鍋我吃定了，不怕燙著或者回不來！

一八五四年四月二十八日，曾國藩屯兵於靖港上游，派一部分水師順風而下，在靖港對岸列陣。

靖港團練沒有誑騙曾國藩，這裏的太平軍不多，換句話說，如果多的話，也不可能任由團練通風報信，甚至是搭浮橋了。

眼看著敵眾我寡，但坐鎮靖港的石祥禎盡顯其一等悍將之本色，渾不把面前的險境當一回事，部署應對，盡在談笑從容之間。

湘軍看著有些懵，都懷疑團丁是不是情報有誤，或者石祥禎又設了什麼誘敵深入之計，然而左看看，右瞧瞧，也不像是要伏兵四起的樣子。

那邊團練已經搭好了浮橋，快上吧。

在太平軍眼皮子底下搭浮橋，當然不可能做到多麼聚精會神，況且團練也不是什麼專業的工程部隊，那浮橋的品質就很差勁，加上過橋的人又緊張，前面一推，後面一擠，橋很快塌了，湘軍兵勇紛紛落水。太平軍手指頭都沒動一下，湘軍便淹死了兩百多人，士氣大受損傷。

什麼團練，什麼浮橋，真是敗事有餘，成事不足，湘軍只得重新使用戰船，沿江面直接向太平軍發起進攻。

這回石祥禎可不客氣了，一聲令下，岸上火炮齊發。

對方開炮，當然就要躲閃或者後退，但湘軍戰船進時順風，退則逆風，進易退難，結果很多船隻成了送上門的靶子，在凌厲的炮火中或沉或毀，狼狽不堪。

緊接著，石祥禎又遣出小船對其進行圍攻，這些小船上都帶有火種，剛一靠近，便點火焚燒。與湘軍水師的戰船相比，小船毫不起眼，在力量上雙方根本不對稱，但妙就妙在湘軍的炮位太高，而太平軍的船位太低，炮火再猛也打不中，加上湘軍只有幾十艘船，太平軍卻有兩百餘艘，手忙腳亂中，哪裏顧得過來，因此又損失十餘艘戰船。

至此，戰局完全改觀，原來攻的變成了逃，原來守的變成了攻。

真真假假

曾國藩正在上游等捷報呢，傳來的消息卻是大敗。

是不是情報出錯，靖港駐著太平軍主力呢？一問，沒有錯，太平軍就那麼幾百人。

曾國藩鬱悶到不行，趕緊帶著剩下的水陸部隊火速赴援，可是湘軍並沒有因為主帥親征而提起精神。

還記得「戚氏練兵法」的精髓嗎，士兵沒技術不要緊，重要的是要敢於閉著眼睛往上衝，陣形不花哨不要緊，重要的是要服從命令聽指揮，這些都是曾國藩在湘軍草創特別是衡陽練兵期間一再灌輸的，當時看看沒問題，走過來走過去，都很像那麼回事。

一上真正的戰場，西洋鏡便被無情地戳穿。

當初挑選士兵時，當然都是撿膽子大的挑，可是戰場之下的膽量跟戰場上的膽量有時不是一碼事。真正的刀口舔血，很容易讓人尿褲子，而一旦有人做了壞榜樣，又往往會影響周圍的人，導致有膽的也變成了沒膽。

說到陣形，那更是亂七八糟。陸師不行，但畢竟還久經訓練，水師則因前線需求急迫，合練的時間連一個月都不到，基本上是一營亂，全軍亂。

僅僅半頓飯的工夫，兩千多兵勇就大部潰散，最慘的是水師，重金購買的船炮很多被扔在江上，有的船上空空蕩蕩，連一個人都沒有。曾國藩自己的座船還算好，有人——除了他和幕僚之外，還有三個水手。

曾國藩急了，他趕到岸上，插一桿令旗於地，然後抽出隨身寶劍。

「有過此旗者，立斬無赦！」

官兵們繼續狂逃，沒人在乎曾國藩的命令。

你不是說從旗下過就要殺頭的嗎，好，我們繞著走，這總行了吧。

曾國藩氣得差點吐血而亡。

他最看不起的軍隊是綠營，可是耗盡心血打造出來的這支部隊，與豆腐一樣的綠營又有什麼區別？

想到一年來的艱苦忍耐，想到長沙城裏的流言蜚語，再想到江忠源，想到吳文鎔，當然還會想到咸豐，曾國藩真有一種萬念俱灰，無臉見人的感覺。

再登上座船，自己也只能跟著跑路了。

這時太平軍的小船猛追過來，別看人家的身板小，氣勢可不弱，渾不把曾國藩的大船放在眼裏。

你們就變著法子欺負我吧，曾國藩再也忍不住了。乾脆，死了算逑，趁親兵不注意，他推開艙門，跳進了江裏。這是要學杜十娘怒沉百寶箱了，隨從們趕緊上前，七手八腳，要將頭部即將被淹沒的曾國藩拉上來。

曾國藩還來了脾氣，對隨從們破口大罵，並且激動得「鬚髯翕張」，吹鬍子瞪眼的，那意思誰敢拉我上去，我一定把他拖下來，大家一起做個淹死鬼。

就在眾人均不知所措之際，有一個叫章壽麟的幕僚忽然從船尾後艙躍出，硬將他拖了上來。

曾國藩上了船後，濕漉漉地仍不肯甘休，甚至遷怒於救命恩人，他朝章壽麟大叫一聲：「你來幹什麼？」回身又作勢要跳到江裏去。

章壽麟躲在後艙的時候，就想好了搭救曾國藩的辦法，於是馬上回答：「我是來給您彙報湘潭方面戰況的。」

聽到這話，一心求死的曾國藩不動了，周圍其他人也都緊盯著章壽麟。

章壽麟興高采烈地說：「湘潭大捷，我們把湘潭給收復了！」

如果天上會掉餡餅，這句話就是。此時此刻，最大的心理安慰莫過於打贏一仗，曾國藩這樣，眾人也都如此。

不跳江了，早點回家洗洗睡吧。

回家了，曾國藩才發現他上當了——章壽麟壓根就不知道湘潭那邊的事，只是為救曾國藩而情急之下扯了一個謊。

原來在出兵之前，曾國藩的情緒很是亢奮，跟平時那種練就出的鎮定從容氣質很不相符。幾個幕僚一合計，瞧他這勁頭，那是非勝不可，要是打了敗仗恐怕就要尋死覓活了，得安排個人暗中提防照應著。章壽麟自告奮勇，他偷偷地隨軍行動，並且藏在座船裏，曾國藩對此毫不知情，這才使得一救得手。

曾國藩哭笑不得，但他並不能因此責怪章壽麟，畢竟人家那是善意的謊言，說聲感激還差不多。

再回長沙城下，日子比先前還要難熬。曾國藩的一敗再敗，與外界的期望值形成極大反差，素不相識的湖南官場更是對其群起而攻之，從布政使到按察使，一個接一個地向巡撫進言，要求參劾曾國藩，讓他的湘軍哪兒來的還滾哪兒去。

眼見得從一個苦海陷入另一個苦海，曾國藩又起了自殺之念，為此不僅預先寫好了給皇帝的遺摺和給家人的遺囑，還讓弟弟曾國葆買來一副棺材，準備隨時到那裏面去躺著。

在長沙城裏，巡撫腦子還算清醒，沒有理睬周圍官員們的亂起鬨，也幸好他沒有理睬，因為半天不到，事情又有了戲劇性的變化。

湘潭大捷，這回不是編的，是真的！

在曾國藩寫的遺摺中，他向咸豐推薦了可接替自己的人，其中水師一時找不到合適人選，希望由朝廷派人坐鎮，陸師則指明由塔齊布統帶，因為在曾國藩眼裏，這個塔齊布「忠勇絕倫，深得士卒之心」，捨此更無合適人選。

塔齊布是滿洲八旗，出身於北京城外神祕的火器營。

當年清軍入關，除在全國各地建立駐防區外，其主力都集中於北京內外，以拱衛京都安全，稱為「駐京八旗」（京旗）。

除了駐於北京城裏的京城八旗外，北京城外還有三支京旗，即俗稱的「外三營」，這三支部隊類似於駐防八旗，部隊和家眷均集中居住，由於與城市相隔，在他們身上，同樣較好地保留了滿人矯健尚武的傳統。

在外三營中有一支火器營，這支部隊擁有專門的軍火庫，平時也經常演習騎射及槍炮技術。塔齊布即來自於火器營，他先任鳥槍護軍，後擢升為三等侍衛。

清代的各省督撫，可以奏請朝廷從京城分配人員到本省聽用，叫作「揀發」。曾國藩在結識塔齊布之前，塔齊布已經被「揀發」到湖南，不過只是一個普通的綠營軍官。

曾國藩舉辦湘軍之初，從士兵到營官乃至於他本人，在軍事技能和經驗方面都是一片空白，為此他專門從長沙綠營中聘請了三名教官，其中一人就是塔齊布。

曾國藩對一般的綠營軍官都異常反感和不屑，認為既無能又貪腐，但與塔齊布談過話後，他幾有驚為天人之感。

塔齊布不僅沒有上述毛病，而且有膽有識，頗具將才之資。綠營與湘軍會操，別的綠營兵大多鬆鬆垮垮，不成體統，唯有塔齊布所轄兵勇站有站相，坐有坐姿，一看就知道平時訓練十分認真。

兩人非常投契，曾國藩發出的會操令也都由塔齊布代為傳達，但這樣一來，卻引起了綠營方面的嫉恨，大到嫉賢妒能的鮑起豹、清德，小到只想偷懶放刁的兵痞，無不欲逐之而後快。

曾國藩知道後，索性給咸豐寫奏摺，推薦塔齊布「忠勇可大用」，還為其拍胸脯，打包票，稱將來如果塔齊布作戰不力，打了敗仗，他願意一同領罪受罰。

與推薦在一起的，還有對副將清德的參劾。咸豐看過之後，便將清德予以撤職，塔齊布升任副將。

沒有清德，還有鮑起豹，經過煽風點火，塔齊布被說得和曾國藩一樣「壞」，幾乎就成了湘軍埋伏於綠營中的「頭號內奸」。

在長沙綠營士兵鬧事時，他們第一個要殺的就是塔齊布。塔齊布見勢不妙，事先躲到了屋後的草叢中，這才逃得一死，饒是如此，房間還是被砸了個稀巴爛。

曾國藩離開長沙，赴衡陽練兵之前，專門跟湖南方面打招呼，把塔齊布給要到身邊，從此塔齊布就成了湘軍陸師中的第一猛將。

塔齊布既是曾國藩的得力戰將，同時還是他的大福星兼大貴人，因為從根本上來說，挽救曾國藩性命的，不是那個把曾國藩打撈上船的章壽麟，而是這個塔齊布，後者正是湘潭大捷的頭號功臣。

第一奇捷

曾國藩起用塔齊布出戰湘潭，這一把賭注是押對了，可以說，當時，沒有任何一個其他湘軍將領可以代替塔齊布。

塔齊布喜歡在戰前進行輕騎偵察，湘潭之戰也不例外，但他差點因此喪命。當他在湘潭城外轉悠的時候，太平軍埋伏在一座狹長的小巷裏，待他一出現，便用長矛突刺，幸虧隨身親兵手疾眼快，趕緊趴在塔齊布身上，以一命換一命，才保得塔齊布策馬逃出。

冒著差點送命的危險，塔齊布得以掌握了太平軍的虛實。

太平軍西征作戰，以穩紮穩打為基本特點，佔領一座城池，並不像以往那樣急於流動轉移，而是採取以守為戰的戰術，深築營壘，等到營壘鞏固，便能起到反客為主的功效，你要再想佔領就會變得非常困難。

有鑒於此，塔齊布採取了速戰策略，第一時間便對湘潭發動猛攻，不給太平軍喘息之機。

湘潭戰役是於一八五四年四月二十五日開始的，那時候曾國藩尚未確定主攻目標，正在湘潭和靖港這兩個選項前徘徊，但湘潭城外已經是喊殺聲一片。

塔齊布之勇可謂名不虛傳，每次出戰均一馬當先，絕不讓任何一個士兵跑在自己前面。有這樣的超級猛男做榜樣，士兵們的膽子便都壯了起來。同時，塔齊布有作戰經驗，他給兵勇的命令很簡單：「你們聽到炮聲就趴下來，炮聲一停馬上前進。」

藉助於太平軍發炮的間歇，湘軍如浪翻捲，層層給對手製造壓力。太平軍自西征以來，從未看到綠營軍隊敢於和他們短兵相接，因此相顧驚愕，被一直逼到湘潭城下。

塔齊布的勇猛善戰，在進入湖南的太平軍中，大約只有「鐵公雞」石祥禎堪於匹敵，但此時石祥禎在靖港，防守湘潭的是時任春官副丞相的林紹璋。

在太平天國領導層中，林紹璋以聰明好學著稱，你要問他什麼，他樣樣都懂，是個「百曉通」，但是另一方面，他什麼都懂一點，卻又什麼都不精，可謂在內無治政經緯之才，在外又無統兵禦敵之能。

不過這些都架不住林紹璋在朝中的超強人緣，往好裏說叫喜交朋友，往壞裏講就是結黨營私，所以他雖非大將之才，仕途倒一直不錯，連東王楊秀清都對之委以重任，其職權也遠在石祥禎等人之上。

初戰失利，林紹璋想想不甘心，第二天他決定集中城中主力出城作戰。

誘敵設伏本是太平軍的拿手好戲，但這回卻被塔齊布活學活用，打了一個漂亮的伏擊。

其時的太平軍新老參半，從廣西過來的老兵被清軍稱為「長髮兵」，新加入的頭髮還沒長出來，只有三四寸的樣子，稱為「短髮兵」。長髮兵主要起到督陣作用，出陣時，一般是短髮兵居先，其後是童子軍，再然後才是長髮兵。如果短髮兵臨陣畏縮，長髮兵會立斬其首。

短髮兵膽子要小一些，突然遭到伏擊，尤其是在火炮群發的陣勢下，立刻陣腳大亂，往後急退。所謂法不責眾，一個兩個逃，你可以斬首以懾眾，大家全都在逃，連長髮老兵也沒辦法，只能跟著一塊逃，結果扔下城外的營壘柵欄，全都縮到了城裏。

遇上塔齊布，林紹璋這麼一個平庸無能之輩可算是倒了大楣，城外柵欄被塔齊布焚之一炬，由此也種下了太平軍失敗的種子。

此時，曾國藩的軍事會議已經結束，首批援助湘潭的湘軍水師趕到。林紹璋察覺後，便在半夜時分派人點燃幾隻大船，又用裝滿油燈的小船隨後，使其順流而下，準備以此來擊退敵軍。

在民間的評書演義中，火攻和水淹策名頭響亮，似乎一用就有奇效，但其實這兩招都是雙刃劍，若運用不當，非但傷不了別人，還會傷及自個。

湘軍水師遠遠就看到了縱火船，馬上派出舢板，靠近之後用撐竿將火船撐聚一處——太平軍水營的所謂戰船，大多是經民船改造過來的，並不真正大到什麼地方去，很容易便能使其移動。大船停住了，後面跟來的小船一隻接一隻撞在大船上，火攻變成了自燃。

天亮之後，湘軍水師毫髮無傷，太平軍水營卻被燒掉三百餘隻戰船，五百多水營老兵死於江面，「浮屍蔽江」，損失十分慘重。

江上待不住了，水營殘部只能棄舟登岸，從陸上返回湘潭。

由於塔齊布燒掉城外柵欄，城上的守軍不敢大開城門，要進城必須緣梯而入。跟蹤其後的湘軍兵勇乘勢奪梯而上，並打開了城門，塔齊布揮師衝入。

隨著湘軍水陸並進，湘潭城裏的林紹璋卻毫無反擊之力。

就在他派出水營進行火攻的時候，太平軍陸師竟然還在爆發內訌：盤點白天遭伏的得失，老兵指責新兵是潰退之源，新兵則埋怨老兵逃得更快，完全不顧及新兵的安危，雙方一言不合，便動起刀槍，光死於自相殘殺的就有數百人之多。

林紹璋作為統兵主帥，是可以也能夠從中協調的，但這個笨伯不調解還好，越調大家越不買帳，結果是誰也不聽他招呼。

關鍵時候，指揮失靈了。

一八五四年四月三十日，太平軍全線潰敗，林紹璋從湘潭敗走時，身邊只帶了七個騎兵，數萬水陸精銳全都消失在了湘潭，從而導致了一次慘重的失敗。

你的失敗，便是對手的勝利，湘潭一戰被湘軍稱為「初興第一奇捷」。之前由於曾國藩敗於靖港，整個湖南都大為震動，長沙城更是岌岌可危，沒有幾個人認為還有守住城池的把握。這一戰之後，人心始定，那些原先爭相彈劾曾國藩的湖南官吏也一個個換了腔調，當著曾國藩的面又致賀又道歉。

湖南巡撫應該感到慶幸：虧我有先見之明，若要是聽了你們這幫傢伙的胡亂攛掇，現在見到曾國藩該有多尷尬。

曾國藩也覺得慶幸。在他傷心失望，整天想著如何死法的時候，有人轉來了父親的一封家信。顯然，老父也知道了湘軍戰事不妙且兒子屢思輕生的情況，所以在信中專門告誡他：「你此次率師出征，是為國家，而不單單是為家鄉。勝敗乃兵家常事，你今後如果能打出湖南，死了，那是死得其所，但假使沒出湖南便嗚呼了，對不起，我不會為你流一滴眼淚！」

這封信讓曾國藩很受震動，遂一心一意等待湘潭的消息，最後終於等到了。

湘軍際遇全面改觀，由被各種嫌棄和唾罵包圍的窩囊廢一躍上升為萬人期待的金字招牌，其中，湘潭大捷的首功之臣塔齊布還因功升為湖南提督。

塔齊布坐的是鮑起豹的位置。後面那個可憐的哥們被咸豐劈頭蓋臉一頓大罵，說你身為一方軍事大員，就知道蹲在長沙城裏寫報告，可我光要你的報告幹什麼用呢，我要你去跟太平軍打仗，打勝仗，然後收復失地！

「既然你不行，那就早早滾蛋，把職位讓給能打的人吧。」

在收到關於湘潭大捷的奏報時，咸豐起初還懷疑曾國藩是因為在靖港吃了敗仗，所以才臨時胡編獲勝的假消息來糊弄他，但隨後，他便在一個湘潭籍的翰林院編修口中得到證實，確證了曾國藩沒有撒謊。

雨停了，天晴了，一直被失敗所折磨的咸豐太激動，太高興了。所謂悲觀起來就頹廢，興奮起來就失控，這時候他都恨不得給那個幫他打了勝仗的人提上一輩，一個提督又算得了什麼，但這對塔齊布而言卻是意義非凡，因為僅僅兩年前，他還只是個名不見經傳的小軍官，轉眼之間竟然就成了一省軍事長官。

大家都很驚歎，而從前那些與塔齊布結怨的綠營士兵則除了驚，還有怕——怕塔齊布上任後予以報復。

他們都想錯了，塔齊布履任新職後，不僅沒給人穿小鞋，還將朝廷賞賜給他個人的財物分賞官兵，由此即便是鮑起豹過去的親兵隨從也都心悅誠服，綠營一改鮑起豹在任時的萎靡頹唐，開始像個樣子了。

此時的塔齊布甚至在地位上超過曾國藩。按照規矩，給皇帝聯名上摺，提督要排在巡撫前，曾國藩名字則還在巡撫後面，也就是說塔齊布往後看兩格，才看到曾國藩，但塔齊布並不以此自傲，這個老實厚道人還是把自己當成曾國藩的部將，平時如果曾國藩不上摺，他絕不會單獨寫奏報。

曾國藩自己在自請處分後，咸豐按慣例革去了其前禮部侍郎的底缺，但是卻額外授予單獨奏事之權。

這一切都讓曾國藩欣慰不已。接下來他要做的只是如何總結經驗教訓，讓湘軍的強大變得更加貨真價實，像老父所期望的那樣，有到湖南省外去施展身手的資本。

以猛對猛

究竟兵多好，還是兵少好？

如果是以前，曾國藩也許會毫不猶豫地選擇多多益善，但在親身經歷幾次實戰之後，他有了新認識，那就是兵貴精而不貴多，只有在精的基礎上談多才有意義。

綠營八旗作戰，都要從全國各地徵調，通常能彙集到一處的都只有幾千人，萬人以上已經非常可觀，而湘軍從衡陽出發時，水陸加起來共有一萬七千人之多，可是這麼多人裏面，該敗的還是敗，該潰的還是潰，真正頂用的仍只是其中的一部分。比如靖港之戰中，水師五營土崩瓦解，擀麵杖被當成了牙籤使，而岳州被圍，僅靠水師一營便賴以解圍，又如湘潭之戰這樣的重大勝利，參戰的也不過是水陸師各兩營而已。

湘軍裏面，幾乎全是曾國藩的家鄉人，特別是那些儒生營官們，坦白地說，肯跟著他出生入死，並不完全被利所誘，大部分還是志趣相投，所謂為了同一個理想而奮鬥，所以曾國藩雖一直嚴明軍紀，但下手總多少還留有餘地，這使得一些濫竽充數者混雜其中，反而帶壞了周圍風氣。

曾國藩下令裁軍，凡是在作戰中潰逃的，一律裁撤，無論兵勇還是營官。岳州之戰中，曾國藩的弟弟曾國葆也在潰退之列，這次曾國藩就毫不客氣地讓他回家待著去了。

經過上上下下一切一砍，原有湘軍去了三分之二，水陸兩師僅剩五千人，但這五千人全是精悍之卒，戰鬥力不降反升。

減法做了，再做加法。曾國藩對水陸兵勇進行擴招增募，但是定下規矩，今後打仗如果是潰散了，就再不錄用，換句話說，那一半餉銀就別指望了。綠營作戰，就那麼點兵，從來都是潰了再集，集了再潰，永遠都是一副沒出息的樣，曾國藩絕不允許這種情況在湘軍中發生。

此外，曾國藩又分別在衡陽、長沙、湘潭設置造船廠，再造或重修戰船，並繼續從廣東進口洋炮。

三個月後，湘軍水陸兩師達到一萬三千餘人，重新具備了與太平軍抗衡的能力。

一八五四年七月上旬，曾國藩率部從長沙出發，準備由湖南開赴湖北，但是在此之前，他必須過一道大關，守關之人為太平天國第一悍將曾天養。

十年之後，太平天國的後期名將李秀成在自述中，將湘潭之敗歸結為重大軍事失誤，他感歎，如果當時防守湘潭的是曾天養而不是林紹璋，結局將會完全不同。

他說得沒錯。曾天養幾乎就是太平軍中的塔齊布，其人身材高大，眼眶極深，長著一臉絡腮鬍子，一看就是個不折不扣的猛人。

他五十多歲才加入拜上帝教，在一眾前鋒將領中資格最老，但是打仗時從不以老賣老，而是會像塔齊布那樣衝在最前面，且所向披靡，氣勢如虹，軍中送了一個類似於西漢李廣的綽號：飛將軍。

石祥禎也很猛，但「鐵公雞」的猛，很多時候是一種喜歡逞匹夫之勇的猛，「飛將軍」則不然，人家智勇兼備，完全是另一種境界。

曾國藩的師友可以說都是死於曾天養之手，先是廬州的江忠源，接著便是黃州的吳文鎔，其中黃州一戰，堪稱曾天養的點睛之作。

當時他發現吳文鎔在軍隊士氣不振的情況下，又犯了兵家大忌，也就是在三面環水的情況下，紮下十一座連營，這很容易讓人想到三國時的夷陵之戰：劉備連營紮寨，被陸遜以火攻之計殺得大敗。曾天養一般無二地套用了陸遜的打法，乘夜發動襲擊，縱火焚營，從而大破黃州守軍，吳文鎔也被迫投水自盡。

李秀成打破腦袋也想不通，為什麼西征湖南，不繼續重用曾天養，而讓一個沒什麼大出息的林紹璋壞事。只能說，楊秀清在用人方面的確有問題。

湘潭慘敗，對太平軍震動很大，各路軍隊紛紛退卻，只有曾天養仍堅守岳州，且巋然不動。但這時候形勢已有不同，在湖南戰場上，湘軍無論從規模還是聲勢都要超過太平軍，同時其他增援部隊也在源源進入，曾天養勢單力孤，只得放棄岳州城，退守城陵磯。

此前為了增強湘軍水師的實力，曾國藩請旨從兩廣派來援兵，其中以廣東水師的援兵最為亮眼，雖然兵勇只有四百，但他們裝備厲害，除了「旌旗鮮明，刀矛如霜雪」外，還有隨身帶來的一百尊最新式洋炮，讓其他部隊看了直吐舌頭：太養眼了吧，這陣容。

隨軍的廣東總兵陳輝龍來到長沙後，專門造了兩艘拖罟船，一艘自用，一艘送給曾國藩作為座船。這種拖罟船屬於沿海的水師大艦，能裝千斤重炮，縱然跟洋鬼子的軍艦沒法比，可在湘軍水師的戰船中已屬鶴立雞群，牛到不行。

眾人嘖嘖稱羨，陳輝龍臉上有光，開始人五人六起來，特別是在得知湘軍水師取勝後，他便覺得太平軍水戰不濟，要是自己上馬，肯定能打得比湘軍還要漂亮。

在商議進攻城陵磯時，以陳輝龍為首的官軍水師，卻與原湘軍水師的營官們起了爭執。

自從在靖港之戰中吃了大虧後，原先對水戰一竅不通的湘軍將領們總算買來一個教訓，那就是在水戰中，逆風逆水其實是最好的，可進可退嘛，再差一點，是逆風順水，最糟糕不過的就是順風順水，有進無退，萬一不利會被人家往死裏揍。

其時南風勁吹，湘軍處於上游，絕對的順風順水，因此營官們均猶豫不決，主張緩一緩再打。

陳輝龍不樂意了，你們電量不夠，不等於我的眼神不性感。

他不是不知道水戰的規律，而是藉著自家勢頭猛，根本就沒想到過退不退的問題。

陳輝龍說，我陳某演習水戰三十年，那太平軍水師才出道幾年？瞧著吧，我一衝過去，準保把他們給衝得稀里嘩啦。

陳輝龍一起頭，廣西水師立即回應，這幫人都以為自己在水戰中屬於科班出身的專業人士，所以非得在湘軍小弟弟面前耍耍帥不可。

就這麼辦，兩廣水師主打，湘軍水師跟進——讓你們看看什麼叫老前輩。

一八五四年八月九日，兩廣水師從上游乘南直下，向太平軍營寨殺來。一路上見到的都是太平軍小船，以大打小，那個開心。

記住了，地球很危險，快回你們的星球去吧。

來自兩廣的水勇們越追越起勁，漸漸就忘了「笑點低，容易胖」這句話。

這些小船都是曾天養故意放出來的，為的就是把對手誘到下游的港灣裏去。一進港灣，官軍大船的優點便變成弱點，它們體大笨重，轉個彎，挪個身都很費力，相反，太平軍的小戰船雖然個頭不起眼，但是數量既多又靈活，很快就把大船包圍起來。

陳輝龍坐在漁船上，開始還裝得滿不在乎，到曾天養潛藏在暗處的中型戰船也一齊出擊時，才大驚失色，這時候因為風向緣故，想退卻退不了，只能坐以待斃。

在當天的水戰中，廣東水師一營被全殲，繼後的湘軍水師兩營被擊潰，包括陳輝龍在內的四員大將戰死，毀沉戰船三十餘艘，連陳輝龍所乘的那艘大罟船也被曾天養給繳獲了。

損失如此之慘，讓曾國藩禁不住「傷心隕涕」，心疼得都流下了眼淚，他對曾天養的能征慣戰也有了更加清醒的認識：難怪連江忠源和吳文鎔都對付不了，此人果真是「剽悍異常，機警有謀」。

有勇無智的人，你可以智取，有智無勇的人，你可以狠鬥，只有智勇兼備的人，會使你產生無懈可擊的煩惱。

被曾天養這麼一擊破，湘軍水師「皆喪膽」，不敢再放手與太平軍一搏，曾國藩又得看陸師的成效了。

說到智勇兼備，曾國藩手下也有一員大將具備這一特質，那就是陸師中的塔齊布，他和曾天養屬於同一檔次上的絕頂高手，現在輪到他們來分輸贏，決勝負了。

一八五四年八月十一日，曾天養乘勝率部登岸，準備從水戰轉入陸戰。

沒有辦法，此時形勢不同，他所率兵力也不多，只能這樣雙拳敵四手，連軸般地轉，若是當初兵力不讓林紹璋這個敗家子在湘潭給揮霍掉，絕不致如此被動。

剛剛上岸，塔齊布已奉命從陸路衝來。

憑藉湘潭之戰的經驗，塔齊布知道兵貴神速，不能給對手以從容部署的時間，另一方面他也明白曾天養的厲害，所以不敢貿然攻擊，只是一口氣不歇地搶在太平軍前面紮營布陣。

一旦塔齊布紮營成功，將可與太平軍形成對峙，到那時，塔齊布固然不一定能突破城陵磯之險，但曾天養也未必可以輕易擊破塔齊布，而這對曾天養來說是很不利的，因為他還得騰出手來對付隨時可能再次出現的水戰局面。

曾天養在尋找塔齊布的破綻。

這時他發現塔齊布有一點和他很相像，就是都喜歡列於陣前指揮，身邊並無大軍作為掩護，正是擒賊擒王的好機會。

曾天養突然單人獨騎，縱馬殺出，閃電般地出現在塔齊布面前。塔齊布猝不及防，他的作戰配備，是身背一桿長槍，手拿一把強弓，但電光火石之間，這些都派不上用場。

曾天養一矛刺去，塔齊布的坐騎受傷倒地，把塔齊布摔在了地上。曾天養挺矛再刺，塔齊布已無處閃躲，冒險眼看就要成功了。

可是曾天養忽略了塔齊布身邊的兩個親兵。

曾天養不是沒有看到他們，只是憑藉他的武藝和勇力，別說兩個親兵，就是五六個也不在話下，然而他錯了。

有的錯誤可以糾正，有的錯誤不僅無法糾正，還能在最短時間內置你於死地。

這兩個親兵不是一般的小兵，都是軍中精選出來的高手，其中一人持長矛，一人持套馬竿，作戰時與塔齊布形成一個三人團隊組合：中遠距離塔齊布用強弓或鳥槍射，到了近距離，如果對方是步兵，用長矛迎擊，如果是騎兵，則以套馬竿招呼。

曾天養來得太快，兩個親兵同樣有些手忙腳亂，但當他們回過神來時，便立即發動反擊。套馬竿甩出去，套中曾天養的坐騎後只一拉，馬身子一歪，曾天養便被摔倒在地，還沒等爬起來，長矛已經刺中了他的胸膛。

塔齊布身後的士兵聞聲趕上來，「亂矛攢刺」，可憐一世勇將竟死於亂軍之中。

曾天養的死，讓西征軍大為震撼，據說曾為其齋戒六天，以示悼念。自他死後，三軍群龍無首，反攻岳州也再次失利，不得不退入湖北，湘事遂不可為。

第一苦命人

就像湘潭之戰那樣，依靠著塔齊布，湘軍反敗為勝，士氣再次高漲起來，曾國藩揮師直抵武昌。此時的武昌早已被太平軍佔據，防守上也相當嚴密，自抵達武昌城郊後，湘軍即難以再前進一步。

一八五四年十月十日，曾國藩召集水陸諸將商討破城之策，其中羅澤南提出了一個讓他首肯的方案。

在湘軍將領中，同為湖南湘鄉人，且比曾國藩大三歲的羅澤南，一直有「第一苦命人」之稱。他的命運不是苦，而是太苦，不是慘，而是太慘。

羅澤南幼年喪父，靠爺爺和母親撫養長大。因生活所迫，十九歲便被迫出外設館授徒，做私塾老師養家糊口，可是日子並沒有變得越來越好，而是越來越壞，羅澤南要麼不回家，回家後能聽到的全是各種各樣的噩耗。

先是辛苦養育他的母親和爺爺辭世，接著在三個月內，他的大兒子和二兒子又先後病亡。

有一年，湖南發生了罕見的旱災，餓殍遍野，疾病流行。當時羅澤南在長沙參加完科舉考試，因為沒有錢，只能徒步走回家。回到湘鄉時，已是夜半時分，迎接他的場面一共有三：侄兒病重在床（第二天身亡）；第三個兒子已於兩天前去世；由於連著失去三個骨肉，夫人整天慟哭，眼睛哭瞎了，耳朵還重聽。

從長沙走到家，近兩百里路，未有粒米下肚的羅澤南又餓又累，他顧不得傷悲，趕緊找米做飯，可是打開米缸才發現，裏面空空如也，「無一米之存」。

十年之內，羅澤南家中迭遭變故，失去了十一位親人。在貧困生活的折磨下，他自己的身體也很不好，經常生病。

羅澤南的學問並不在曾國藩之下，也從來沒有放棄過科舉之途，但他為人過於實在，不肯媚俗，寫的文章重內容輕形式，很不對標準化考試的路子，因此屢試不中，曾七次應童子試而未果，直到三十三歲時才考中秀才。

這個身體瘦弱且貌不驚人的書生承受了常人不能承受之重，他有一千個，一萬個理由來仇視社會，發洩不滿，然而人與人之不同也就在這裏。

羅澤南不在乎這些，他非常坦然，因為他有自己的人生樂趣，有自己的精神追求，那就是學問，具體一點說是理學，再具體一點，是經過發展的理學。

幾百年前，周敦頤和張載都是理學的開山鼻祖，一個寫出了《愛蓮說》，一個留下了膾炙人口的名言：「為天地立心，為生民立命，為往聖繼絕學，為萬世開太平。」那時候他們是學子們的精神導師，無數讀書人拜於其門下，並為社會的發展作出貢獻。

只是幾百年後，導師們留給後世的真正精髓已被遺忘，理學也成了單純的科舉考試敲門磚，變得越來越功利，也越來越機械，其活力逐漸喪失殆盡。

羅澤南等人重新找到了這門偉大學問的價值，他「宗周敦頤而著《太極衍義》」，「宗張載而著《西銘講義》」，把無用之學重新推向有用之學。於是，一朵思想奇葩在枯萎很多年後，又開花了，並溫暖和照亮了包括羅澤南在內的一代學人的心靈，使他們的內心變得異常強大。

羅澤南的半輩子都陷在「苦命」的泥沼裏。走出書屋，寒風依舊冷冽，悲情和傷痛依然是一幕接著一幕，但只要眼前始終有那麼一幅美的畫面，有那麼一道美的彩虹，哪怕對著世界上最慘澹的人生，他也會微笑，也會寬容，乃至於張開雙臂去熱情擁抱。

家庭發生了那麼多的變故，羅澤南「不憂門庭多故」，擔心的只是「所學不能拔俗而入聖」，自己的學問還不夠好，尚不能達到周敦頤、張載等先哲的層次。

至於「生事之艱」，個人生活的不幸和艱難，那就更不在話下了，富貴顯達也許是需要的，然而不再是終極追求目標，羅澤南天天記掛於心的，是「無術以濟天下」。

有人說他迂腐，但迂腐再往上走幾步，就是境界，正是這種境界，支撐著羅澤南在坎坷而潦倒的生活中得以不斷前行。

當時鑽研理學且能夠融會貫通的學問家很多，前輩中有倭仁、唐鑒，後輩中有曾國藩、羅澤南，羅澤南的特殊之處在於他又是一個傳道授業的老師。

作為教書匠，羅澤南跟其他人不同，別人要麼只教人識字開蒙，要麼僅傳授應試科舉之法，羅澤南除了這些，還講授他在理學上的見解，教學生們如何靜心養性，培養氣質和修養。

羅澤南的學生眾多，就連曾國藩的兩個弟弟曾國華和曾國荃也出自其門下。他雖治學嚴謹，但對學生愛護有加，師生之間處得有如朋友一般，即使下課後，也經常在寓所內組織辯論和探討，大家暢所欲言，有什麼說什麼，並無老師學生的分別。

羅澤南有一個學生叫王鑫，這小兄弟身材瘦小，口氣卻不小，在辯論時滔滔宏論，讓羅澤南和其他學生一句嘴也插不上。好不容易等到停頓的時候，羅澤南才笑著說：「璞山（王鑫的字）你稍微休息一下，讓我們也開一次口，過過癮吧。」王鑫發覺失態，也忍不住笑了起來。

羅澤南本人文武兼備，他的課分上下午，上午是文化課，下午則是一般塾師絕對不會有的「體能課」：師生一起練習拳棒。

這是一個具有前瞻性的課程設置，也正是這種德智體美勞全面發展的教學模式，在日後幫助羅澤南和他的弟子們迅速走向了成功之路。

經過羅澤南的傳播和積極宣導，理學盛行於湘中，而他本人的人品學識和能力也廣為人知，在湖南學界，沒有不知道「羅羅山先生」大名的（「羅山」為羅澤南的號）。

早在曾國藩之前，羅澤南就應湘鄉知縣所邀，投筆從戎，開始編組團練。當時的鄉勇主要是從左鄰右舍的農民中招募的，哪裏知道勞什子軍紀不軍紀，即使行軍，喉嚨還是跟高音喇叭一個樣，羅澤南便讓他的門下弟子們起帶頭作用，每天給這些農民士兵們示範，什麼叫坐有坐相，站有站相，以及如何進退行止。

曾國藩組建湘軍，羅澤南是主要助手，他把軍隊變成了課堂，白天打仗訓練，晚上則組織學習。

招來的農民士兵，很多是一字不識的文盲，羅澤南繼續客串老師，從開蒙起步，教他們識字讀書。當然不可能接觸很深奧的哲學，羅澤南講那些最淺顯的，比如他會從《四書》、《孝經》裏擇出片段，以闡述做人處事的道理，以及精忠報國這些老百姓能夠接受和理解的東西。

羅老師有豐富的教學經驗，講課深入淺出，聲情並茂，到動情處時，甚至有聽者被打動得潸然淚下。

這叫以理學治兵，與此同時，羅澤南還主張「以兵衛民」，堅持打仗以不擾民為本。他一手帶出的部隊不僅戰鬥力最強，而且軍紀保持最好。很多人認為，湘軍實由羅澤南所締造，這支軍隊身上有鮮明的羅澤南印記，所謂「無澤南，無湘軍」，說他是湘軍之父也不為過。

羅澤南雖然會拳棒，但也畢竟是個讀書人，沒有實戰經驗，開始也只能跟個把小會黨扳手腕，從羅澤南到曾國藩，對湘軍究竟有多少料，都心中無數。

直到江忠源保衛南昌那一年，曾國藩派羅澤南帶著湘軍前去援救，實際上也是要試一下水。現實是很慘痛的。由於當地官軍沒有按約定進行接應，湘軍遭到了太平軍的伏擊，從而受到重創，戰死八十人，其中包括四名營管，皆羅澤南一手培養的學生。

這毫無疑問是個敗仗，可是卻展現了湘軍的潛力：他們不像官軍那樣貪生怕死，即使在遭到伏擊且無友軍相援的情況下，仍誓死不退，殺死太平軍達二百餘人。經過此役，湘軍「勇敢之名已大震」，可謂雖敗猶榮。

有人氣，自然就有財氣。曾國藩據此認為湘軍「果可用」，更堅定了在衡陽練兵的決心。

曾國藩對羅澤南有信心，有一個人卻對羅澤南沒信心，這個人就是塔齊布。

塔羅齊名

作為職業軍人，塔齊布從來不認可什麼儒將不儒將的：說到底，不過是些在學堂裏誇誇其談的書生而已，又懂得什麼打仗，也就只能去對付對付會黨之類。若說大陣仗，還得靠我們這些人。

改變塔齊布這一印象的，是岳州之戰。

在曾天養退守城陵磯後，湘軍進入岳州。討論如何防守時，塔齊布說當然是駐軍城內，以城設防了，羅澤南則提出異議：「岳州四面環水，只有一座大橋可以相通，因此守城不如守橋。」

羅澤南願意親率湘軍兩營搶佔要隘，扼守大橋。

塔齊布起初雖不以為然，但羅澤南年紀比曾國藩都大，又肯親自擔綱，他也不便阻撓。

不久太平軍再次對岳州發動反攻，果然首先將大橋作為攻擊焦點。他們在距大橋十里處紮下九座大營，投入進攻的人數上萬，而羅澤南用以抵禦的湘軍不過兩營，才一千人，十對一的比率，數量上相差懸殊。

這時候連塔齊布都慌了，但在大橋上負責指揮的那個「儒將」則異常從容鎮定。

經過南昌之戰等大小戰鬥的嘗試，羅澤南終於知道了什麼才是真正的戰爭。戰爭，初看全是動的畫面，但動來自於靜，並最終將被靜所制約。這是羅澤南從理學「主靜」中得到的啟發。

《左傳》中有一個著名的戰例，即「曹劌論戰」。曹劌是一個非常有見識的民間軍事家，他找出的制勝竅門，就是要在敵人最疲憊的時候出戰，「彼竭我盈」，那樣必定能取得勝利。

怎麼知道對方什麼時候最衰呢？曹劌說你聽他敲鼓，敲第一通鼓的時候，士氣最為旺盛，這時候千萬不要招惹他，讓他繼續敲，第二通鼓就沒那麼給力了，還是不要搭理，到第三通鼓，明顯有氣無力，揍這孫子沒商量！

這就是「一鼓作氣，再而衰，三而竭」的典故。

羅澤南把二者結合起來，捉摸出了一種獨特戰法，叫作以靜制動。

一千人，羅澤南把他們分成兩撥，一撥五百人負責守營，一撥五百人負責出擊。在太平軍向大橋攻來時，任憑對方再怎麼鼓譟，五百人也不動聲色，只用槍炮進行還擊，使太平軍每前進一步都要付出代價，逐漸從「一鼓作氣」淪落到「三而竭」。

作為進攻一方，太平軍當然不會輕易退卻，仍然在不斷推進，在他們推到靠防守陣地僅一丈距離時，湘軍的那另外五百人才突然躍出，發起猛烈反擊。

出擊的五百人又分三路，每路不過一百多人，但有明確分工，誰主攻，誰旁擊，誰抄尾，都部署得井井有條。

決定「以靜制動」最後成效的，還是勇氣。

在古文中有一句成語叫「膽力沉鷙」，用來形容深沉勇猛的性格。這種性格通常只有塔齊布那樣的武將才具備，讀書人可能剛聽到槍炮聲腿就軟了。

但史書明確地把這四個字給了羅澤南，據說他在戰場上絲毫不顧生死，「披衣拍胸，以當炮子」，我的胸口就是槍靶，你們有種就朝這裏來吧。

江忠源生前曾經說過，在他所認識的湖南讀書人中，真正有膽量跟太平軍單挑的，除了他自己，只有羅澤南和其手下的幾個弟子夠格。

論者皆以為這是羅氏數十年理學修養之功。有這樣的帶兵之將，湘軍官兵當然個個爭先，防守的豁出死命「紮硬寨」，出擊的也敢於以寡敵眾「打硬仗」。

岳州一戰，羅澤南以千人擊退萬人，太平軍的九座大營被其全部擊破。

不用說，塔齊布對此十分驚訝，也異常佩服，從此不敢再看低讀書人。湘軍中也以塔羅並稱，「塔羅齊名」，兩人成了湘軍陸師的一對雙子星座，「儒將」終於在戰場上站穩了腳跟。

在岳州之戰前，羅澤南之所以一眼就能看到大橋的重要性，從而抓住防守關鍵，源於他在作戰地理，當時叫作「輿地」上的造詣。

羅澤南曾寫過一本地理學專著，名為《皇輿要覽會》。他不僅能像江忠源那樣觀察地理形勢，而且還會自己畫圖。

到攻克武昌時，他的這一功夫又派上了用場。早在曾國藩召集會議前，羅澤南已在山上對武昌周圍地形進行了仔細勘察，並繪出了地圖。

依據地圖，羅澤南指出了攻武昌的兩條路線。一條是「出洪山大路」，一條是「沿江出花園」。

太平軍主力集中於花園，如果湘軍從洪山一路進攻武昌，需要仰攻，難度很大，而且一旦久攻不下，花園的太平軍會襲擊湘軍後路。

羅澤南說選擇這條線路「非長策」，不是好辦法，他傾向於全力進攻花園，並且願意獨當其任。

方案通過後，羅澤南即率部進擊花園。太平軍在花園建有三座工事，「深溝重柵」，而且還有火炮。羅澤南指揮部卒匍匐前進，「三伏三起」，逼近營壘後發揮打硬仗的風格，一天之內，便將太平軍在花園的大營給攻破了。

花園成了湘軍攻克武昌的關鍵。

自湖南戰場重用林紹璋以來，楊秀清在用人方面就一直在不斷地犯錯，被他賦以據守武昌使命的是石鳳魁和黃再興。

石鳳魁是石達開的族兄，但他並不像石祥禎那樣勇敢善戰，膽子既小，為人還剛愎自用，聽不得任何不同意見。黃再興則是個純文官，以前不過是在洪秀全旁邊掌掌文書，作作記錄而已。兩個寶貝都不會打仗，遇到特別會打仗的塔羅組合，那份狼狽就別提了。花園一破，兩人便傻了眼，匆匆棄城逃離。

一八五四年十月十四日，湘軍完全攻克武昌。

在攻陷武昌之役中，羅澤南出力最多，其精於謀略、敢於攻堅的特點也在這一戰中展現得淋漓盡致。

在兩年不到的時間裏，湘軍實現了華麗轉身，從一個誰也不知道的地方團練一躍成為政府倚重的主力軍，而羅澤南等一干儒生的鼎力加盟，更改變了人們印象中讀書人的固有形象。

（續下集）

大地叢書介紹

作者：姜狼
定價：300 元

鳥盡弓藏・兔死狗烹・項羽已死・留我何用！

背水成陣，擊殺趙軍二十萬，趙歇伏首馬前。

東向擊齊，殺俘楚軍二十萬，上將龍且授首。

明修棧道，暗渡陳倉，談笑定三秦。

垓下之圍，十面絕陣，霸王別姬，沛公一戰定天下！

木罌疑兵，擒魏豹如覆掌。

楚漢相爭給人留下最深刻印象的除了勝利者劉邦與失敗者項羽之外，就是那個背著劍闖蕩江湖的的小子韓信。他比劉邦少了痞性，比項羽多了孤傲，與蕭何相比缺了世故，與樊噲相比又多了天真，他謙卑而又自傲，他壯志凌雲又心存困惑，韓信生得卑微，死得憋屈，但過程却是轟轟烈烈、蕩氣迴腸。

本書講述了韓信一生從市井小民到一代戰神的崛起之路，透過作者流暢詼諧的筆觸娓娓道來，既充滿激情，又生動活潑，根據大量的史料，揭露了韓信諸多不為人知的祕密，還原一代戰神韓信短暫而偉大的傳奇人生。

大地叢書介紹

作者：姜狼
定價：320 元

漢化的鮮卑皇帝 VS 鮮卑化的漢族皇帝
中國歷史上政權更迭最頻繁時期的風雲史話

西元六世紀初時，曾威震天下的北魏帝國在內憂外患的打擊下，最終徹底崩潰，只留下一堆華麗的歷史碎片。千里北方大地上，狐兔狂奔，胡沙漫天，各路軍閥勢力為了獲得北方天下的統治權，大打出手。

真正從群雄中殺出重圍的，是鮮卑化的漢人高歡和鮮卑化的匈奴人宇文泰，震撼歷史的雙雄爭霸拉開了序幕，此後，河橋之戰、沙苑之戰、邙山之戰、玉壁之戰，歷史銘刻了屬於他們的驕傲。

一切總會被時間終結，但幸運的是，在高歡和宇文泰的子孫們的堅持下，脱胎於東魏的高氏北齊帝國，和脱胎於西魏的宇文氏北周帝國，延續著父輩的熱血與鐵血，上演了一齣齣精彩的攻防戰。

但讓他們都沒想到的是，他們並不是最終的勝利者。笑到最後的，却是一個名叫普六茹那羅延的漢人，他就是楊堅。

歷史總是充滿著不可預知的神秘色彩。

晚清帝國風雲／關河五十州著. -- 一版.-- 臺北市：大地, 2014.07
面： 公分. --（History：68-69）

ISBN 978-986-5800-77-2（上冊：平裝）
ISBN 978-986-5800-78-9（下冊：平裝）

1. 晚清史

627.57 103011637

晚清帝國風雲：禍起東南（上）

HISTORY 068

作　　者	關河五十州
發 行 人	吳錫清
主　　編	陳玟玟
出 版 者	大地出版社
社　　址	114台北市內湖區瑞光路358巷38弄36號4樓之2
劃撥帳號	50031946（戶名　大地出版社有限公司）
電　　話	02-26277749
傳　　眞	02-26270895
E - mail	vastplai@ms45.hinet.net
網　　址	www.vastplain.com.tw
美術設計	普林特斯資訊股份有限公司
印 刷 者	普林特斯資訊股份有限公司
一版一刷	2014年7月

大地

定　　價：300元